Das grosse Finale

Gott hat das letzte Wort

Jeff Kinley

Das grosse Finale

Gott hat das letzte Wort

Jeff Kinley

Das grosse Finale – Gott hat das letzte Wort
Jeff Kinley

1. Auflage 2025 (Koproduktion)

Verlag Mitternachtsruf, Ringwiesenstr. 12a, CH-8600 Dübendorf
www.mitternachtsruf.ch
kontakt@mnr.ch
Artikel-Nr. 180248
ISBN 978-3-85810-645-2

Christliche Verlagsgesellschaft mbH, Am Güterbahnhof 26, DE-35683 Dillenburg
www.cv-dillenburg.de
info@cv-dillenburg.de
Artikel-Nr. 275040
ISBN 978-3-98963-040-6

Übersetzung aus dem Amerikanischen: Yvonne Studer
Umschlag, Satz und Layout: Verlag Mitternachtsruf
Herstellung: ARKA Druck, PL-43-400 Cieszyn

INHALTSVERZEICHNIS

VORWORT

Gott sehen im Bericht über die letzten Tage der Erde

Das Buch der Offenbarung beschreibt die letzten Tage der Erde. Es schildert den Höhepunkt der Geschichte der Menschheit. Den Höhepunkt der Zivilisation. Das Ende aller Dinge, wie wir sie kennen. Im letzten Buch der Bibel werden wir an einen apokalyptischen Wendepunkt geführt, wo Krise, Chaos und Unheil in einem globalen Frontalzusammenstoss aufeinandertreffen. Es ist eine Geschichte der Verdorbenheit, der Zerstörung und des Satans. Es ist die Zukunft, die vorausgesagt wurde, und die Geschichte, die weit vor ihrer Erfüllung geschrieben wurde.

Doch jenseits aller Prophezeiungen und der Enthüllung der vorhergesagten Ereignisse ist die Offenbarung vor allem ein Buch über Gott. Er ist die Hauptperson inmitten einer Besetzung, zu der Weltführer, wundertätige Missionare, Märtyrer, falsche Propheten, apokalyptische Reiter, dämonische Armeen und heilige Engel, der Antichrist, der falsche Prophet und sogar der Teufel selbst gehören. In den letzten Kapiteln der Heiligen Schrift tritt Jesus Christus in den Mittelpunkt des Geschehens. Er ist das zentrale Thema des Buches und seine Hauptperson. Seine überragende Gestalt. Und dies ist der Hauptgrund, warum die Offenbarung geschrieben wurde. Der Engel, der diese Vision überbrachte, hatte recht, als er erklärte: «Denn das Zeugnis Jesu ist der Geist der Weissagung» (Offb 19,10). Wenn Sie die Offenbarung studieren und dieses zentrale Thema übersehen, werden Sie zwar die Zukunft kennen, aber nicht Gott selbst, der die darin enthaltenen Prophezeiungen erfüllt.

Wie der Name schon sagt, beginnt das Buch mit der Offenbarung Jesu Christi selbst und fährt dann fort mit seiner Beurteilung der Gemeinden (Kap. 2–3), des Himmels, in dem er angebetet wird (Kap. 4–5), den Gerichten, die er über die Erde bringen wird (Kap. 6–18), der krönenden Wiederkunft, die er vom Himmel aus vollziehen wird (Kap. 19), dem Reich, über das er Tausend Jahre lang herrschen wird (Kap. 20), und der ewigen Stadt, die er selbst vorbereitet hat, seit er die Erde vor zweitausend Jahren verlassen hat (Kap. 21–22).

Und wenn sich der Staub der Offenbarung schliesslich legt, werden Sie zweifellos das Lamm sehen, das im Triumph steht, in Souveränität regiert und in unaussprechlicher Herrlichkeit wohnt.

A. W. Tozer schreibt: «Das Wichtigste an uns ist, was uns in den Sinn kommt, wenn wir an Gott denken.»[1]

Dieses Buch veranlasst Sie, viel über Gott nachzudenken. Während wir gemeinsam durch die Offenbarung wandern, werden Sie sich ganz natürlich ins Universum seiner göttlichen Eigenschaften vertiefen. Die Beschaffenheit seines Charakters wird Sie umgeben, Ihre Gedanken herausfordern und gleichzeitig Ihr Herz in eine tiefere Beziehung zu ihm ziehen.

Und wenn das Ihr Ziel ist, blättern Sie weiter und tauchen Sie ein.

– Jeff Kinley

KAPITEL 1

WAS BEINHALTET EIN NAME?

Der Gott, der *offenbart*

— OFFENBARUNG 1,1-11 —

Vor allem ist die Bibel ein Buch über Gott. Sie ist sein schriftlicher Weg, sich der Menschheit zu offenbaren. Von 1. Mose bis zur Offenbarung hat unser erstaunlicher Schöpfer schrittweise und systematisch enthüllt, wer er ist, wie er zu seiner Schöpfung steht, was er getan hat, um die gefallene Menschheit wieder zu sich zurückzuführen, und was er in Zukunft tun wird.

Da er jedoch ein gnädiger und kreativer Gott ist, hat er sich nicht nur auf eine oder zwei Arten von Kommunikation beschränkt. Vielmehr hat er sich mehrerer Methoden bedient, um sich uns zu erklären.

Im Anfang war ... die *Offenbarung*

Mit den allerersten in der Heiligen Schrift aufgezeichneten Worten begann Gott, uns über sich selbst zu belehren: «Im Anfang schuf Gott die Himmel und die Erde» (1Mo 1,1).

Diese neun Worte, geschrieben für die Menschen, die sowohl die Weite des Nachthimmels als auch die Wunder und die Erhabenheit der Erde beobachten können, setzen eine Fülle von Erkenntnissen über Gott und sein Wesen frei. Aus der blossen Beobachtung der Schöpfung können wir Folgendes verstehen und ableiten:

- Gott ist ewig und damit logischerweise älter als seine Schöpfung. Er war es, der alles aus dem Nichts ins Leben gerufen hat (Joh 1,13; Kol 1,16; Hebr 1,2; 11,3).
- Er ist übernatürlich mächtig und unumschränkt (Röm 1,20).
- Er ist göttlich und nicht menschlich (Röm 1,20).
- Er ist kreativ, ein meisterhafter Künstler und Architekt (Ps 8,1-4; 19).
- Er ist ein ehrfurchtgebietender Gott (Hi 36,32; 37,23; 38,1–39,14).
- Er ist ein Gott der Ordnung, der Details und der Präzision (s. z. B. Jer 33,25, wo mit «festgelegten Mustern» die Gesetze der Natur, der Physik und der Physiologie gemeint sind).

Im Jahr 1820 erkannte der englische Philosoph Herbert Spencer (ein Evolutionist) fünf wissenschaftliche Prinzipien. Er behauptete, durch sie könnten wir das Universum verstehen:

Zeit
Energie
Kraft
Raum
Materie

Erstaunlicherweise (und ohne dass Spencer es wusste) werden diese Prinzipien bereits im ersten Vers der Bibel offenbart! Dreitausend Jahre vor Spencer hat Mose (der Vertreter der Sechs-Tage-Schöpfung) dieselben komplexen wissenschaftlichen Prinzipien katalogisiert:

Im *Anfang* (Zeit)
schuf (Energie)
Gott (Kraft)
die *Himmel* (Raum) und
die *Erde* (Materie)
(1Mo 1,1)

#überwältigend

Gleich auf der ersten Seite der Bibel erklärt Gott ausführlich und transparent, was die moderne Wissenschaft immer noch nicht zu formulieren vermag. Wie sich herausstellt, steht Gott nicht nur über der Wissenschaft, sondern er hat auch ihre Gesetze erfunden. Ein Wesen, das über ein solches Mass an Intelligenz verfügt, lässt auch den Schluss zu, dass es ein persönliches Wesen und keine Kraft ist. Daher kann die Schöpfung – das Universum, die Erde und die Menschheit – nicht auf eine zufällige chemische Explosion zurückgeführt werden, die angeblich vor 14 Milliarden Jahren stattgefunden hat.

Mit anderen Worten: Er ist ein grosser Gott, nicht ein grosser KNALL!

Und das alles aus den ersten neun Worten der Heiligen Schrift.

Das ist Offenbarung.

Die Beweise sprechen für sich

Wir können das Zeugnis, das Gott von sich selbst gibt, besser verstehen, wenn wir es in drei Kategorien einteilen: Die erste ist das, was die Theologen als *allgemeine* Offenbarung bezeichnen. Dies bezieht sich in erster Linie darauf, wie der Schöpfer sich selbst durch das, was er geschaffen hat – das Universum, die Erde, die Menschheit –, verkündet. Die Schöpfung proklamiert sowohl das Wesen Gottes als auch das, was er geschaffen hat (Ps 19,1-6; Röm 1,18-20). Sie ist sein *äusseres* Zeugnis für uns. Indem er den Himmel und die Erde ohne vorher existierende Materie erschaffen hat, hat er sein göttliches Wesen und seine Herrlichkeit durch sie zur Schau gestellt. Wenn wir in den Nachthimmel schauen, verspüren wir ganz den natürlich den Drang, Gott die Ehre zu erweisen, die er verdient.

Neben diesem äusseren Beweis hat er uns auch ein *inneres* Zeugnis gegeben, und zwar auf zweifache Art: Erstens hat er uns als Mann und Frau und nach seinem Ebenbild geschaffen (1Mo 1,26-27; 2,7.18-25). Als Gottes Ebenbild geschaffen zu sein, bedeutet nicht nur, dass wir wie er über Verstand, Gefühl und Willen verfügen, sondern auch, dass wir von Natur aus moralische Wesen sind mit der Fähigkeit zu Beziehungen. Er hat uns so geschaffen, damit wir für ihn arbeiten, ihm gehorchen und uns an ihm erfreuen können.

Und zweitens hat er auch etwas von sich selbst mitgeteilt, indem er uns mit einem Gewissen ausgestattet hat (Röm 2,14-15). Aus diesem Grund hat jede bekannte säkulare Kultur im Lauf der Geschichte einen grundlegenden Moralkodex anerkannt – Ehrlichkeit, Gerechtigkeit, Verbot von Diebstahl, Mord usw. Der Grund dafür ist, dass das menschliche Herz (Verstand und Gewissen) ein instinktives Gefühl für Richtig und Falsch hat. Einfach ausgedrückt: Wir fühlen uns gut, wenn wir das Richtige tun, und wir fühlen uns schuldig, wenn wir das Falsche tun. Wie ein Computer und sein grundlegendes Betriebssystem wurden wir mit einem vorinstallierten Gewissen ausgestattet, das so programmiert ist, dass es uns moralisch leitet und das Wissen unseres Schöpfers und seiner Weisheit widerspiegelt.

Natürlich können wir, wie bei einem Computersystem, auch schädliche Viren herunterladen, die das Gewissen auf unserer menschlichen Festplatte beschädigen. Leider geschah dies schon früh, als Adam Gott ungehorsam war und die Sünde die Menschheit infizierte (1Mo 3,1-8). Aber wir können unser Gewissen auch weiter verderben und schädigen, indem wir unser Herz immer wieder gegen Gottes Wahrheit und seine Offenbarung an uns verstocken (Röm 1,21). Das erklärt, warum manche Menschen ihr Gespür für die Sünde und für die Unterscheidung zwischen Richtig und Falsch verloren haben. Ihr Gewissen ist geschädigt, bei manchen sogar irreparabel (Röm 1,28-32; Eph 4,17-19; 1Tim 4,2).

Der Schöpfer hat uns für etwas anderes als diese Erde und dieses Leben geschaffen. Wir sind für die Ewigkeit bestimmt (Pred 3,11). Wir sind für ihn geschaffen (Kol 1,16). Dennoch kann uns die allgemeine Offenbarung allein nicht den ganzen Weg zur Erlösung weisen. Dazu brauchen wir Gott, der uns auf die nächste Ebene führt.

Kommen wir zur zweiten Kategorie – die *besondere* Offenbarung. Hier teilt uns Gott gnädigerweise genauere Einzelheiten darüber mit, wer er ist und was er uns über Wahrheit und Leben wissen lassen möchte. Er hat dies bisher auf folgende Weise getan:

- Direkte, hörbare Kommunikation (1Mo 2,16-17; 3,9.11; 5Mo 5,4; Mt 3,17)
- Zeichen und Wunder (1Mo 11,1.5-9; 2Mo 14,21-31; 5Mo 34,10-12; 1Kö 17–19; Ps 78,53; 111,2-4)
- Träume und Visionen (1Mo 20,6; 31,24; Hi 33,14-15; Jes 6,1-4; Dan 9,20-21; Mt 1,20; 2,12-13; Offb 1,10-16)
- Engel (Dan 9,21; 10,13; Lk 1,11-19; Apg 7,53; Hebr 2,2; Offb 1,1)
- Propheten (Hebr 1,1-3)
- Erscheinungen seiner selbst in menschlicher Gestalt im Alten Testament, die als Theophanie oder Christophanie bezeichnet werden (1Mo 18,1-33; 32,25-28; 2Mo 3,1-22; 33,18-23; Dan 3,25)
- Göttliche Vorsehung (Apg 1,15-17; 17,24-28)

Der letzte Akt der besonderen Offenbarung Gottes bestand jedoch darin, dass das zweite Mitglied der Gottheit Mensch wurde. Dies wird manchmal als die «Inkarnation Christi» bezeichnet (Joh 1,14.18; 12,45; Kol 1,15; 2,9; 2Tim 1,10; Tit 2,11; 3,4).

Der Schreiber des Hebräerbriefs formuliert es so:

> «Nachdem Gott in vergangenen Zeiten vielfältig und auf vielerlei Weise zu den Vätern geredet hat durch die Propheten, hat er in diesen letzten Tagen zu uns geredet durch den Sohn. Ihn hat er eingesetzt zum Erben von allem, durch ihn hat er auch die Welten geschaffen; dieser ist die Ausstrahlung seiner Herrlichkeit und der Ausdruck seines Wesens und trägt alle Dinge durch das Wort seiner Kraft; er hat sich, nachdem er die Reinigung von unseren Sünden durch sich selbst vollbracht hat, zur Rechten der Majestät in der Höhe gesetzt. Und er ist umso viel erhabener geworden als die Engel, als der Name, den er geerbt hat, ihn auszeichnet vor ihnen» (Hebr 1,1-4).

Der Apostel Johannes schreibt:

> «Und das Wort wurde Fleisch und wohnte unter uns; und wir sahen seine Herrlichkeit, eine Herrlichkeit als des Eingeborenen vom Vater, voller Gnade und Wahrheit. ... Niemand hat Gott je gesehen; der eingeborene Sohn, der im Schoss des Vaters ist, der hat Aufschluss (über ihn) gegeben» (Joh 1,14.18).

Dankenswerter Weise hat der Herr seine Offenbarung in allen 66 Büchern der Bibel dauerhaft dokumentiert (2Tim 3,16-17). Die inspirierte Offenbarung der Heiligen Schrift ist der allgemeinen Offenbarung überlegen, wegen ihres besonderen und ewigen Charakters (Ps 19,9; Jes 40,8; Mt 5,17-18; 24,35).

Gott übersetzte die transzendente Wahrheit, indem er sie in eine visuelle, verbale, erfahrungsbezogene, erkennbare und übertragbare Sprache fasste, die praktisch jeder verstehen kann. Auf den Seiten der Heiligen Schrift finden sich Tatsachen über ihn, die von Kindern leicht erfasst werden können, gepaart mit Konzepten, die selbst die gebildetsten Bibelforscher nur schwer begreifen können.

Eine dritte Art, wie Gott sich offenbart hat, ist die *fortschreitende* Offenbarung. Mit anderen Worten: Gott hat den Weg gewählt, sein ganzes Wesen, seine Gebote und seine Wahrheit nicht nur einer einzigen Person oder allen auf einmal zu offenbaren. Das hätte zu einer massiven Informationsüberlastung geführt, und kein Mensch hätte eine solche Erfahrung verarbeiten können. Stattdessen gab er uns seine Offenbarung in Raten, *in mundgerechten Häppchen*, wenn man so will. Nach und nach offenbarte er sich selbst und seine Wahrheit – durch Adam, Henoch, Noah, Mose, die Propheten, Jesus und die Apostel. Jede neue Offenbarung baute auf der vorhergehenden auf. Es entstand ein Porträt, das sowohl mit breiten Pinselstrichen der Wahrheit als auch mit komplizierten Details gemalt wurde, die die Schönheit und das Wunder unseres Gottes und seines grossartigen Erlösungsplans enthüllten.

Und er tat dies alles, weil er wollte, dass wir ihn kennenlernen.

Wenn wir also zum letzten Buch der Bibel kommen, würden wir einen dramatischen und imposanten Abschluss seiner Geschichte mit dieser Welt erwarten. Denken Sie einmal darüber nach: Gott hätte seine schriftliche Offenbarung an uns beenden können, wie er es wollte. Als Autor tue ich dasselbe. Ich überlege sorgfältig, wie ich meine Bücher beende. Was möchte ich, dass der Leser weiss, denkt, fühlt oder tut, wenn er die letzte Seite umblättert? Was möchte ich ihm mitgeben? Woran soll er sich erinnern? Wie möchte ich, dass er reagiert? Soll er motiviert sein? Inspiriert? Bewegt?

Und Gott, der meisterhafte Geschichtenerzähler und perfekte Kommunikator, tat dasselbe mit seinem Buch. Er hätte die Bibel mit einer Botschaft darüber beenden können, wie wir einander lieben und wie wir gute Samariter für unsere Nachbarn sein könnten. Er hätte auch einige der wichtigen Wahrheiten, die er zuvor vermittelt hatte, wiederholen und zusammenfassen können.

Aber er tat es nicht.

Stattdessen beendete er sein bedeutendstes Werk («magnus opus») mit einem Buch, das zu 95 Prozent aus *Prophetie* besteht. Deshalb ist die Offenbarung fast ausschliesslich ein Buch über die Zukunft. Aber warum? Warum erzählte er seinen Zuhörern aus dem ersten Jahrhundert von Prophezeiungen, die nicht zu ihren Lebzeiten eintreten, sondern sich erst frühestens in +/- 2000 Jahren erfüllen würden?

Ich nehme an, die ursprünglichen Hörer und Leser von Genesis, Jesaja, Jeremia und Micha könnten sich dieselbe Frage stellen, denn auch ihnen wurden Prophezeiungen gegeben, die sich schliesslich erst viele hundert Jahre nach ihrer Verkündigung erfüllten. Aber das unterstreicht das Wesen der Prophetie – dass sie in erster Linie eine Vorhersage zukünftiger Ereignisse ist und nicht notwendigerweise Dinge betrifft, die «in der Gegenwart» geschehen. Einige Prophezeiungen haben sowohl im Zeitpunkt ihrer Offenbarung als auch in der Zukunft eine Bedeutung (s. 1Mo 3,16; 4Mo 21,9; Dan 11,31; Joe 3,1-5; Mt 24,15-16; Joh 3,14-15; 12,31; Apg 2,17-21; Röm 16,20; 2Thess 2,4; Hebr 2,14; Offb 6,12).

Warum also liess Gott sein geschriebenes Wort mit einem Buch über zukünftige Ereignisse enden? Weil er noch unerledigte Dinge zu erledigen hat. Und weil ...

- Er hat eine Braut zu retten (Joh 14,1-3; 1Thess 4,13-18).
- Er hat ein Volk zu erlösen (2Petr 3,9; Offb 7,9-17).
- Er hat einen Planeten zu bestrafen (Offb 6-18).
- Er hat ein Volk wiederherzustellen – Israel (Röm 11,25-26).

Sie sehen, die Geschichte ist noch nicht zu Ende. Es wird noch eine Episode geben, die den Höhepunkt bildet. Einen Schlussakt.

Ein grosses Finale.

Angst, Fake News und Glaube

Gott hat die Offenbarung geschrieben, weil er möchte, dass wir von dieser Endzeit wissen und darauf reagieren (Offb 1,3). Er möchte, dass wir uns der kommenden Weltereignisse bewusst sind und die Zeichen erkennen, die zum Ende führen. Er möchte, dass wir einen Vorgeschmack auf unsere zukünftige Heimat im Himmel bekommen. Er weiss auch, dass in diesen letzten Tagen viel Verwirrung, Unwissenheit und Unsicherheit herrschen würden. Im Volk Gottes überwiegt derzeit die Angst. In der Gemeinde verdrängt die Verwirrung die Klarheit. Die Unwissenheit breitet sich schneller aus als das Wissen. Und die Ungewissheit überschattet die Zuversicht.

Und dies, obwohl wir in der Heiligen Schrift nicht ein einziges Mal aufgefordert werden, die Zukunft zu fürchten. Ganz im Gegenteil, wiederholt hat Gott sein Volk angewiesen, mit Glauben und Mut in die Zukunft zu gehen (Jos 1,6-9; Mt 6,25-34; 24,3-4; 1Thess 4,13; 2Thess 2,1-3; 2Tim 1,7). Gott wollte, dass sein Wort vor Irrtümern bewahrt, es sollte uns Erkenntnis und Klarheit vermitteln. Als Paulus an die Thessalonicher schrieb, war die Gemeinde aufgrund falscher Lehrer beunruhigt. Diese lehrten, dass gemäss einem vermeintlichen Brief von Paulus der Tag des Christus bereits gekommen sei. Mit anderen Worten: Sie behaupteten, die Entrückung sei bereits geschehen und die siebenjährige Trübsalszeit habe begonnen. Dies löste unter den Geschwistern grosse Verunsicherung aus, dass (1) Gottes Gerichte nun auf die Erde (und sie) fallen würden und (2) dass sie ihre glückselige Hoffnung (die Entrückung) verpasst hätten.

Diese Irrlehrer untermauerten ihr Argument, indem sie erklärten, sie hätten ebenfalls eine Vision erhalten, die ihre apokalyptischen Behauptungen bestätigte. Paulus schrieb:

> «Wir bitten euch aber, ihr Brüder, wegen der Wiederkunft unseres Herrn Jesus Christus und unserer Vereinigung mit ihm: Lasst euch nicht so schnell in eurem Verständnis erschüttern oder gar in Schrecken jagen weder durch einen Geist noch durch ein Wort noch durch einen angeblich von uns stammenden Brief, als wäre der Tag des Christus schon da» (2Thess 2,1-2).

Paulus war sehr besorgt, dass diese damaligen Fake News die Thessalonicher in ihrer Gelassenheit erschüttern und ihren Glauben durcheinanderbringen könnten, was auch geschah. Was hat der Apostel also getan? Wie hat er auf diesen beunruhigenden Bericht reagiert? Unter der göttlichen Führung des Heiligen Geistes schrieb er ihnen einen Brief – als von einem *wahren* Apostel und nicht von einem vorgetäuschten. Darin vermittelte er ihnen eine klare und unanfechtbare Wahrheit: «Lasst euch von niemand in irgendeiner Weise verführen! Denn es muss unbedingt zuerst der Abfall kommen und der Mensch der Sünde geoffenbart werden, der Sohn des Verderbens» (2Thess 2,3).

Paulus hat in weiser Voraussicht die Dinge klargestellt. Er sagte nicht: «Nun, ihr wisst, dass wir alle unsere eigenen Ansichten über die Endzeit und den Zeitpunkt der endzeitlichen Ereignisse haben. Aber solange wir uns in den wesentlichen Dingen einig sind, ist alles okay. Das ist, was wirklich zählt. Ihr sollt euch gut vertragen und einander lieben.»

Nein. Einheit war nicht sein Hauptziel, sondern die Wahrheit. Die Einheit, die er sich für sie (und für uns) wünschte, sollte sich auf Gottes Wort gründen, nicht auf ketzerischem Hörensagen oder Gerüchten. Dann fragte er: «Denkt ihr nicht mehr daran, dass ich euch dies sagte, als ich noch bei euch war?» (2Thess 2,5). Die gewählte Zeitform deutet darauf hin, dass er ihnen mehr als nur ein paar Mal von diesen Prophezeiungen über die Endzeit erzählt hatte. Daraus können wir schliessen, dass eine klare Lehre bezüglich Eschatologie (die Lehre von der Endzeit) für ihn ein wichtiger Fokus war. Die Gläubigen sollten über dieses wichtige Thema informiert sein – ein Thema, das heute oft ignoriert, missverstanden, falsch dargestellt und den Christen falsch vermittelt wird.

Die Heilige Schrift verwendet immer Wissen und Erkenntnis, um die Ignoranz über die Endzeit zu bekämpfen – beides findet sich in der biblischen Prophetie in Hülle und Fülle. Wenn jemand betont, wie wichtig es ist, die Bibel zu studieren und zu lernen, wird ihm oft sofort entgegengehalten: «Wir müssen aufpassen, dass wir nicht zu viel lernen, denn, wie Paulus warnte, «Wir alle haben Erkenntnis. Die Erkenntnis bläht auf, die Liebe aber erbaut» (1Kor 8,1). Diese wohlmeinenden Gläubigen untergraben mit solchen Aussagen unwissentlich ihren eigenen Glauben und ihr geistliches Wachstum. Sie schwingen das Pendel in Richtung einer anti-intellektuellen Version des

Christentums, in der unsere einzige Tugend «Liebe» ist. Was sie leider übersehen, ist die Tatsache, dass Gottes Wahrheit uns tatsächlich durch «die Erneuerung eures Sinnes» (Röm 12,2) verwandelt. Wir zeigen unsere Liebe für den Mitmenschen nicht, indem wir die Wahrheit ignorieren oder verharmlosen. Wir lieben sie, *indem wir ihnen die Wahrheit sagen*. Ganz offensichtlich lehrte Paulus nicht, dass wir nicht nach der Erkenntnis der Heiligen Schrift streben sollten. Denn es gibt an anderen Stellen viele Gebote und Beispiele für ein solches gottgefälliges Streben (5Mo 11,18-23; Jos 1,8; Ps 119,11-12.15.23-24.26.33.40.52.71.93.97-100.113.124.135.152.160.171; Spr 3,1-2; 4,6-7; Joh 5,39; Röm 15,4; 2Tim 3,15-17; 1Petr 2,2; 2Petr 3,18; Offb 1,3).

Vielmehr will Paulus in 1. Korinther 8,1 sagen, dass Erkenntnis allein, ohne Liebe, nur das eigene Ego aufbläht. Nirgendwo wird mangelnde Bibelkenntnis als eine erstrebenswerte Tugend gepriesen. Gott gibt uns seine Wahrheit, damit wir sie kennen, glauben, von ihr überzeugt sind, von ihr geprägt werden, über sie meditieren, nach ihr leben, die Welt durch sie sehen und sie anderen mitteilen.

Ein altes Sprichwort sagt: «Unter den Blinden ist der Einäugige König.» Ähnlich verhält es sich in einer Zeit, in der Unwissenheit, Täuschung und Lügen die geistliche Landschaft beherrschen: Gottes Wahrheit scheint wie ein Leuchtfeuer in einer dunklen Nacht. Paulus erinnert uns daran, dass mangelnde Wahrheit sowie weltliches Denken eine echte Gefahr für unser geistliches Leben sind (1Tim 6,3-5). Und der Mensch, der die Wahrheit Gottes ablehnt, ist «aufgeblasen und versteht doch nichts» (V. 4). Aber das gilt nicht für den biblisch denkenden Gläubigen, wie der Psalmist erklärt:

> «Ich bin verständiger geworden als alle meine Lehrer, denn über deine Zeugnisse sinne ich nach. Ich bin einsichtiger als die Alten, denn ich achte auf deine Befehle» (Ps 119,99-100).

Das ultimative Gegenmittel gegen Unwissenheit ist also die Wahrheit – Gottes Wahrheit.

Die göttliche Wahrheit vertreibt Unsicherheit und Zweifel und schenkt echtes Vertrauen. Der vorherrschende Zeitgeist versucht, Hoffnung zu unterdrücken, besonders wenn es sich um objektive Wahrheit handelt. Wenn ein Christ heute behauptet, dass Gottes Wort irrtumslos und unfehlbar ist (2Tim 3,16-17) oder dass Jesus der einzige Weg in den Himmel ist (Joh 14,6), wird das als engstirnig und arrogant angesehen.

Engstirnig? Ja. Aber arrogant? Nein.

Das ist eine Ironie, denn wir alle erwarten diese Art von Engstirnigkeit in so vielen anderen Bereichen des Lebens. Zum Beispiel:

- Wir wollen, dass unser Arzt genau ist und nicht leichtfertig oder vage.
- Wir wollen, dass unser Apotheker exakt ist und nicht unsicher.
- Wir wollen, dass unser Pilot zuversichtlich ist und nicht nervös.
- Wir wollen, dass unser Elektriker gewissenhaft ist und nicht unwissend oder fehlerhaft.

Dies ist umso wichtiger, wenn es um Theologie, Wahrheit, Moral und Realität geht. Gerade hier brauchen wir Genauigkeit. Und genau das bietet uns die Heilige Schrift. Das Wissen und die Klarheit, die wir in Gottes Offenbarung finden, geben uns genau die Zuversicht, die wir brauchen, um unserer Welt zu begegnen und im Glauben voranzugehen.

Ja, Gott will, dass wir es *wissen*.

Und deshalb ist die Offenbarung ein Buch der Erkenntnis, nicht der Verwirrung. Es ist kein rätselhafter, apokalyptischer Code, der nur von einigen wenigen Experten geknackt werden kann, sondern ein Buch der «Erleuchtung», das von jedem studiert, verstanden und befolgt werden muss, der es liest (Offb 1,3).

Wie im ersten Buch Mose können wir gleich im ersten Vers der Offenbarung lesen, dass sie ein Buch über Gott ist. Sie ist «die Offenbarung Jesu Christi». Sie kommt *durch* einen Engel, *zu* Johannes und *für* seine Knechte (die Gemeinde). Und wovon wird das Buch auch handeln? «... um seinen Knechten zu zeigen, was rasch geschehen soll» (Offb 1,1). Die Offenbarung ist das einzige Buch in der Bibel, das für eine bestimmte Gruppe von Gläubigen eine bestimmte Art von *Segen* verheisst – nämlich für denjenigen, der «die Worte der Weissagung liest, und die sie hören und bewahren» (V. 3). Und warum ist das so wichtig? In Vers 3 heisst es weiter: «Denn die Zeit ist nahe.»

KAPITEL 2

DER UNBEKANNTE JESUS

Der Gott, der *herrlich* ist

— OFFENBARUNG 1,12-18 —

Während sich die Gesellschaft weltweit immer antibiblischer verhält, wird der Schatten einer postchristlichen Weltanschauung auch in der Gemeinde sichtbar. Denn je mehr sich der Mensch von der Heiligen Schrift abwendet, desto mehr schleicht sich eine ganze Subkultur eines emotionsbasierten Christentums ein. Das zeigt sich an dem oft wiederholten Satz: «Ich interessiere mich nicht für Theologie. Ich liebe einfach Jesus.»

Auf den ersten Blick mag eine solche Haltung bewundernswert, ja sogar geistlich klingen. Denn was könnte besser, gottgefälliger und geistlicher sein, als Jesus zu lieben? Ist das nicht das grösste Gebot? Hat es Christus nicht in Matthäus 22,36-38 selbst als solches erklärt?

Ja.

Wie wir jedoch sehen werden, wird die Gemeinde mit solchen Erklärungen in ein neues dunkles Zeitalter gestürzt, wo Unwissenheit und Emotionen die Leitprinzipien für die heutige Generation bekennender Christen werden.

Und das ist der Grund dafür: Ein ironischer Widerspruch ist unbewusst in einer solchen Aussage versteckt. Denn um die Liebe zu Jesus Christus zu bekunden, muss man ein Minimum an Erkenntnis haben, wer er ist. Jeder Glaube an ihn muss darauf beruhen. Es ist logischerweise unmöglich, einen Gott zu lieben, über den man kein Faktenwissen hat. Und zu wissen, wer er ist, was er getan hat, nennt man – Sie haben es erraten – Theologie. Mit anderen Worten: Sie können Jesus nicht wirklich lieben, wenn Sie nicht «Theologie betreiben». Wie können Sie ohne eine klare Offenbarung über Christus jemals sicher sein, dass der Jesus, den Sie lieben, der echte ist? Wenn unsere Gedanken über ihn nicht von Gottes Wort hergeleitet und daran angepasst werden (Spr 3,5-6; Röm 12,2), haben wir am Ende eine massgeschneiderte Version von Christus, nämlich die aus unserer eigenen Fantasie.

Diese Art von «Jesus» ist nichts anderes als eine göttliche Actionfigur, die man verkleidet und mit Accessoires ausstattet, damit sie zu den eigenen Vorstellungen und emotionalen Vorlieben passt. Einen «Do-it-yourself-Jesus», wenn Sie so wollen.

Und das ist, tragischerweise, Götzendienst wie aus dem Lehrbuch.

Natürlich gab und gibt es nur einen echten Jesus. Und nur in der Bibel steht die Wahrheit über ihn; sie ist die einzige Quelle der Wahrheit. Ausserhalb der Heiligen Schrift haben wir kein verlässliches Wissen über den Sohn Gottes.

Daraus können wir schliessen, dass unser Verständnis, unsere Erfahrung und unsere Liebe zu Jesus nicht von unserem eigenen fehlerhaften Denken oder unseren schwankenden Gefühlen herrühren, sondern allein von der Gesamtheit der Heiligen Schrift. Wie wir im ersten Kapitel gesehen haben, muss Gott sich uns zuerst offenbaren, damit wir ihn verstehen und persönlich kennenlernen können. Und wir sind völlig abhängig von der Art, dem Ausmass und dem Verlauf seiner Offenbarung. Nirgendwo wird uns die Erlaubnis erteilt, unsere eigenen Bilder, Darstellungen oder Interpretationen seines Wesens oder Charakters zu erzeugen. Denn auch das ist schrecklicher Götzendienst.

Fragen Sie nur die Israeliten am Fusse des Bergs Sinai.[1] Seien wir dankbar, dass Gott das Rätselraten darüber, wer Jesus ist, beendet hat! Und vielleicht hat er es nirgendwo deutlicher und offensichtlicher gemacht als in Offenbarung 1.

Eine Vision zur richtigen Zeit

Der gealterte Apostel Johannes hatte keine Ahnung, was Jesus ihm über den Zustand der sieben Gemeinden (Kap. 2–3) oder die katastrophalen Gerichte der prophezeiten siebenjährigen Trübsalszeit (Kap. 6–18) offenbaren würde. Bevor der Herr diese drastische Wahrheit nämlich mitteilt, offenbart er sich zuerst dem geliebten Jünger. Aber warum beginnt die Offenbarung auf diese Weise? Was ist der Sinn? Bedenken Sie, dass sich das Christentum im Jahr 95 n. Chr. in der dritten Generation befand. Der Glaube war seit etwa sechzig Jahren weitergegeben worden. Und einige Prioritäten mussten neu geordnet werden. Ich sehe fünf Gründe, warum das letzte Buch der Bibel mit einer besonderen Offenbarung von Jesus Christus beginnt:

- Entmystifizierung falscher und ungenauer menschlicher Ansichten, die die Gemeinden über ihn haben könnten, damals wie heute.
- Um ihre Erinnerungen an Jesus aufzufrischen, der ihnen einst verkündigt wurde. Wie wir sehen werden, hatten einige der Gemeinden eine fehlerhafte Theologie. Zudem hatten sie Jesus entweder vergessen oder ihre Liebe zu ihm aufgegeben.
- Um ihr Verständnis und ihre Sicht von ihm «auf den neuesten Stand zu bringen», da er jetzt verherrlicht und erhöht im Himmel zur Rechten des Vaters sitzt (Hebr 1,3).
- Um ihre Aufmerksamkeit zu wecken, ihre geistlichen Augen zu weiten und sie aus ihrem selbstgefälligen Schlummer zu holen.
- Um ihnen zu helfen, den *wahren* Christus anzubeten. So beginnt die Offenbarung – mit einem Neustart in unserer Wahrnehmung von Jesus Christus. Jede Wahrheit in der Offenbarung beruht auf der Person und dem Werk von Jesus Christus (Offb 19,10).

Benötigen wir nicht dieselben Dinge? Die heutige Gemeinde leidet an einer Art geistlicher Amnesie in Bezug auf ihren Herrn, und zwar aus mindestens vier Gründen:

1. Wir haben ein *kurzlebiges* Gedächtnis. Aufgrund des heutigen biblischen Analphabetismus hat die Gemeinde vergessen, wer Jesus ist und was er über die Endzeit prophezeit hat.
2. Wir haben ein *selektives* Gedächtnis. Wir neigen dazu, uns in erster Linie auf die Eigenschaften Christi zu konzentrieren, die uns Trost und Frieden geben (z. B. Jesus

der Heiler, der die Fünftausend speist, der Gleichnisse lehrt, der für uns leidet, der demütige Diener oder derjenige, der bei einem Begräbnis weint).

3. Wir neigen dazu, zu schlummern, wir werden ich-bezogen und von der Kultur geprägt. Wir lassen uns treiben und entfernen uns von der leidenschaftlichen Suche nach unserem Erlöser (Offb 2,4; 3,2).
4. Wir werden leicht selbstgefällig, mittelmässig, zufrieden, lau im Glauben. Das macht uns nutzlos für das Reich Gottes und fruchtlos, wenn es darum geht, Jünger zu machen (Mt 28,18-20; Offb 3,14-17).

Kommt Ihnen das bekannt vor? In dieser Hinsicht unterscheiden wir uns gar nicht so sehr von unseren Brüdern und Schwestern aus dem ersten Jahrhundert.

Um 95 n. Chr. hatte sich die Gemeinde verirrt, war vom Weg abgekommen und war nicht mehr wiederzuerkennen. Analog vielen Gemeinden heute brauchte sie dringend einen Weckruf.

Die Offenbarung wurde nicht nur geschrieben, um uns Einblicke in die Zukunft sowie ein wortgewaltiges und bildhaftes Panorama der Endzeit und der Ewigkeit zu geben, sondern auch, um eine schlummernde Braut zu wecken, damit sie sich auf die bevorstehende Rückkehr des Bräutigams vorbereiten kann.

Und nochmals, «denn die Zeit ist nahe» (Offb 1,3).

«Herr, wir möchten gerne Jesus sehen!» (Joh 12,21)

Was also *will* Jesus, dass wir über ihn wissen, und was soll uns an ihn erinnern? Wie sollen wir ihn sehen und wahrnehmen?

Die Sendschreiben des Johannes an die sieben Gemeinden sind Botschaften, die er von Christus durch dessen Engel erhalten hat (Offb 1,1). Darin übermittelt er ihnen sowohl Gnade als auch Frieden vom dreieinigen Gott – dem Vater (dem Ewigen), den sieben Geistern, die vor dem Thron sind (stellvertretend für den Heiligen Geist), und Jesus Christus (V. 4-5).[2]

Jesus in der Offenbarung

An dieser Stelle in der Offenbarung erhält Johannes eine Vision von Gottes Sohn, Jesus Christus. Und wie wir auf unserer Reise durch das Buch entdecken werden, ist *er* die Hauptfigur und das zentrale Thema im ganzen Buch. Später, in Offenbarung 19,10, verkündet ein Engel: «Denn das Zeugnis Jesu ist der Geist der Weissagung.»

Wer also ist dieser «Jesus der Offenbarung»? Sind Sie bereit für ein wenig Theologie?

Jesus ist zuverlässig (Offb 1,5) – er wird «der treue Zeuge» genannt. Die Offenbarung enthält einige Prophezeiungen, die schwer zu verstehen oder zu glauben sind, sodass Johannes von Anfang an sicher ist, dass derjenige, der sie offenbart, vertrauenswürdig und wahr ist. Christus selbst erklärte seinen Jüngern: «Ich bin der Weg und die *Wahrheit* und das Leben; niemand kommt zum Vater als nur durch mich!» (Joh 14,6).

Jesus ist nicht nur die Verkörperung der Wahrheit, sondern die Wahrheit ist auch der Kern seines Charakters. Folglich kann er *nur* die Wahrheit offenbaren, denn als Gott ist es ihm unmöglich, zu lügen (4Mo 23,19; Tit 1,2; Hebr 6,18).

In der Offenbarung wird Jesus die prophetischen Wahrheiten über den Zustand der Gemeinden (Kap. 2–3), die apokalyptischen Gerichte der siebenjährigen Trübsalszeit (Kap. 6–18), sein zweites Kommen (Kap. 19), das Tausendjährige Reich (Kap. 20) und die Ewigkeit (Kap. 21–22) bezeugen. Christus wusste sehr wohl, dass «... am Ende der Tage Spötter kommen werden ..., und sagen: Wo ist die Verheissung seiner Wiederkunft?» (2Petr 3,3-4). Deshalb beginnt er damit, sich selbst als denjenigen zu bezeichnen, dessen Prophezeiungen man trauen kann. Der Herr gab Johannes kein Rätsel auf, das es zu lösen galt, sondern eine Offenbarung, der man glauben konnte. Es handelt sich nicht um eine metaphorische Erzählung mit nicht entzifferbaren Symbolen, sondern um eine Darstellung der Geschichte – Szene um Szene – die vor ihrer Erfüllung niedergeschrieben werden soll.

Mit anderen Worten: Alles, was wir in der Offenbarung lesen, ist wahr, weil es direkt von dem Gott der Wahrheit kommt. So, wie Jesus treu war, seinen Jüngern den Namen und das Wort des Vaters zu verkünden (Joh 17,6-8), so macht er jetzt Johannes und uns die göttlichen prophetischen Wahrheiten der Offenbarung bekannt.

Jesus ist auferstanden (Offb 1,5) – Johannes nennt Jesus «den Erstgeborenen aus den Toten». Das Wort, das hier mit «Erstgeborener» übersetzt wird, heisst *prototokos* und bedeutet, dass die Auferstehung Christi die erste ihrer Art ist (vgl. Kol 1,15). Vor dem leeren Grab war noch nie jemand mit einem solchen Körper von den Toten auferstanden, wie Jesus ihn besass. Die Heilige Schrift berichtet von wundersamen Auferweckungen, aber keine war mit der Auferstehung Christi vergleichbar.[3]

Alle diese Menschen würden wieder sterben, im Gegensatz zu Jesus, der den Tod kein zweites Mal erleben wird. Die gute Nachricht für die Gläubigen ist, dass auch wir zu ewigem Leben auferstehen werden, weil er den Tod überwunden hat (Joh 11,25; 14,19; 1Kor 15,20). Ein toter Erlöser kann keine Prophezeiungen über die Endzeit geben. Das kann nur ein lebendiger Herr tun!

Jesus ist der Herrscher (Offb 1,5) – Christus ist der «Fürst über die Könige der Erde». Johannes wird später berichten, dass er auch der «König der Könige und Herr der Herren» ist (Offb 19,16). Das bedeutet, dass er sie alle überragt. Er sticht hervor und besitzt die Vollmacht, sie zu überstimmen. Es bedeutet, dass seine Pläne ihre Pläne übertrumpfen. Pharaonen, Cäsaren, Kaiser, Könige, Ministerpräsidenten, Präsidenten und Päpste stehen alle unter seinem souveränen Einfluss. Jesaja schreibt, dass alle Völker im Vergleich zu Gott «wie nichts vor ihm» sind (Jes 40,17). Er ist es, «der die Fürsten zunichtemacht, die Richter der Erde in Nichtigkeit verwandelt» (V. 23). Jesaja fährt fort:

> «Kaum sind sie gepflanzt, kaum sind sie gesät, kaum hat ihr Stamm in der Erde Wurzeln getrieben, da haucht er sie an, und sie verdorren, und ein Sturmwind trägt sie wie Stoppeln hinweg. Mit wem wollt ihr mich denn vergleichen, dem ich gleich sein soll?, spricht der Heilige» (V. 24-25).

König Nebukadnezar lernte diese Lektion auf die harte Tour: Weil er trotzig und arrogant war, wurde er vom Herrn in den Wahnsinn getrieben. In Daniel 4,19-37 sind seine diesbezüglichen Erfahrungen beschrieben. Als er sich dann schlussendlich beugte, kehrte seine Vernunft zurück und er anerkannte Gott als den souveränen Herrscher (Dan 4,34).

Jesus wird erneut diese Vollmacht und Herrschaft ausüben, indem er den mächtigsten Herrscher, den die Welt je gesehen hat, überwältigt und ihn und seinen Handlanger nach der Schlacht von Armageddon in den Feuersee wirft (Offb 19,20).

Jesus ist der Erlöser (Offb 1,5-6) – Der Apostel schwenkt an dieser Stelle, seinem Porträt von Jesus Christus, schnell um und erinnert uns daran, was der Herr für Sie und mich getan hat – nämlich drei Wahrheiten, die unsere Beziehung zu ihm ausmachen. Und er tut dies chronologisch.

1. Er liebt uns (V. 6). Und wann hat diese Liebe begonnen? Gemäss Paulus hat Gott sein liebendes Herz in der vergangenen Ewigkeit für uns geöffnet, denn «wie er uns in ihm auserwählt hat vor Grundlegung der Welt ...» (Eph 1,4). Damit wir nicht fälschlicherweise glauben, wir hätten irgendetwas mit Gottes Motivation, uns zu lieben, zu tun, macht Paulus klar, dass wir nicht einmal existierten, als Gott sich entschied, uns zu lieben. Wir könnten sogar behaupten, dass Gott, der jenseits der Grenze der Zeit steht, uns schon immer geliebt hat. Das wiederum bedeutet, dass es in der Ewigkeit nie einen Zeitpunkt gegeben hat, an dem er Sie und mich nicht liebte. Und wie seine Liebe zu seinem Bundesvolk Israel hat auch diese Liebe keinen Endpunkt. Wie Jeremia schreibt: «Mit ewiger Liebe habe ich dich geliebt; darum habe ich dich zu mir gezogen aus lauter Gnade» (Jer 31,3). Und auch in Offenbarung 1,6 wird uns die allgegenwärtige und bedingungslose Liebe Jesu vor Augen geführt. Und genau wie seine Liebe zu Israel führt sie ihn dazu, uns zugunsten zu handeln.
2. Er hat uns «von unseren Sünden gewaschen durch sein Blut» (Offb 1,6). Das Wort «gewaschen» bedeutet «befreien». Im Augenblick der Erlösung wurde der Griff der Sünde nach uns gelöst und wir wurden von der Strafe der Sünde befreit (Röm 5,1; 6,23; 8,1; 1Petr 1,18-19). Des-

halb gibt es keinen Hauch von Zorn oder Wut mehr gegenüber denen, die mit seinem Blut erkauft wurden (1Kor 6,20). Und das alles nur, weil der Vater seinen ganzen gerechten Zorn über die Sünde auf den Sohn geworfen hat, während dieser am Kreuz hing (Mt 27,46; Mk 15,34; 2Kor 5,21). Das bedeutet, dass es für uns keine Hölle gibt. Die Errettung endet jedoch nicht dort. Da der Fluch und die Strafe der Sünde aufgehoben wurden, können wir durch unsere Identifikation mit Jesus von der Macht der Sünde in diesem Leben gerettet werden (Röm 6,1-14). Und die frohe Botschaft der Errettung wird von da an noch besser, denn bei unserem Eintritt in den Himmel ist uns auch die Errettung von der Gegenwart der Sünde garantiert (Röm 8,29; Offb 21,1-5). Genau diese Wahrheit über unsere vollständige Erlösung veranlasste Paulus zur Aussage, dass nichts uns jemals von seiner Liebe trennen kann (Röm 8,31-39). Die Liebe Gottes hat uns auserwählt, gerettet und bewahrt auf unserem irdischen Weg in den Himmel. Dort werden wir seine Liebe in einem Ausmass erfahren, das in diesem Leben nicht möglich ist.

3. Er hat uns zu einem Königreich von Priestern für seinen Gott und Vater gemacht (Offb 1,6). Wie wir in Offenbarung 20 sehen werden, ist uns ein besonderer Platz in Gottes zukünftigem Reich garantiert. Und dank Christi stellvertretendem Opfer werden wir alle zu «Priestern seines Gottes», das heisst, wir haben uneingeschränkten Zugang zum Vater. Bei seinem Gnadenthron finden wir immerwährende Barmherzigkeit (Hebr 4,14-16; 1Petr 2,9-10). Und die natürliche Reaktion auf diese grossartige Wahrheit? «Ihm sei die Herrlichkeit und die Macht von Ewig-

keit zu Ewigkeit! Amen» (Offb 1,6). Wenn wir über unsere grosse Sündhaftigkeit und die herrliche Errettung nachdenken, sollten wir unendlich dankbar sein und unseren grossen Gott einfach nur loben, preisen und verherrlichen. Alles andere ist seiner unwürdig; diese Art der dankbaren Anbetung ist das, was er verdient.

Jesus kommt wieder (Offb 1,7) – Johannes erinnert nun an die Prophezeiung Daniels über das zweite Kommen des Messias. «Siehe, er kommt mit den Wolken» (vgl. Dan 7,13). Diese Prophezeiung, die in Offenbarung 19 viel ausführlicher beschrieben wird, steht in scharfem Kontrast nicht nur zum ersten Kommen Christi, sondern auch zu seinem Erscheinen bei der Entrückung der Gemeinde. Bei seiner Menschwerdung kam Jesus, um die Erlösung zu bringen. Bei der Entrückung wird er kommen, um seine Braut vor den Trübsalgerichten zu retten (1Thess 1,10; 4,13-18; 5,9; 2Thess 2,6-7; Offb 3,10). Und wenn er am Ende der grossen Drangsal durch die Wolken kommt und seine Füsse auf das Land Israel setzt, kommt er, um Vergeltung und Zorn über seine Feinde zu bringen (Mt 24,36-41; Offb 19,11-21).

Erlösung. Rettung. Vergeltung.

Aber Vers 7 spricht hier speziell über sein zweites Kommen – sein endgültiges Erscheinen am Himmel. Und anders als bei der Entrückung, bei der nur die Gläubigen ihn sehen werden, wird ihn hier «jedes Auge sehen». Das zweite Kommen wird ein dramatisches globales Ereignis sein, das von jeder lebenden Seele auf der Erde miterlebt wird. Und im Gegensatz zur Entrückung, bei der sein Erscheinen begrüsst wird, werden die Menschen grosse Angst und Schrecken erleben.

Jesus ist bekannt (Offb 1,8) – Johannes schliesst seine heilsbringenden Ausführungen mit einem Zitat des dreieinigen Gottes ab: «Ich bin das A und das O, der Anfang und das Ende, spricht der Herr, der ist und der war und der kommt, der Allmächtige.»

Alpha ist der erste Buchstabe des griechischen Alphabets, *Omega* der letzte. Gott erhebt hier den Anspruch, die Summe aller Dinge zu sein, die Summe der Erkenntnis und der Weisheit (Kol 1,15-16). Es gibt niemanden, der vor unserem Gott existiert hat, und niemand wird ihn überdauern. Er ist immer gewesen. Selbstexistent. Selbsterhaltend. Selbstgenügsam. Unabhängig. Der ewige Herrscher. Derjenige, der garantiert wiederkommen wird. Er sagt: «Ich bin der Ursprung und der Sinn der Geschichte und der Menschheit, der Grund eurer Existenz» (s. Kol 1,15-18). Er ist überragend und absolut.

Es ist, als würde er verkünden: «Gemeinde ... was du in der Offenbarung sehen wirst. Ich weiss es. Ich bin es, der das tun wird!»

Jesus offenbart (Offb 1,9-11) – Nun identifiziert sich Johannes, der geliebte Jünger, mit den Gläubigen und lässt sie wissen, dass auch er «Anteil habe an der Bedrängnis und am Reich und am standhaften Ausharren Jesu Christi». Wie diese späten Christen des ersten Jahrhunderts litt auch Johannes unter dem römischen Kaiser Domitian (81–96 n. Chr.). Er wurde dann auch nach Patmos verbannt, einer kleinen Insel im Ägäischen Meer vor der Küste Kleinasiens (der heutigen Türkei).

Patmos ist eine felsige Insel, etwa 16 Kilometer lang und 10 Kilometer breit. Sie war öde und unfruchtbar zur Zeit des Johannes. Damit war sie der perfekte Ort für eine römische Strafkolonie, sozusagen ein antikes «Alcatraz der Ägäis». Er war nicht dort, weil er ein abscheuliches Verbrechen begangen hatte, sondern «um des Zeugnisses Jesu Christi willen» (V. 9; s. auch 2Tim 2,8-10; 3,11-12).

Während seiner Verbannung befand sich Johannes an einem Sonntag (Tag des Herrn) «im Geist» (V. 10). Dies bezieht sich auf eine einzigartige und kraftvolle Erfüllung durch den Heiligen Geist, die entweder direkte göttliche Offenbarung bedeuten kann oder eine tranceähnliche Vision (Mt 22,43; Apg 10,10; Offb 4,2) mit der derselben Auswirkung. Biblische Visionen sind wie Träume, nur dass die Person wach ist und das Erlebnis damit noch realer. Alle früheren biblischen Visionen wurden von den Propheten oder Aposteln bestätigt. Viele behaupten heute, ähnliche, aber unbiblische und haltlose Träume und Visionen zu haben. Die Bibel warnt uns vor solchen Heuchlern und Fälschern (Jer 23,16; Hes 13,3.6.9-10; Mt 7,15-20; 2Kor 11,13-15; Jud 12-13).

Die Stimme

Die Vision des Johannes führte nicht zu einem Buch- oder Filmvertrag, sondern zu einem Buch der inspirierten Schrift! In seiner Vision hört er hinter sich eine gewaltige Stimme «wie von einer Posaune» (Offb 1,10). Die Stimme erteilt einen einfachen Auftrag: «Was du siehst, das schreibe in ein Buch und sende es den Gemeinden, die in Asia sind» (V. 11). Johannes wird diesen Auftrag, «zu schreiben», in der Offenbarung insgesamt zwölf Mal hören.[4] Und das Buch, das er schreiben wird, ist die Offenbarung selbst.

Was dann geschieht, trifft Johannes jedoch völlig unvorbereitet. Da er nun ganz in die Vision eingetaucht ist, erkennt er, dass es die Stimme von Jesus Christus ist (V. 12.13). Er sieht Christus in der Mitte von sieben goldenen Leuchtern stehen, eine symbolische Darstellung der sieben Gemeinden, die dieses Buch erhalten werden (V. 20). Da Sieben die Zahl der Vollständigkeit ist, werden die sieben Leuchter von vielen Bibelforschern so interpretiert, dass sie für alle Gemeinden stehen, sowohl damals als auch heute.

Was Johannes erstaunt, ist, dass der Jesus, den er hier sieht, selbst ihm unbekannt ist. Sie erinnern sich vielleicht, dass Johannes die Stimme Christi schon einmal gehört hatte. Er hatte ihn auch während seines irdischen Wirkens gesehen und berührt (1Joh 1,1). Er hatte sogar vierzig Tage mit Christus verbracht, als dieser in seinem Auferstehungsleib war (Joh 20,19-25.30; 21,24; Apg 1,6-11). Allerdings hatte er den *verherrlichten* Christus noch nicht gesehen. *Dieser* Jesus sprach nicht mehr in Gleichnissen, heilte nicht mehr die Kranken und teilte nicht mehr Brot und Fisch an die Menge aus. Sein «Werk», zu dem ihn der Vater gesandt hatte, war längst vollendet (Joh 4,34; 6,38-39). Seine Tage als leidender Erlöser waren vorbei. Er ist nun der Erhabene, der im Himmel thront und der verherrlicht und bereit ist, unvorstellbaren Zorn über die Menschheit und die Erde auszugiessen.

Gehorsam gegenüber dem Befehl in Offenbarung 1,11 nimmt Johannes seine Feder und beginnt mit zweifellos zitternder Hand niederzuschreiben, was er sieht. Es ist das Porträt des Christus der Offenbarung, das er nun für uns «malt».

Jesus ist gerecht (Offb 1,13) – Johannes sieht Jesus als einen, «der einem Sohn des Menschen glich». Diesen Begriff verwendet Christus am häufigsten in den Evangelien, um sich selbst zu beschreiben (81-mal). Er bezieht sich auf Daniel 7,13 und spricht von seiner Einzigartigkeit als Gottmensch, von der fleischgewordenen Gottheit und der Tatsache, dass er für uns unerklärlicherweise gleichzeitig 100 Prozent Mensch und 100 Prozent Gott ist.

Jesus ist «bekleidet mit einem Gewand, das bis zu den Füssen reichte» (Offb 1,13). In der frühesten griechischen Übersetzung des Alten Testaments (bekannt als Septuaginta) wurde dieses Wort «Gewand» meist zur Beschreibung des Gewands des Hohepriesters verwendet. Der «goldene Gürtel» über seiner Brust stellt wahrscheinlich seine Rolle als unser Hohepriester dar, der uns vor dem Vater vertritt (vgl. 3Mo 16,1-4; Hebr 2,17; 3,1; 4,14; 5,5).

Als Nächstes bemerkt Johannes das Haupt und das Haar von Jesus, die «weiss, wie weisse Wolle, wie Schnee» waren (Offb 1,14). Die Betonung liegt hier nicht auf der Farbe Weiss an sich, sondern auf der Helligkeit und dem Glanz. Wir können bei Glühbirnen von «weissem Licht» sprechen, aber wir sprechen auch von der Wattzahl oder von Lumen (Einheit des Lichtstroms). Johannes schildert die Lumineszenz Christi, also den Glanz des Lichts, das sein Haupt umstrahlt. Zweifellos erinnerte dies den Apostel an Daniels ähnliche Vision im Altertum: «Sein Gewand war schneeweiss, und das Haar seines Hauptes wie reine Wolle» (Dan 7,9).

Die Bibel nennt ein graues Haupt eine «Krone der Ehre» (Spr 16,31). Und Jesus ist gewiss die Summe aller Erkenntnis und Weisheit, wie wir bereits in Vers 8 gesehen haben. Aber hier handelt es sich wohl eher um einen direkten Hinweis auf den Glanz seiner Heiligkeit (vgl. 2Mo 33,9-20).

Ein dritter Aspekt der Gerechtigkeit Jesu wird in seinen Augen gesehen, die hier als «wie eine Feuerflamme» beschrieben werden (Offb 1,14). Das spricht von der Kraft und Tiefe seines durchdringenden Blicks. Er sieht alles – offen oder verborgen, bekannt oder geheim. Dazu gehören Werke, Gedanken und sogar Motive (Lk 12,3; 1Kor 3,13; 4,5).

Vor einigen Jahren hatte ich die Ehre, die Autobiografie von Dr. Raymond Damadian zu schreiben, dem genialen Mediziner, der das MRT-Gerät konzipiert und erfunden hat. Er erklärte mir, dass die MRT-Technologie (auch Kernspintomografie genannt) Dinge sehen kann, die Röntgenstrahlen und sogar CT-Scans verborgen bleiben. Diese Technologie durchdringt Knochen und Muskeln und erkennt alles, von Bandscheibenvorfällen über eingeklemmte Nerven bis hin zu spinalen Tumoren. Und wie ein MRT-Gerät sieht Jesus bis ins Innerste des Menschen, um eine Diagnose zu stellen und die Wahrheit über uns zu verkünden. Mit denselben flammenden Augen wird er auch die Gemeinden untersuchen (Offb 2,18) und bei seinem zweiten Kommen über die Verlorenen richten (Offb 19,12).

Jesus läutert (Offb 1,15) – Der Blick des Johannes richtet sich auf die Füsse Jesu, die wie schimmerndes Erz sind. Diese Beschreibung (nur ein Wort im griechischen Text) erscheint nirgendwo sonst in der griechischen Literatur ausser hier und in Offenbarung 2,18. Die meisten denken, dass Erz glänzend oder poliert ist. Und hier glüht es speziell, als ob es in einem Ofen erhitzt worden wäre. In 2. Mose 38,1-8 lesen wir vom Altar der Stiftshütte, der mit Erz überzogen war. Wenn der Altar erhitzt wurde, leuchtete er wie andere Metalle. Der Jesus, der vor Johannes steht, ist der läuternde, reinigende Richter.

Jesus weist zurecht (Offb 1,15) – Zuvor hörte Johannes die Stimme des Menschensohns «wie von einer Posaune» (V. 10). Aber jetzt ändert sich der Klang in «das Rauschen vieler Wasser». Weil der Apostel auf der felsigen Insel Patmos im Exil lebte, war dem betagten Jünger das Geräusch von Wellen, die gegen das Ufer schlagen, wohl vertraut. Eine Posaune wurde verwendet, um Armeen zur Aufmerksamkeit zu rufen oder um die Ankunft eines römischen Würdenträgers anzukündigen, z. B. eines siegreichen Generals, der aus der Schlacht zurückkehrte. Im Alten Testament wurde ein Schofar (ein Blasinstrument aus einem Widderhorn) geblasen, um das Volk Gottes zu versammeln und auch um Soldaten in den Krieg zu rufen. Im Kontext dieser Verse soll diese posaunenartige Stimme wahrscheinlich die Aufmerksamkeit von Johannes erregen. Und es war eine Stimme, die er sicher wiedererkennen würde (Joh 10,4-5.27-28).

Da Jesus nun die Aufmerksamkeit von Johannes hat, vermittelt seine Stimme die göttliche Vollmacht. In der rechten Hand des autoritativen Christus sind «sieben Sterne», die in Vers 20 als die sieben Engel (Boten) der Gemeinden in Offenbarung 2 bis 3 gedeutet werden. Einige Ausleger halten diese für besondere Engel (gr. *angelos* = Bote). Ich denke jedoch, es ist besser, sie als die Hirten der Gemeinden in Kleinasien zu betrachten. Pastoren haben die Aufgabe, die biblische Wahrheit dem Volk Gottes nahezubringen. Denn nirgends in der Heiligen Schrift sehen wir, dass Engeln die Verantwortung über einzelne Gemeinden übertragen wird. Pastoren (Brüder) sind Gottes vorrangige Sprecher für sein Volk (s. Eph 4,11-17). Und Jesus hält diese Pastoren in seiner rechten Hand (der starken Hand oder Hand der Autorität) und beschützt sie.

Als Nächstes sieht Johannes aus dem Mund Jesu «ein scharfes, zweischneidiges Schwert» kommen (Offb 1,16). Der Autor des Hebräerbriefs beschreibt das Wort Gottes als ein solches Schwert (Hebr 4,12). Im Neuen Testament gibt es zwei griechische Wörter, die mit «Schwert» übersetzt werden – *macharia*

(Hebr 4,12) und *rhomphaia* (ein langes, breites Schwert), das eher einem Braveheart-Schwert (Zweihandschwert) entspricht. Letzteres ist das Wort, das hier und auch in Offenbarung 19,15 verwendet wird. In Armageddon wird Christus kommen, um Millionen von Menschen mit diesem Schwert zu richten und abzuschlachten. Aber hier in Offenbarung 1 bereitet er sich darauf vor, eine Operation an seinen Gemeinden vorzunehmen. Jesu Worte werden in die sieben Gemeinden eindringen und die menschlichen Herzen öffnen, um sie zu heilen und wiederherzustellen. Sein Wort wird offenbaren, was wirklich im Inneren des Leibes Christi und in ihren jeweiligen Gemeinden vor sich geht.

Das Wort Jesu wirkt auch heute noch so. Wenn nämlich gläubige Brüder treu das Wort predigen, auch wenn es nicht populär ist. Ihr Fleiss und ihre Hingabe werden heute wohl dringender gebraucht als jemals sonst in der Kirchengeschichte. Denn in diesen letzten Tagen weichen viele vom Glauben ab, schenken Mythen und Dämonenlehren Beachtung und halten ohrenbetäubende Selbsthilfepredigten (1Tim 4,1-2; 2Tim 4,1-5).

Jesus leuchtet (Offb 1,16) – Johannes sieht das Gesicht Jesu «wie die Sonne in ihrer Kraft». Dies ist zweifellos das Leuchten (Strahlen) seiner majestätischen Herrlichkeit. Der Autor des Hebräerbriefs greift dieses Bild von Christus auf, indem er die «Ausstrahlung seiner Herrlichkeit» und den «Ausdruck seines Wesens» beschreibt (Hebr 1,3).

Haben Sie schon einmal versucht, direkt in die Sonne zu schauen? Vielleicht *einmal*? Davon ist abzuraten, denn dieser Glanz überfordert unsere Augen; sie können dieses Licht nicht verarbeiten. Selbst ein kurzer Blick nach oben führt dazu, dass Sie blinzeln und sofort wieder wegschauen. Denn das ultraviolette Licht der Sonne kann die Hornhaut schädigen und sogar innerhalb weniger Sekunden zur Erblindung führen. Aber die Sonne ist nur ein Stern, einer von Hunderten von Milliarden, die der Schöpfer Jesus ins Leben gerufen hat (Joh 1,1-3; s. auch 1Mo 1,14-19; Kol 1,16). Diese Himmelskörper strahlen die Herrlichkeit Gottes durch das Erschaffene aus (Ps 19,2). Aber sein Glanz übertrifft selbst den der Sonne und der Sterne. Diese Art von Herrlichkeit ist Gott eigen und wird hier im Antlitz des Sohnes sichtbar. Johannes muss zurückgeschreckt sein, als er den Glanz dieses herrlichen Christus erblickte. Der Apostel lernt nicht nur eine theologische Wahrheit oder gewinnt einfach mehr Wissen über Jesus. Weit entfernt von einer intellektuellen Begegnung, *erlebt* Johannes hier diese Herrlichkeit.[5]

Jesus wird verehrt (Offb 1,17) – In regelmässigen Abständen lesen oder hören wir, dass jemand behauptet, er habe entweder eine Vision gehabt oder sei gestorben und im Himmel gewesen. Dort haben diese Menschen dann «Jesus getroffen und mit ihm gesprochen». Allerdings ergeben sich aus solchen Behauptungen zwei eklatante Probleme:

1. Der Himmel, den sie beschreiben, unterscheidet sich von demjenigen der Bibel.
2. Jesus hat keinerlei Ähnlichkeit mit dem Christus, den wir hier in Offenbarung 1 sehen.

Was in der Regel folgt, ist ein Bestseller, der an leichtgläubige und unwissende Christen in aller Welt verkauft wird.

Johannes' Begegnung mit Christus steht im Widerspruch zu diesen modernen Behauptungen. Und seine Erfahrung löst auch eine ganz andere Reaktion aus: «Und als ich ihn sah, fiel ich zu seinen Füssen nieder wie tot» (V. 17). Als ich vor einigen Jahren über diesen Abschnitt predigte, wies ich auf die deutlichen Widersprüche zwischen der biblischen Darstellung Jesu und diesen neuzeitlichen Himmelsbesuchen hin. Danach stürmte eine Frau zu meinem Büchertisch und schrie mich an, weil ich es gewagt hatte, die «persönliche Erfahrung mit Christus» in Frage zu stellen. Sie erklärte, dass auch sie einmal «gestorben und in den Himmel gekommen» sei und dass alles, was ich gesagt hätte, falsch sei. Da ich die Situation nicht verschlimmern wollte, versuchte ich, ihren emotionalen Ausbruch zu entschärfen.

Ich antwortete: «Ich bezweifle nicht, dass Sie glauben, Sie hätten eine besondere Erfahrung gemacht. Es steht Ihnen frei zu glauben, was Sie wollen. Ich will damit nur sagen, dass ich solche Geschichten nicht als verbindlich ansehe.» Aber meine Aussage, dass Gottes Wort ihre Erfahrung übertrumpft, kam nicht gut an. Sie stürmte davon und erklärte: «Sie sind kein reifer Christ!»

Wir müssen wissen, dass jede Erfahrung, die dem Wort Gottes zuwiderläuft, nicht *von* Gott sein kann, denn er ist nicht widersprüchlich. Die Wahrheit bestimmt unsere Erfahrung, nicht umgekehrt. Johannes war an Körper, Geist und Seele schwer traumatisiert, als er diese Vision von Christus hatte. Seine Knie gaben nach. Sein Körper zitterte, und sein Herz war demütig, als er zu Jesu Füssen fiel. Er erlebte eine totale Reizüberflutung und konnte die Heiligkeit Gottes kaum aushalten. Sein Verstand schaltete einfach ab. Er war am Boden zerstört. Erschüttert.

Daniels Begegnung mit einem Engel führte zu einer ähnlichen Erfahrung (Dan 10,8-9.17). Auch Jesaja, Hesekiel und Paulus waren von ihren Visionen von Gott traumatisiert (Jes 6,5; Hes 1,28; Apg 26,13-14).

Um es ganz direkt zu sagen: Diesen Christus zu sehen, sei es in Person (wie Johannes) oder durch die Bibel (wie wir), sollte uns *erschüttern*.

Dies ist nämlich «Gott erleben»!

Wenn es eine Botschaft gibt, die Jesus Christus uns mit auf den Weg geben will, nachdem wir ihm begegnet sind, dann ist es diese: Er ist Gott, und wir sind nichts.

Die Gegenwart Jesu sollte eine Ehrfurcht in uns auslösen, die uns sofort dazu bringt, uns so zu sehen, wie wir wirklich sind: Menschlich. Gefallen. Zerbrechlich. Unwürdig. Ruiniert. Gottlos. *Sündig*.

Als die Jünger sahen, wie Jesus die Naturgewalten beherrschte, indem er zu dem Wind und den Wellen sprach, gerieten sie in grosse Furcht und sprachen zueinander: «Wer ist denn dieser, dass auch der Wind und der See ihm gehorsam sind?» (Mk 4,41). Jesus tadelte sie für ihre Angst vor dem Sturm und ihren mangelnden Glauben (V. 40).

Jesus zu sehen, ist keine lockere Begegnung, sondern eine folgenschwere Erfahrung. Und das dürfen wir nie vergessen.

Jesus ist beruhigend (Offb 1,17) – Jesus lässt Johannes jedoch nicht mit dem Gesicht nach unten liegen, gelähmt vor Angst. Stattdessen legt er ihm liebevoll seine rechte Hand auf und tröstet ihn. Und er sagt: «Fürchte dich nicht!» Aber warum nicht? Warum sollte Johannes nach all dem, was er gerade gesehen, gefühlt und erlebt hatte, nicht einfach ein «toter Mann» bleiben? Ich denke, einer der Gründe ist, dass Jesus einen besonderen Auftrag für ihn hatte. Einen göttlichen Auftrag. Jesus wollte, dass Johannes eine «prophetische Feder» in die Hand nimmt und schreibt, «was du gesehen hast (Vergangenheit), und was ist (Gegenwart), und was nach diesem geschehen soll»

(Zukunft – Offb 1,19). Dies ist im Wesentlichen der rote Faden im Buch der Offenbarung.

Und dann schreibt Johannes die letzten Verheissungen auf, die gegeben werden, bevor Jesus für die Entrückung seiner Braut zurückkehrt. Es gibt jedoch noch ein paar weitere tröstliche Gründe, warum Johannes die Angst überwinden musste, die ihn so plötzlich diese Nahtoderfahrung machen liess.

Zunächst verkündete Jesus, dass er «der Erste und der Letzte» sei (Offb 1,17). Später wird er die Gemeinde in Smyrna an diese Wahrheit erinnern (Offb 2,8). Dies war auch die Beschreibung seiner selbst in den letzten Versen der Offenbarung (22,13).

Jesus hat das erste Kapitel der Geschichte geschrieben (1Mo 1), und er ist es auch, der die niedergeschriebene Offenbarung am Ende dieses Buchs abschliesst. Aber darüber hinaus ist es auch eine Feststellung seiner Gottheit. Er bekräftigt, dass er tatsächlich Gott ist und «sonst ist keiner» (Jes 45,5). Zweitens erinnert er Johannes daran, dass er «der Lebende; und ich war tot, und siehe, ich lebe von Ewigkeit zu Ewigkeit» ist (Offb 1,18).

Ein toter Retter ist ein machtloser Retter. Es ist, als würde Christus zu ihm sagen: «Johannes, schau mich noch einmal an, erkenne, dass ich lebe, so wie du es nach meiner Auferstehung getan hast.»

Christus ist tatsächlich gestorben. Sein stellvertretender Tod für uns am Kreuz hat unsere Erlösung bewirkt. Und seine Auferstehung war die absolute Bestätigung dieses Opfertodes für die Sünde. Alles am Christentum steht und fällt mit der Auferstehung. Sie ist der Beweis dafür, dass der Glaube, *unser* Glaube, echt ist (1Kor 15,1-19).

Und durch seine Auferstehung hat Jesus den grössten Feind des Menschen, den Tod, besiegt und überwunden. Er regiert sogar über die Hölle, den Ort *seines* Zorns, und nicht der des Teufels (Offb 14,9-11; s. auch 2Kor 4,4). Jesus wird nie wieder sterben, denn «ich lebe von Ewigkeit zu Ewigkeit» (Offb 1,18).

Ist dies der Christus, den ich kenne?

Weil Jesus also Gott ist, weil er auferstanden ist, weil er nie wieder sterben wird und weil er unseren schlimmsten Feind besiegt und die Zukunft in der Hand hat, kann Johannes jetzt aufstehen und sich auf seinen Spezialeinsatz für Gott begeben.

Und noch etwas: Weil dieser Jesus ein lebendiger, liebender Herr ist, wurde alles, was Johannes ertragen und für ihn getan hat, gesehen. Weil Christus lebt, wird der Glaube von Johannes bestätigt und seine Leiden sind nicht vergeblich. Wenn Sie sich jemals fragen, ob es das alles wert ist – ob die Sorgen, die Herausforderungen, die Leiden und die Kämpfe sich eines Tages auszahlen werden –, dann sollte Offenbarung 1,17-18 den Sachverhalt für Sie klären (vgl. 1Kor 15,58). Alles, was Sie für Gott tun, hat Bedeutung. Es zählt. Unsere Sicht von Gott bestimmt alles in unserem Leben. Deshalb muss die Beschreibung Christi durch die Heilige Schrift unsere Sicht von Jesus prägen und beeinflussen. Die Fragen, die wir uns stellen müssen, sind folgende: Ist dies der Christus, den ich kenne? Wie kann ich diesem Jesus der Offenbarung begegnen und dennoch im Schlaf verharren? Und wie kann ich jemals dieselbe Person bleiben?

Vielleicht verstehen Sie jetzt, warum manche Menschen das Buch der Offenbarung meiden!

KAPITEL 3

DIE SENDSCHREIBEN (TEIL 1)

Der Gott, der *zurechtweist*

— OFFENBARUNG 2,1-29 —

Ein grosser Teil der Offenbarung handelt von Gottes Zorn, der sich in der siebenjährigen Trübsalszeit in einer Reihe von katastrophalen Gerichten entlädt. Wir werden jedes einzelne in den folgenden Kapiteln eingehend betrachten. Wir wissen aber auch, dass diese sieben Jahre die 70. Woche des Buchs Daniel für das Volk Israel markieren (Dan 9,24-27). In dieser letzten Zeit wird Gott seine Aufmerksamkeit wieder auf das Volk Israel richten, um es nach Jahrhunderten der teilweisen Verstockung (Röm 11,25-26) geistlich wiederherzustellen. Während dieser Zeit wird ein jüdischer Überrest seine Schuld bekennen und Vergebung und Rettung erfahren (Sach 13,8-9). Es wird eine Zeit der Züchtigung sein, die aber schliesslich die herrliche Erlösung Israels herbeiführen wird (Jer 11,22-23; 30,7; Dan 12,1-10).

Vor diesen Gerichten auf der Erde und der Erlösung Israels muss Jesus jedoch zuerst seine Braut besuchen und sie reinigen, als Vorbereitung auf ihre Entrückung. Ich glaube, dass diese Entrückung vor der siebenjährigen Trübsalszeit stattfinden wird, vor allem, aber nicht ausschliesslich, aus den folgenden Gründen:

1. Gottes Gepflogenheit in der Vergangenheit zu retten bevor er Gericht sendet. Bevor der göttliche Zorn vom Himmel ausgegossen wurde, befreite Gott seine gerechten Diener, wie die Beispiele von Henoch (der buchstäblich in den Himmel entrückt wurde), Noah und Lot zeigen (1Mo 5,24; 7,10-13; 19,12-26).
2. Jesus hat versprochen, wiederzukommen und seine Braut in das Haus seines Vaters zu bringen (Joh 14,1-3). Das kann sich nicht auf das zweite Kommen beziehen, denn die Bibel sagt uns, dass die Gemeinde mit Christus vom Himmel her zurückkehren wird (Offb 19,7-9.11-14).
3. Paulus prophezeite, die Gemeinde werde vor dem zukünftigen Zorn errettet (1Thess 1,10; 5,9). Die Einzelheiten dieses Ereignisses werden in 1. Thessalonicher 4,13-18 dargelegt. Die Eschatologie war den Gläubigen in Thessalonich bereits bekannt, als Paulus 2. Thessalonicher 2,1-7 schrieb, wo er sie daran erinnerte: «Denkt ihr nicht mehr daran, dass ich euch dies sagte, als ich noch bei euch war?» (V. 5). Christen wird niemals Immunität vor Prüfungen oder Verfolgung versprochen. Tatsächlich haben sowohl Jesus als auch Paulus erklärt, dass dies unsere Erfahrung auf der Erde sein wird, weil wir erstens nicht von dieser Welt sind und Jesus uns aus der Welt heraus erwählt hat (Joh 15,18-21) und zweitens

alle, die ein gottgefälliges Leben führen wollen, irgendeine Form von Verfolgung erleiden werden (2Tim 3,12). Jesus prophezeite auch, dass «Trübsal» ein Teil unseres Lebens sein würde, solange wir hier auf der Erde sind (Joh 16,33). Wir müssen jedoch auch die klare Unterscheidung der Heiligen Schrift zwischen dem Zorn des Menschen und dem Zorn Gottes beachten. Am Kreuz hat Jesus den ganzen Zorn Gottes über uns und unsere Sünde auf sich genommen (2Kor 5,21; s. auch Mt 26,42; 27,46; Joh 19,30). Wenn wir ihm im Glauben unser Heil anvertrauen, werden wir in seinen Augen für gerecht erklärt (Röm 5,1). «So gibt es jetzt keine Verdammnis mehr für die, welche in Christus Jesus sind» (Röm 8,1). Das bedeutet, dass Gottes Zorn gegen uns durch Christus und sein stellvertretendes Opfer vollständig befriedigt wurde. Für uns gibt es keinen Hauch von Zorn oder Gericht. Wir sind seine Kinder, seine Geliebten. Wie wir in Offenbarung 6,1 sehen werden, ist es das «Lamm» (Jesus), das die Siegel bricht und den gerechten Zorn Gottes über die Erde und ihre Bewohner ausgiesst. Dies ist der offizielle Beginn von Gottes Zorn während der Trübsalszeit. Deshalb müssen wir vor dieser Zeit befreit werden, was wiederum eine Entrückung vor der Trübsal bedeutet.

4. Die Darstellung der Gemeinde in der Offenbarung ist ein weiterer Beweis, dass wir nicht durch die Trübsal gehen werden. Das Wort «Gemeinde» wird in der Offenbarung 20-mal verwendet. Hier ist die Aufschlüsselung:
   - Kapitel 1–3: 19-mal
   - Kapitel 22: einmal

- Kapitel 6–19: keinmal (d. h. während der Trübsalszeit)
- Darüber hinaus wird die Gemeinde in Offenbarung 2 bis 3 als auf der Erde befindlich dargestellt und kehrt in Kapitel 19 mit Christus vom Himmel her zurück.

Aus diesen und vielen anderen Gründen können wir schlussfolgern, dass die Braut Jesu von der Erde entrückt wird, bevor die Trübsal beginnt.[1]

Ich möchte hier noch eine Klarstellung anbringen. In der Zeit zwischen jetzt und der Entrückung erwarte ich, dass die Gemeinde (die wahren Gläubigen) zunehmend Ausgrenzung, Diskriminierung, Verfolgung und Märtyrertod erfahren wird. Das ist ein Grund, warum wir uns die Ermahnung der Bibel zu Herzen nehmen müssen, dass wir «unsere eigene Versammlung nicht verlassen ... sondern einander ermahnen, und das umso mehr, als ihr den Tag herannahen seht!» (Hebr 10,25). Allerdings hat Christus mit seiner geliebten Braut noch einige Dinge zu erledigen. Sie muss in diesen letzten Tagen dringend gereinigt und vorbereitet werden.

Jesus beauftragte Johannes folgendermassen: «Was du siehst, das schreibe in ein Buch und sende es den Gemeinden, die in Asia sind» (Offb 1,11). Jede dieser Gemeinden, obwohl sie am Ende des ersten Jahrhunderts tatsächlich existierte, scheint den Zustand der Gemeinde während der 2000-jährigen Gemeindegeschichte zu repräsentieren. Auch wenn man darüber nicht dogmatisch sein kann, vertreten einige Gelehrte und Kommentatoren die Ansicht, dass jede der sieben Gemeinden den geistlichen Zustand der Braut Christi zu verschiedenen Zeitpunkten der Gemeindegeschichte darstellt:

- Ephesus – die erste Gemeinde bis 100 n. Chr.
- Smyrna – die Gemeinde leidet unter heidnischer Verfolgung, 100–313 n. Chr.
- Pergamus – das Heidentum infiltriert die Gemeinde, 500 n. Chr.
- Thyatira – die päpstliche Dominanz in der Kirchengeschichte, dunkles Mittelalter bis Mitte des 15. Jahrhunderts
- Sardes – die protestantische Reformation bis zum Ende des 17. Jahrhunderts
- Philadelphia – die grosse Erweckung, die «Wiedergeburt» der Priorität der Bibel bis Mitte des 18. Jahrhunderts
- Laodizea – die endzeitliche Gemeinde, lau und selbstgefällig, bis zur Entrückung

Wenn wir jedoch auf die Kirchengeschichte zurückblicken, ist dieser historische und chronologische Vergleich nicht allein auf unser Leben anzuwenden. In jedem Sendschreiben an die Gemeinden sehen wir auch Ähnlichkeiten mit der heutigen Braut Christi. Die Worte Jesu sind im Grunde eine Ansprache «zur Lage der Gemeinde». Christus überblickt einerseits die geistliche Landschaft und hält andererseits gleichzeitig inne, um jede einzelne Gemeinde zu untersuchen.

Im weiteren Verlauf dieses Kapitels werden wir durch die Linse der Heiligen Schrift blicken und sehen, was Jesus über die Gemeinde denkt, damals und heute. Und wenn wir diese sieben Botschaften betrachten, werden wir ein einheitliches Muster feststellen. In fast jedem Brief

- gibt Jesus etwas über sich selbst preis.
- teilt Jesus mit, was er über die Gemeinde weiss.

- spricht Jesus ein Lob aus.
- spricht Jesus eine Zurechtweisung aus.
- gibt Jesus Ratschläge.
- spricht Jesus eine Warnung aus.
- bietet Jesus eine Belohnung an.

Ephesus – du hast deine erste Liebe verlassen (Offb 2,1-7)

Ephesus war im ersten Jahrhundert n. Chr. eine blühende Metropole mit einer geschätzten Einwohnerzahl von 250 000 bis 500 000. Sie war die grösste Stadt in der römischen Provinz Asia. Und obwohl sie nicht die Hauptstadt war, befand sich dort die Residenz des Statthalters. Jedes Jahr wurden dort bekannte Sportspiele veranstaltet, und das Freilufttheater von Ephesus fasste 25 000 Zuschauer.

Im Jahr 89 n. Chr. wurde Ephesus ein Tempelzentrum für den römischen Kaiserkult. Und es wurde ein Tempel für Domitian (81–96 n. Chr.) errichtet. Dieser Kaiser befahl, mit «dominus» und «deus» – Herr und Gott – angesprochen zu werden. Er war ein strenger Herrscher und wurde von den meisten gehasst, auch von den Mitgliedern des römischen Senats, der ihn nach seinem Tod zu dem erklärte, was später als *damnatio memoriae* («Verdammung des Andenkens») bezeichnet wurde.[2] Mit diesem Urteil wurde sein Name von allen öffentlichen Denkmälern getilgt, und seine Statuen wurden zerstört. Das war die Erstes-Jahrhundert-Version von Cancel Culture.

In Ephesus befand sich der Tempel der Artemis (griechischer Name) beziehungsweise Diana (römischer Name). Dieser Tempel galt als eines der sieben Weltwunder der Antike. Er war 130 m lang und 70 m breit und wurde von 127 massiven Säulen getragen. Prostituierte bevölkerten den Tempel und wurden als Priesterinnen angesehen. Mit einer Tempelprostituierten zu schlafen, galt als heiliger Akt der Anbetung. Die ganze Stadt war buchstäblich von Diana besessen, einer Göttin der wilden Tiere und der Jagd auf sie (sie wurde manchmal als «Diana die Jägerin» bezeichnet). Sie galt aber auch als jungfräuliche Göttin, die mit der Fruchtbarkeit verbunden war und Frauen bei Empfängnis und Geburt half. Manchmal wurde sie mit einer Vielzahl von Brüsten dargestellt, eine Anspielung auf ihre fruchtbarkeitsfördernden Kräfte. Im Frühling gab es sogar ein einmonatiges Fest der Göttin.

In Apostelgeschichte 19 lesen wir, wie Paulus seine Botschaft über Christus mit ungewöhnlichen Wundern (V. 11) bezeugte. In Ephesus wurden viele Menschen durch ihn geheilt und von dämonischer Beherrschung befreit. Tatsächlich bekehrten sich so viele Menschen zu Jesus, dass die Wirtschaft stark in Mitleidenschaft gezogen wurde – die Leute verbrannten ihre Bücher über Magie und Zauberei. Diejenigen, die Artemis Götzen und Schreine bauten, stachelten einen Aufstand gegen Paulus an und riefen: «Gross ist die Diana der Epheser!» Dieser Aufruhr dauerte etwa zwei Stunden (V. 34).

Paulus hatte die Gemeinde in Ephesus auf seiner zweiten Missionsreise gegründet (Apg 18). Als er zurückkehrte, um die Gläubigen zu besuchen, blieb er zwei Jahre lang bei ihnen (Apg 19,10).

Spulen Sie nun etwa vierzig Jahre vor.

Als Johannes die Vision der Offenbarung empfing (95 n. Chr.), war die Gemeinde in Ephesus kaum noch zu erkennen.

Offenbarung (Offb 2,1)

Er ist «der die sieben Sterne in seiner Rechten hält, der inmitten der sieben goldenen Leuchter wandelt». In Kapitel 1,20 erklärt Jesus, dass die Sterne «Engel der sieben Gemeinden» sind (wortwörtlich: «Boten» oder «Hirten»). Und er sagt, die sieben Leuchter seien die sieben Gemeinden, die das Licht Christi und seine Wahrheit für die Welt darstellen.

Ankündigung (Offb 2,2)

Er anerkannte die Werke, die Herausforderungen und die Standhaftigkeit der Gläubigen in Ephesus und bestätigte, dass sie treu blieben, obwohl sie von einer heidnischen, unmoralischen Kultur umgeben waren.

Lob (Offb 2,2-3)

Diese Gemeinde duldete keine bösen Menschen in ihrer Gemeinschaft. Sünde wurde hart angegangen, was in einer Stadt voller offenkundiger Bosheit und Götzendienst keine leichte Aufgabe war. Die Gemeinde prüfte auch diejenigen, die behaupteten, Apostel zu sein. Mit anderen Worten: Sie waren fest gegründet in der Lehre und der geistlichen Unterscheidung und hielten falsche Lehren von der Gemeinde fern. Auch das ist keine leichte Aufgabe, wenn man bedenkt, dass sie aufgrund ihres Glaubenssystems zu einer kleinen Minderheit in Ephesus gehörten. Sie waren nicht müde geworden und gaben nicht auf. Diese Christen waren standhaft geblieben, lehrmässig und moralisch. Sie hatten die Ermahnung des Paulus bei seiner Abreise ernst genommen (Apg 20,28-31). Sie hassten «die Werke der Nikolaiten», die auch Jesus hasste (Offb 2,6). Wir wissen nicht genau, wer die Nikolaiten waren, aber sie waren eine Art Sekte. Ihr

Name könnte von einem der folgenden Namen abgeleitet worden sein:

1. *Nikao* «erobern» und *laos* «das Volk». Der Name könnte sich also auf eine Art herrschsüchtige klerikale Hierarchie beziehen.
2. Eine zügellose Gruppe, die heidnische Liebesfeste und freie Liebe befürwortete.
3. Anhänger von Nikolaus (Apg 6,5), einem Konvertiten aus Antiochia.

Aber was auch immer ihr Ursprung sein mag, die Gläubigen in Ephesus liessen sich weder von ihnen noch von ihren Lehren beeindrucken. Sie glaubten die richtigen Dinge. Sie hüteten die Wahrheit. Sie waren stark, standhaft und treu im Dienst.

Zurechtweisung (Offb 2,4)

Jesus tadelte die Gläubigen in Ephesus, weil sie «ihre erste Liebe verlassen» hatten. Die Liebe zu Gott bleibt das grösste Gebot (Mt 22,36-38). Und obwohl es wahr ist, dass wir Gott ohne die Offenbarung dieser Wahrheit nicht wirklich lieben können, führt die Lehre allein nicht automatisch zu einer aktiven Liebe zu ihm. Es ist seine Wahrheit, die uns bewegt, ihn zu lieben. Unsere Liebe sollte immer unserem Gehorsam ihm gegenüber vorausgehen (Joh 14,15). Aus dieser Liebe heraus fliesst alles andere, was wir für Gott tun. Wir arbeiten, dienen, stehen für die Wahrheit ein und halten durch, weil wir ihn lieben. Wenn wir diese Liebe aus der geistlichen Gleichung entfernen, werden wir zu einer christlichen Version der Pharisäer. Ohne Liebe ist letztlich alles bedeutungslos.

Es liegt in der Natur des Menschen und der Organisationen, in denen er arbeitet, dass sich beide mit der Zeit verschlechtern. Viele unserer Gründungsuniversitäten in Amerika, darunter Harvard und Princeton, waren einst Zitadellen der biblischen Wahrheit. Aber Zeit und Kompromisse haben das ursprüngliche Engagement dieser Lehrstätten für Gott und sein Wort untergraben. Wie Gemeinden schliessen auch diese Institutionen nicht unbedingt ihre Türen, wenn die Zeit vergeht. Sie wandeln sich nur und definieren sich neu für die aktuelle Generation. Die Braut Christi ist heute in Gefahr, ihre Besonderheit, ihre Vision, ihren Pioniergeist und ihre angestammte Natur zu verlieren. Sie ist zahm und gefügig geworden. Sie ist von einem lebendigen Organismus zu einer *Organisation* geworden. Ein Unternehmen, das wie andere weltliche Unternehmen geführt wird.

Auf diese Art sterben die Gemeinden.

Wie die Gemeinde in Ephesus können auch wir Gottesdienste, Programme, Einsätze und Aktivitäten aufrechterhalten – und dabei einen gewissen geistlichen Eindruck hinterlassen. Aber Jesus will mehr als nur lehrmässiges Durchhaltevermögen. Er will geistliches Durchhaltevermögen. Er wünscht sich mehr als Aktivität. Er will Zuneigung. Er verlangt mehr als Doktrin und Pflicht. Er will Hingabe (Lk 10,38-42). Christus will mehr als Dienst und Ausdauer. Er nennt es mit seinen eigenen Worten «erste Liebe». Jesus prüfte die Gemeinde in Ephesus auf Herz und Nieren. Dabei stellte er fest, dass ihre Liebe zu ihm deutlich nachgelassen hatte.

Wie geht die erste Liebe verloren? Wenn ...

- sie leben, ohne sich der eigenen Verdorbenheit bewusst zu sein (Jer 17,9; Röm 7,18).

- es ihnen nicht mehr wichtig ist, mit Gottes Volk zusammen zu sein und gemeinsam anzubeten (Hebr 10,23-25).
- sie nicht mehr dankbar für die Sündenvergebung sind (2Petr 1,9; s. auch Röm 8,1).
- ihr Hunger nach dem gemeinsamen Erleben der Wahrheit schwindet.
- sie Wissen und Erkenntnis ohne die entsprechende Begeisterung haben.
- sie sich mit den Glaubensgeschwistern versammeln und doch keine Liebe zu Jesus zum Ausdruck bringen.
- sie nicht mehr erkennen, dass Leben sich verändert.
- sie kein Interesse mehr daran haben, anderen ein Vorbild zu sein oder ihnen vom Herrn zu erzählen.

Ratschläge (Offb 2,5)

Christus riet dem Pastor in Ephesus, seine Gemeinde anzuweisen, drei Dinge zu tun, um sie wiederherzustellen:

1. *Erinnert euch* – Sie sollten sich daran erinnern, «wovon du gefallen bist». Mit anderen Worten: Erinnert euch daran, wie eure Beziehung zu Jesus früher war. Und wie sah diese Beziehung früher aus? Aus Paulus' früherer Begegnung mit den Ephesern erfahren wir, dass ...
   - sie eine gesunde Ehrfurcht vor der Macht Jesu hatten und seinen Namen verherrlichten (Apg 19,17).
   - ihre glühende Liebe zum Herrn und ihr Glaube sie veranlassten, einander mehr zu lieben (Eph 1,15; s. auch Jer 2,2-5).

   Jesus erinnert sich bestimmt noch daran, wie unsere Beziehung zu ihm am Anfang war. Und wie ein altes christliches Sprichwort sagt: «Wenn du dich weit weg von Gott fühlst, rate mal, wer umgezogen ist?» Dieser Brief an die Epheser ist einer der positivsten, ermutigendsten und hoffnungsvollsten Briefe im gesamten Neuen Testament. Jesus sagt hier also im Wesentlichen: «Wisst ihr noch, wie es früher war? Erinnert ihr euch daran, wie ihr einmal wart? Denkt an eure Rettung.» Die Zeitform des Verbs deutet darauf hin, dass sie sich «immer wieder daran erinnern» sollten – das heisst, sich regelmässig daran erinnern sollten, wie es sich damals anfühlte, in ihn verliebt zu sein.

2. *Tut Busse* – Das Wort metanoia, «Busse», setzt sich aus zwei griechischen Wörtern zusammen: meta (nach) und noeo (denken), somit bedeutet das Wort «einen Sinneswandel zu haben, der zu einer Änderung des Lebens führt». Die Gemeinde wurde auf einem soliden Fundament der Busse gegründet (s. Apg 19,18-19). Busse ist mehr als nur emotionaler Kummer oder Traurigkeit über die Sünde. Sie enthält eine bewusste Entscheidung, einen Willensakt, eine Wahl. Die Zurechtweisung Jesu muss daher einen Unterschied in ihrem Leben bewirken.
3. *Kehrt zurück* – «Tue die ersten Werke!» Und was waren das für Werke? Es waren Werke, die von ihrer Liebe zu Jesus geprägt und inspiriert waren. Das heisst, dass der Weg zu Gott manchmal darin besteht, zurückzugehen und die alten Wege wieder zu beschreiten: Und sich selbst wieder zur Person zu machen, die man war, als man Jesus zum ersten Mal begegnete. Und Werke, die für Christus getan werden, sind ein Beweis für echte Busse.

Warnung (Offb 2,5)

Christus warnt die Gläubigen in Ephesus davor, seinen Rat nicht zu befolgen: «Sonst komme ich rasch über dich und werde deinen Leuchter von seiner Stelle wegstossen, wenn du nicht Busse tust!» Der Leuchter steht für das Licht beziehungsweise den Einfluss Christi in ihrer Stadt. Der Gedanke, dass Jesus uns nicht mehr für seine Herrlichkeit und sein Reich gebrauchen würde, sollte in unserer Seele Alarm auslösen. Und wenn der Verlust unseres geistlichen Einflusses nicht ausreicht, um uns zur Umkehr zu bewegen, dann haben wir mit Sicherheit unsere erste Liebe verlassen.

Wie herrlich wäre es, ein Volk zu sein, das wahnsinnig verliebt ist in einen Gott, der wahnsinnig in uns verliebt ist!

Von aussen betrachtet mögen die Dinge in unseren Gemeinden grossartig aussehen – Menschen, Aktivitäten, Programme, Dienst an der Gemeinschaft. Aber seine Beurteilung geht über die Präsentation von Musik, Theater, Medien und sogar der Botschaft hinaus. Seine Bewertung dringt in das kollektive Herz des Leibes Christi ein. Er geht unter sein Volk und fragt: «Liebt mich diese Gemeinde?»

«Lieben *Sie* Jesus?»

Belohnung (Offb 2,7)

Alle Sendschreiben waren für alle Gemeinden bestimmt, was darauf hindeutet, dass wir nicht nur auf unsere eigene Gemeinde achten sollen, sondern auch auf den Zustand der Braut weltweit. Aber die Verheissung, die Jesus den Christen in Ephesus macht, ist eine Aufforderung, zu «hören», das heisst, genau auf das zu achten, was er sagt. Die Belohnung lautet wie folgt: «Wer überwindet, dem will ich zu essen geben von dem Baum des Lebens, der in der Mitte des Paradieses Gottes ist.»

Wer ist es, der überwindet? An anderer Stelle in der Heiligen Schrift schreibt Johannes, es sind alle wahren Gläubigen: «Denn alles, was aus Gott geboren ist, überwindet die Welt; und unser Glaube ist der Sieg, der die Welt überwunden hat. Wer ist es, der die Welt überwindet, wenn nicht der, welcher glaubt, dass Jesus der Sohn Gottes ist?» (1Joh 5,4-5).

Und was erhalten alle Gläubigen? Laut Jesus den Zugang zum «Baum des Lebens». Dieser Baum stand ursprünglich im Garten Eden (1Mo 2,9; 3,22). Er steht für den vollen Genuss des ewigen Lebens – wie übernatürliche Vitamine. Wir begegnen diesem Baum wieder in Offenbarung 22,2.14.19, im neuen Himmel, unserer ewigen Heimat.

Smyrna – für Jesus leiden (Offb 2,8-11)

Das Wort *Smyrna* bedeutet «Myrrhe»; es ist ein süsses Parfüm, das zum Einbalsamieren verwendet wurde. Im Alten Testament wurde es auch verwendet, um den Duft eines Bräutigams zu beschreiben (Ps 45,9; Hld 3,6). Smyrna ist heute die Stadt Izmir in der Türkei. Nur wenige Tagesreisen nördlich von Ephesus gelegen, war Smyrna für ihre Schönheit und ihren Charme bekannt. Es wurden Münzen geprägt, auf denen stand: «Die erste Stadt Asia in Schönheit und Grösse». Man nannte die Stadt wegen ihrer Architektur, ihrer schönen Tempel und ihres idealen Hafens die «Herrlichkeit Asias». Als Johannes die Offenbarung schrieb, hatte Smyrna fast 200 000 Einwohner. Die Stadt galt als wohlhabend und war auch der Geburtsort des griechischen Dichters Homer.

Die Gemeinde entstand entweder, als die Juden nach Pfingsten dorthin zurückkehrten (Apg 2), oder während der Missionsreise des Paulus nach Ephesus (Apg 19). Der Name Smyrna kommt nur in Offenbarung 2 vor. Und interessanterweise wurde dort das vermutlich erste christliche «Graffiti» entdeckt – *ho dedokos pneuma* = «der, der den Geist gegeben hat» (d. h. Jesus).

Offenbarung (Offb 2,8)

Jesus verkündet sich als «der Erste und der Letzte, der tot war und lebendig geworden ist». Er ist der Ewige, der den Tod besiegt hat.

Ankündigung (Offb 2,9)

Jesus sagte zu den Gläubigen in Smyrna, «ich weiss, was ihr durchmacht». Er anerkannte drei Bereiche des Kampfs, mit denen sie konfrontiert waren:

1. *Trübsal (gr. thlipsis)* – Das bedeutet, unter enormem Druck zu stehen. Diese Gläubigen standen tatsächlich unter grossem Stress, und es sollte noch schlimmer für sie werden.
2. *Armut* – Jesus verwendet nicht das gewöhnliche Wort für arm, sondern eines, das für bittere Armut steht, wie die eines Bettlers (wahrscheinlich, weil dieser in einer heidnischen Kultur als Ausgestossener und Ausgegrenzter galt). Und doch sagt Jesus zu ihnen: «du bist aber reich!» Sie hatten allen Grund zu verzagen, aber sie taten es nicht, weil sie in Christus alles hatten, was sie brauchten. Die Gemeinde in Smyrna war klein – sie war weder einflussreich noch mächtig. Wir mögen denken, dass reiche Megakirchen diejenigen sind, die Christus segnet. Aber grösser

ist in Gottes Reich keineswegs automatisch besser. Etwa 70 Prozent der Gemeinden in Amerika haben weniger als 100 Mitglieder. Im Jahr 2020 hatte eine Gemeinde in den USA eine durchschnittliche Grösse von 65 Besuchern.[3]

3. *Lästerung* – Diese ging vor allem von den Juden aus, die sich von den Christen distanziert hatten, um Verfolgung zu vermeiden. Die jüdischen Führer hatten die Christen irgendwann in den 80er-Jahren n. Chr. offiziell als Ketzer ausgeschlossen, um die Aufmerksamkeit von sich abzulenken. Kaiser Domitian hatte ein Gesetz erlassen, das alle Menschen dazu verpflichtete, ihn zu verehren. Die Juden wurden jedoch aufgrund der religio licita – der «erlaubten Religion» – von dieser Aufforderung befreit. Das Judentum mit den Traditionen der Vorfahren wurde als eine Quelle für soziale und politische Stabilität betrachtet. Daher «verleumdeten» die Juden die Christen (von denen viele auch Juden waren!) bei den römischen Behörden, um sie als «Gesetzesbrecher» zu bezeichnen. Deshalb wurden die Gläubigen als Rebellen gebrandmarkt, weil sie sich weigerten, den Kaiser anzubeten. Sie nahmen nicht an heidnischen religiösen Zeremonien und einigen anderen Aktivitäten des gesellschaftlichen Lebens teil (die sich um heidnische Rituale oder den Kaiserkult drehten). Und weil sie sich weigerten, die römischen Götter zu verehren, wurden sie als «Atheisten» denunziert. Die frühen Christen sahen sich auch mit dem Vorwurf des Kannibalismus (Abendmahl), der Unmoral (heiliger Kuss), des politischen Verrats (Weigerung, Cäsar zu ehren) und sogar des Inzests (Liebe für den gläubigen Bruder und Schwester) konfrontiert.

Aus diesen Gründen verarmte die Gemeinde. Viele Christen verloren ihre Arbeit und ihr Eigentum wurde zerstört. Die Juden vergifteten die öffentliche Meinung gegen die Christen und brachten ihnen den Spitznamen «Synagoge des Satans» ein (d. h. sie handelten genau so, wie Satan es gegen die Gläubigen tun würde, s. Joh 8,44).

Zurechtweisung

Die Gemeinde in Smyrna wurde von Jesus nicht zurechtgewiesen.

Ratschläge (Offb 2,10)

Jesus sagte: «Fürchte nichts von dem, was du erleiden wirst!» Das heisst, «hör auf, Angst zu haben». Christus liess sie wissen, dass harte Zeiten auf sie zukommen würden. Es werde ein steiniger Weg vor ihnen liegen.

Auch heute werden Gläubige um ihres Glaubens willen verfolgt, so auch in dieser Stadt Smyrna, dem heutigen Izmir. Und Christen werden in etwa siebzig Ländern geschlagen, verbrannt, inhaftiert, umgesiedelt und brutal ermordet oder enthauptet – nur weil sie auf Jesus vertrauen.[4] Auch einige Gläubige in Amerika mussten bereits ihre Geschäfte schliessen und sind der Cancel Culture unterworfen. Und es ist wahrscheinlich, dass uns noch grösseres Leid bevorsteht.

Mit der wachsenden Unmoral, Gesetzlosigkeit und einem Klima der Spaltung und des Hasses wendet sich unsere Kultur vermehrt gegen die jüdisch-christlichen Werte und verteufelt sie sogar. In einer Gesellschaft, die kopfüber auf Sodom zusteuert, müssen Sie damit rechnen, dass der Widerstand gegen christliche Überzeugungen und Werte immer mehr zunimmt und Gläubige zur Zielscheibe von Hass, Diskriminierung, Ausgrenzung und Verfolgung werden. Sie werden vielleicht für Ihren Glauben leiden – Sie verlieren eine Beförderung, einen Auftrag oder werden wegen Ihres Glaubens an Jesus verleumdet und lächerlich gemacht. Seien Sie nicht überrascht, wenn dies geschieht, und seien Sie versichert, dass erstens Jesus immer bei Ihnen ist (Mt 28,20) und zweitens alle Jünger mit Widerstand rechnen müssen (Joh 15,18-21). Und drittens ist die Verfolgung eine Prüfung und eine Bestätigung für Ihren Glauben (Mk 8,38). Denken Sie daran, dass Satan, der Ankläger, keine Vollmacht über Sie oder Ihr Leben hat (Ps 56,12; Offb 12,10).

Belohnung (Offb 2,10-11)

Christus gibt den Gläubigen in Smyrna zwei Verheissungen:

1. Diejenigen, die treu sind, werden die «Krone des Lebens» erhalten (V. 10; Jak 1,12).[5]
2. Wer überwindet, dem wird der zweite Tod nichts anhaben können (V. 11).

Für diese Gemeinde war Verfolgung im Anmarsch. Tatsächlich sollten einige im Leib Christi verhaftet und für «zehn Tage» ins Gefängnis geworfen werden (V. 10). Die Prüfung ihres Glaubens würde zu ihrer Ausdauer führen, die wiederum zu ihrer Reife und Vollkommenheit in Christus beitragen würde (Jak 1,2-4). Jesus ermahnte sie, treu zu sein bis in den Tod. Diese Aussicht auf den Tod sollte sie nicht beunruhigen, weil Jesus den Tod bereits besiegt hatte (Offb 2,8). Weil er lebt, würden auch sie leben.

Die Gemeinde in Smyrna lehrt uns, dass unsere Kraft nicht von grossem Einfluss kommt, sondern vielmehr von einer starken Beziehung zu Jesus. Satan verfolgte die Gläubigen in allen Epochen der Gemeindegeschichte und tut es heute noch. Jesus Christus weiss, was wir durchmachen. Er ist immer bei uns, sogar bis zum Ende des Zeitalters (Mt 28,20).

Pergamus – die kompromissbereite Gemeinde (Offb 2,12-17)

Pergamus war 250 Jahre lang die Hauptstadt Kleinasiens. Hier wurde das Pergamentpapier erstmals in grossem Umfang verwendet. Die Stadt verfügte über eine riesige Bibliothek (200 000 Bände, die später als Geschenk von Marcus Antonius an Kleopatra geschickt wurden). Sie war auch ein wichtiges Zentrum heidnischer Kultur und die erste Stadt, in der ein Cäsar-Tempel errichtet wurde (29 v. Chr.). Damit wurde sie zur Kulthauptstadt der Cäsarenverehrung.

Die Hauptgöttin von Pergamus war Athene, die griechische jungfräuliche Göttin der Weisheit, des Handwerks, der Künste und der Literatur. In der griechischen Mythologie war Athene die Tochter von Zeus, dem höchsten griechischen Gott und Herrscher über die Naturgewalten.

Die Menschen in Pergamus verehrten auch Asklepios. Er war der Gott der Heilkunst, der Medizin mit Aberglauben verband. Asklepios praktizierte unter anderem den Brauch, Schlangen über den menschlichen Körper schlängeln zu lassen (vgl. 1Mo 3,1-3, wo Satan als Schlange personifiziert wird). Während der Herrschaft von Kaiser Diokletian (284–305 n. Chr.) wurden christliche Steinmetze hingerichtet, weil sie sich weigerten, das Bildnis des Asklepios zu meisseln.

Eine weitere Hauptgottheit, die in Pergamus verehrt wurde, war Bacchus, der Gott des Weins und der Trunkenheit. Und –

auf der Akropolis von Pergamus befand sich auch ein riesiger, thronförmiger Altar für Zeus.

Offenbarung (Offb 2,12)

Christus bezeichnet sich selbst als «der das scharfe zweischneidige Schwert hat» (V. 12). Im Gegensatz zum dolchartigen Schwert in Epheser 6,17 und Hebräer 4,12 ist das Schwert hier *rhomphaia*, das heisst ein grosses, breites Schwert, das oft von Reitern benutzt wurde (s. auch Lk 2,35; Offb 2,16; 6,4; 19,15.21). Dies war der erste Hinweis für die Gläubigen in Pergamus, dass die Botschaft Christi wahrscheinlich keine freundliche oder angenehme Botschaft sein würde.

Ankündigung (Offb 2,13)

Jesus sagte: «... und (weiss,) wo du wohnst: da, wo der Thron des Satans ist». Der Ausdruck «Thron des Satans» bezog sich entweder auf den römischen Kaiser oder auf Zeus, den Gott des Himmels und Herrscher der olympischen Götter. Dies könnte eine Anspielung auf den erwähnten Zeus-Altar gewesen sein.

Lob (Offb 2,13)

Der Herr erwähnt Antipas in diesem Vers – ein Name, der «gegen alle» bedeutet. Wir wissen nicht genau, wer er war; vielleicht war er der Pastor der dortigen Gemeinde. Aber wir wissen, dass er entweder der erste Gläubige war, der in Pergamus für seinen Glauben starb, oder zumindest der auffälligste. Jesus nennt ihn «mein treuer Zeuge», was aus dem Griechischen übersetzt das Wort Märtyrer ergibt. Der Überlieferung nach wurde Antipas lebendig in einem Stier aus Messing gekocht. Für sein Martyrium wurde er unsterblich gemacht.

Im ersten Jahrhundert wurden so viele Gläubige für ihren Glauben an Christus getötet, dass das Wort «Zeuge» zu einer Bezeichnung für sie wurde. Das liess die Menschen zweimal überlegen, ob sie ein Zeuge für Christus sein wollten.

Zurechtweisung (Offb 2,14)

Trotz der Strenggläubigkeit und Opferbereitschaft dieser Gemeinde hatte der Herr dennoch eine Reihe von Beanstandungen gegen sie. Einige Leute in ihrer Mitte hielten an der «Lehre Bileams» fest. In 4. Mose bot Balak, der König von Moab, Bileam Geld, dass er Israel verfluche. Doch der Plan scheiterte und Bileam war erfolglos. Daraufhin «veranlasste» er, dass moabitische Frauen israelische Männer verführen sollten. Dies führte zu Unzucht (2Kor 6,14-17) und Festen zur Ehre von fremden Göttern (4Mo 22-25).

Zu dieser Irrlehre gesellten sich auch die «Nikolaiten», die von den Gläubigen in der Gemeinde in Ephesus verurteilt worden waren.

Ratschläge (Offb 2,16)

Jesus forderte die Menschen in der Gemeinde in Pergamus auf, «Busse zu tun» und sich von ihren Sünden abzuwenden. Jesus benutzt hier das in Vers 12 erwähnte Wort «Schwert». Die biblische Umkehr bedeutet eine Änderung des Denkens oder der Perspektive, die zu einem veränderten Lebensstil führt. Damals wie heute können sich weltliche Philosophien und eine verkehrte Theologie in die Gemeinden einschleichen. Das heisst, das Evangelium wird verwässert und die Gläubigen scheitern in ihrem Streben nach Christusähnlichkeit. Dies geschieht oft durch die Neudefinition lange gültiger biblischer Lehre. Leider will man den wechselnden Werten einer dekadenten und verdorbenen Kultur Rechnung tragen. Das Endergebnis ist, dass die Gemeinde nicht mehr die Gemeinde (gr. *ekklesia*, «die Herausgerufene») ist. Wenn unbiblisches Leben und Denken in Gläubigen oder Gemeinden andauert, müssen sie wegen ihrer Sünde «herausgerufen» werden, was Christus als Nächstes tut.

Warnung (Offb 2,16)

«Tue Busse! Sonst komme ich rasch über dich und werde gegen sie Krieg führen mit dem Schwert meines Mundes.» (An dieser Stelle ist wieder das lange Schwert gemeint.) Toleranz wird heute als eine der höchsten Tugenden der Gesellschaft angepriesen. Aber für die Gemeinde Jesu gibt es Dinge, bei denen wir entschieden *In*toleranz üben müssen. Anders ausgedrückt sagt der Herr unmissverständlich: «Hört auf meine Worte. Duldet sie oder ihre Lehren nicht in meiner Gemeinde. Punkt. Schluss. Konfrontiert sie. Schafft sie und ihre Überzeugungen und Praktiken ab.»

Und Jesus meint es ernst.

Dass Jesus zu ihnen «kommt», ist keine Anspielung auf die Entrückung, sondern eher auf eine göttliche Heimsuchung des Gerichts. Dieser «Krieg», den Christus antönt, enthält wahrscheinlich eine Form von harter Disziplin (möglicherweise Krankheit, Strafe oder sogar Tod, wie wir in Offenbarung 2,20-23 sehen werden).

Belohnung (Offb 2,17)

Wer hinhört und überwindet, erlangt drei Belohnungen:

1. Verborgenes Manna – Nachdem das jüdische Volk Ägypten verlassen hatte, war Manna die Nahrung, die Gott

ihnen während ihrer langen Wüstenreise gab. Und in Johannes 6,48-51 sagt Jesus, er sei unser «verborgenes Manna», das uns ernährt.

2. Weisser Stein – Dies könnte sich auf Juristen beziehen, die einen weissen Stein werfen, wenn sie einen Angeklagten für «nicht schuldig» erklären. Oder es symbolisiert das Versprechen, dass jemand in den Himmel aufgenommen wird. Jesus könnte sich auch auf den Brauch beziehen, einem Athleten einen weissen Stein mit eingraviertem Namen zu geben. Dieser Stein diente als Eintrittskarte für das Siegerbankett.
3. Ein neuer Name – In Verbindung mit dem weissen Stein könnte dies ein besonderer Name sein, der den Charakter desjenigen widerspiegelt, der um Christi willen überwunden hat. Dieser Name ist unbekannt, bis er gegeben wird.

Wir leben heute in einer heidnischen Welt mit Tausenden von Göttern, die um unsere Loyalität, Treue und Anbetung konkurrieren. Und diese sind dem Herrn Jesus gegenüber feindlich eingestellt.

Die Gläubigen in Smyrna wurden verfolgt, blieben aber standhaft. Und es gab keine Zurechtweisung oder Verurteilung für sie. Die Gläubigen in Pergamus befanden sich an einem schwierigen Ort und waren in Kompromisse verwickelt. Wie damals, so fragt Jesus auch uns heute: «Wer hört zu? Wer sehnt sich nach mir? Wer sucht? Wer überwindet? Wer ist beharrlich?»

Thyatira – die tolerante Gemeinde (Offb 2,18-29)

Thyatira war ein römischer Aussenposten, der von Alexander dem Grossen errichtet wurde. Im dritten Jahrhundert n. Chr. gab es dort auch eine Militärakademie, heute würde man sagen eine Art «West Point» (Militärakademie der Vereinigten Staaten). Die Stadt war für ihren Purpurfarbstoff, ihre Stoffe und ihre Handelsgilden bekannt.

Das Evangelium kam wahrscheinlich durch Lydia nach Thyatira. Sie bekehrte sich während des Dienstes von Paulus (Apg 16,14-15). Gott hat sie auserwählt, die allererste europäische Christin zu werden.

Die Botschaft Jesu an Thyatira umfasst zwölf Verse und ist damit das längste der sieben Sendschreiben.

Offenbarung (Offb 2,18)

Jesus stellt sich der Gemeinde in Thyatira als «Sohn Gottes» vor und erinnert daran, von wem die Botschaft stammt. Seine Augen sind wie eine Feuerflamme (d. h., er *sieht*). Mit anderen Worten: Jesus ist dabei, diese Gemeinde genau zu untersuchen. Seine Füsse sind wie poliertes Erz. Wie wir in Offenbarung 1,15 gesehen haben, bedeutet dies wahrscheinlich, dass er über sie Gericht hält. Christus offenbart seine Vollmacht und appelliert an ihre Ehrfurcht vor ihm.

Ankündigung und Lob (Offb 2,19)

Jesus sagte zu diesen Gläubigen: «Ich kenne deine Werke.» Diese Gemeinde besass viele bewundernswerte Eigenschaften. Sie zeichnete sich durch Liebe, Glauben, Dienst und Ausharren aus. Ihre geistliche und praktische Hingabe wuchs, «dass deine letzten Werke mehr sind als die ersten» (V. 19).

Zurechtweisung (Offb 2,20)

Aber dann fügte Jesus hinzu: «Aber ich habe ein weniges gegen dich, dass du es zulässt, dass die Frau Isebel, die sich eine Prophetin nennt, meine Knechte lehrt und verführt, Unzucht zu treiben und Götzenopfer zu essen.» Diese Frau war offenbar eine falsche Prophetin, die Irrlehren verbreitete und die Diener Jesu in die Irre führte. In 1. Könige 16,31-33 lesen wir, wie die Königin Isebel ihren Mann auf falsche Wege führte, indem sie die Anbetung Gottes mit der Verehrung des Götzen Baal kombinierte. Ihr Name wurde zum Synonym für Verdorbenheit, Unmoral und Götzendienst. Und ihr Ende war nicht ruhmreich (2Kö 9,30-37).

Es ist möglich, dass diese Frau bereits gegen Gottes Ordnung verstossen hatte, als sie die Rolle der Verkündigerin (Lehrerin) in der Gemeinde übernahm (1Tim 2,11-15). Und es ist anzunehmen, dass diese selbsternannte Prophetin einen lockeren Lebenswandel, sexuelle Unmoral und eine Gleichgültigkeit gegenüber schwachen und jungen Christen förderte.

Die Gläubigen in Thyatira waren tolerant, aber sie mussten daran erinnert werden, dass es immer eine Verfehlung ist, Sünde zu billigen. Jesus hatte unmissverständlich gesagt, dass es für denjenigen, der junge Gläubige in die Irre führt, besser wäre, «dass ein grosser Mühlstein an seinen Hals gehängt und er in die Tiefe des Meeres versenkt würde» (Mt 18,6). Mit anderen Worten: Ein solcher Mensch wäre besser tot, als dass er andere in die Irre führen kann.

Jesus beschrieb dann, wie Isebel die Gläubigen in Thyatira verdarb:

1. Sie verleitete sie dazu, «unmoralische Handlungen zu begehen» – in jener Kultur nahmen die Menschen das

Abendessen liegend zu sich und vergnügten sich danach mit unmoralischen Handlungen auf denselben Betten.

2. Sie verführte sie dazu, «Götzenopfer zu essen» – obwohl es üblich war, solche Speisen zu essen, war dies eben oft auch mit Unmoral verbunden. Schwache oder junge Christen können oft nicht im gleichen Umfang wie reife Gläubige zwischen Gut und Böse unterscheiden (1Kor 8,1-13). Jüngere Christen haben ein schwächeres Unterscheidungsvermögen. Wie kleine Kinder denken sie in konkreten Begriffen – Schwarz und Weiss, Richtig und Falsch. Sie sind sehr genau in ihrem Gehorsam, und das kann manchmal zu Gesetzlichkeit führen. Manchmal kann man einem jungen Gläubigen nicht sagen, «setz einfach Weisheit und biblisches Urteilsvermögen ein», so wie man einem Vierjährigen nicht sagen kann, er solle allein in den Supermarkt gehen. Sie sind schlichtweg noch nicht so weit. Und diese falsche Prophetin verhielt sich wie ein geistliches Raubtier, das die Schwächen dieser jungen Gläubigen ausnutzte.

Ratschläge (Offb 2,25)

Unser Herr sagte den Christen in dieser Gemeinde, «haltet fest, bis ich komme!» Dies könnte in der Offenbarung der erste Hinweis auf die Entrückung sein.

Warnung (Offb 2,21-23)

1. An Isebel: Er hatte ihr Zeit gegeben, Busse zu tun, aber sie wollte nicht (V. 22-23). Deshalb würde Christus sie «auf ein (Kranken-)Bett werfen». Übersetzt bedeutet dies: Auf einem Bett hat sie gesündigt. Deshalb wird sie auf einem

Bett leiden. Um welche Krankheit es sich auch immer handelte, es war eine ernste und vielleicht sogar tödliche Krankheit.

2. An diejenigen, die ihr folgten: Alle Arten von Schwierigkeiten (Drangsal) würden auf sie zukommen (V. 22-23). Das heisst, dass sie sehr krank oder sogar durch eine «Seuche» sterben würden. Und warum sollte er das tun? Um allen anderen Gemeinden als Beispiel und Warnung zu dienen, damit sie wissen, dass er es ist, der «Nieren und Herzen erforscht». Und – «Ich werde jedem Einzelnen von euch geben nach seinen Werken.» Jesus belohnt nach dem, was wir *tun*, nicht nur nach dem, was wir behaupten zu glauben oder zu tun beabsichtigen.
3. An die Übrigen der Gemeinde: Denen, die «die Tiefen des Satans» (vgl. 1Kor 2,10 – die Tiefen Gottes) nicht erkannt haben, legt er keine Last auf. Diese fehlgeleiteten Gemeindemitglieder sind vielleicht zum Fazit gekommen, dass die einzige Möglichkeit, die «Tiefen des Satans» zu verstehen, darin besteht, an den satanischen Handlungen teilzunehmen. Dadurch glaubten sie, besser gerüstet zu sein, um anderen zu helfen, die in diese Dinge verwickelt waren. Dies war wahrscheinlich eine Form des christlichen Gnostizismus, der die Doktrin vertrat, der Körper sei böse, während der Geist gut sei. Dieses falsche Denken lehrte, dass es nicht darauf ankomme, was man mit seinem Körper tut, sondern nur der Geist zähle.

Belohnung (Offb 2,26-29)

Nach Jesu Worten werden diejenigen, die überwinden, mit ihm in seinem Tausendjährigen Reich herrschen (V. 25-26) und «Vollmacht über die Heidenvölker» haben (s. Ps 2,8). Dann wird Jesus über die Völker herrschen (V. 27 sowie Offb 19,15).

Er verspricht auch, ihm den Morgenstern zu geben (V. 28, sowie Kap. 22,16; 2Petr 1,19). Dies ist wahrscheinlich ein Hinweis auf Christus selbst oder auf eine besondere Fülle von Beziehungen, Erfahrungen und Vertrautheit mit ihm im Himmel.

Vers 29 endet mit dem Aufruf, genau darauf zu achten, was der Geist den Gemeinden sagt, das heisst «ignoriert diese Botschaft nicht, sondern hört sie und handelt danach».

Die Geschichte berichtet, dass die Gemeinde in Thyatira schliesslich der montanistischen Irrlehre verfiel, die im zweiten Jahrhundert nach Christus aufkam. Montanus glaubte, dass Gott direkt zu ihm spricht und dass er Jesus sehen kann. Er behauptete, neben den Schriften der Apostel neue Offenbarungen für die Gemeinde zu haben. Er war besonders bei Frauen beliebt. Zu ihnen zählten Priska (manchmal auch Priscilla genannt) und Maximilla. Die beiden behaupteten ebenfalls, besondere Eingebungen vom Heiligen Geist zu empfangen. Ihre Popularität übertraf die des Montanus. «Die Drei», wie sie genannt wurden, sprachen in ekstatischen Visionen und forderten ihre Anhänger zum Fasten und Beten auf, damit sie an diesen Offenbarungen teilhaben konnten. Sie wurden als Ketzer verurteilt und aus der Gemeinde ausgestossen.

Wie Sie sehen können, ist Jesus bis dahin direkt, gründlich und verbindlich in seiner Beurteilung der Gemeinden. Er tut dies, weil er die Kinder Gottes sehr liebt (Hebr 12,4-13). Gottes Disziplin ist keine Verurteilung, sondern ein Ringen um *Wie-*

derherstellung. Denken Sie daran, dass Jesus seine Braut vorbereiten will, bevor er sie zu sich holt. Er möchte, dass sie rein ist und auf den Tag der Vollendung und der Einweihung vorbereitet wird. Wenn wir seine Züchtigung durch diese Linse sehen, motiviert sie auch uns, seine Worte an die Gemeinden mit neuem Elan aufzunehmen und sie für unser eigenes Leben zu beherzigen. Wenn wir das tun, können wir ohne grosses Bedauern auf unser Leben zurückblicken und uns auf viele Belohnungen durch unseren Herrn und Retter freuen.

KAPITEL 4

DIE SENDSCHREIBEN (TEIL 2)

Der Gott, der *zurechtweist*

— OFFENBARUNG 3,1-22 —

Wir haben uns bereits vier der sieben Sendschreiben an die Gemeinden in Kleinasien angesehen. Nun wollen wir uns noch die letzten drei ansehen, mit welchen Jesus die Beurteilung seiner Gemeinde abschliesst.

Sardes – die tote Gemeinde (Offb 3,1-6)

Die Stadt Sardes war einst die westliche Hauptstadt des Seleukidenreichs (281–190 v. Chr.). Im Jahr 133 v. Chr. wurde sie Teil der römischen Provinz Asia. Sardes hatte einen berühmten König namens Krösus, der so wohlhabend war, dass eine Redewendung über ihn entstand: Wenn man jemanden als märchenhaft reich beschrieb, sagte man, er sei «so reich wie ein Krösus».

Die Stadt war auch für ihre Textil-, Färbe- und Goldindustrie bekannt. In Sardes wurden erstmals Gold- und Silbermünzen geprägt, und Äsop (Äsops Fabeln) soll aus Sardes gekommen sein.

Die Stadt lag 460 Meter über der Talsohle und war als solche eine Art Festung. Die Geschichte berichtet, dass sie zweimal erobert wurde. Das erste Mal, als König Kyros von Persien die Stadt 549 v. Chr. einnahm, nachdem seine Armee in der Dunkelheit der Nacht die Klippen erklommen hatte. Im Jahr 214 v. Chr. gelang dies auch Antiochus dem Grossen, da nur ein Zugang zur Stadt bewacht wurde. In beiden Fällen überschätzte sich die Stadt: Ihre Verteidigung war schwach und sie versäumte es, nach Feinden Ausschau zu halten.

Mehrere Jahrhunderte nach der Eroberung und zur Zeit des Apostels Johannes war der Ausspruch «die Akropolis von Sardes einnehmen» eine Formel, die das Unmögliche ausdrückte. Die Stadt war so uneinnehmbar, dass sie angeblich von einem Kind hätte verteidigt werden können.

Sardes wurde im Jahr 17 n. Chr. durch ein Erdbeben zerstört und mit Hilfe von Tiberius Cäsar wieder aufgebaut. Die heissen Quellen in ihrer Umgebung waren so heilkräftig, dass sie angeblich sogar Tote wiederbeleben konnten.

In Sardes wurde auch eine antike jüdische Synagoge entdeckt; die grösste, die ausserhalb Israels gefunden wurde.

Wahrscheinlich gründete Paulus die Gemeinde in Sardes als Zweigstelle von Ephesus (vgl. Apg 19,10). Um 95 n. Chr. befand sich Sardes jedoch in einer Phase des Niedergangs, obwohl die Stadt immer noch einigermassen wohlhabend war.

Offenbarung (Offb 3,1)

Gegenüber der Gemeinde in Sardes beschreibt sich Christus als «der, welcher die sieben Geister Gottes» hat. Dies ist eine Anspielung auf den Heiligen Geist und deutet entweder seine Vollkommenheit an oder weist auf Jesaja 11,2 zurück, wo wir über den Messias Folgendes lesen:

> «Und auf ihm wird ruhen der Geist des *HERRN*,
> der Geist der *Weisheit* und des *Verstandes*,
> der Geist des *Rats* und der *Kraft*,
> der Geist der *Erkenntnis* und der *Furcht* des HERRN.»

Wir wissen, dass Jesus während des Gemeindezeitalters durch den Heiligen Geist in der Gemeinde vertreten wird (Joh 14,16-17.26; Apg 1,8; 2,1-4). Er ist auch derjenige, der die «sieben Sterne» hat oder die sieben Gemeindevorsteher in Offenbarung 2–3 (vgl. 1,20).

Ankündigung (Offb 3,1b)

Jesus sagte: «Ich kenne deine Werke.» Leider war in dieser Gemeinde so gut wie kein Geist vorhanden. Obwohl sie einen Namen und den Ruf hatte, lebendig zu sein, war sie geistlich tot.

Lob (Offb 3,1.4)

Christus anerkannte zwar ihre «Werke», aber er sprach kaum *Anerkennung* für diese aus. Es gab jedoch einen Überrest von einigen *«wenigen* Namen auch in Sardes, die ihre Kleider nicht befleckt haben; und sie werden mit mir wandeln in weissen Kleidern, denn sie sind es wert» (V. 4).

Es waren also nicht alle in der Gemeinde «geistlich tot». Das Wort «befleckt» bedeutet, verunreinigt oder beschmiert zu sein – wie ein Tintenfleck auf einem weissen Hemd. In der Heiligen Schrift steht die Kleidung oft für den Charakter und die geistliche Integrität (Jes 64,5; Eph 4,22.24; Jud 23). Diesem gottesfürchtigen Überrest war es gelungen, nicht in ein geistliches Koma abzugleiten und nicht wie der Rest der Gemeindemitglieder zu «wandelnden Toten» zu werden.

Die Formulierung «mit mir wandeln in weissen Kleidern» bezieht sich auf die Reinheit ihres Herzens und ihre Werke für Christus. Sie hatten sich des Herrn würdig erwiesen und würden an der Hochzeitsfeier im Himmel teilnehmen (Eph 4,1; Offb 19,7-9).

Zurechtweisung (Offb 3,1)

Von einer Verfolgung der Gemeinde in dieser heidnischen Stadt ist nicht die Rede. Warum sollte Satan eine tote, unwirksame Gemeinde verfolgen? Die herrschende Kultur könnte eine Rolle gespielt haben, die zum Untergang der Gemeinde beitrug. Diese Gemeinde hatte Blätter, aber keine Frucht (Mt 21,19). Sie hatte die Form, aber kein Leben. Sie war «offen für Geschäfte», aber sie hatte keine geistlichen Einnahmen vorzuweisen.

William Barclay (schottischer Theologe) soll gesagt haben: «Eine Gemeinde ist in Gefahr, wenn sie beginnt, ihre eigene Vergangenheit anzubeten.»[1] Vielleicht war das bei Sardes der Fall. Heute gibt es viele Gemeinden. Aber wie viele von ihnen sind wirklich lebendig? In diesem Sinne gibt es einige Anzeichen, ob eine Gemeinde bereits tot ist oder auf dem besten Weg dorthin:

- eine Abhängigkeit von menschlicher Anstrengung und Planung statt vom Heiligen Geist.
- ein mit Aktivitäten gefüllter Kalender, aber keine vom Heiligen Geist erfüllten Geschwister.
- wie ein weltliches Unternehmen geleitet statt durch den Glauben, den Heiligen Geist und die Bibel.
- Manager, charismatische Persönlichkeiten und andere leitende Angestellte, aber keine von Gott berufenen und biblisch qualifizierten Pastoren und Lehrer.
- der weltlichen Gesellschaft wird Vorrang gegenüber dem geistlichen Wachstum der Gemeinde gegeben.
- Priorisierung von äusserem Erscheinungsbild oder zahlenmässigem Wachstum gegenüber biblischer Tiefe.
- Älteste und Leiter sind in erster Linie wohlhabende und einflussreiche Geschäftsleute und keine Brüder mit tiefem Glauben und Heiligem Geist.
- Landerwerb und Bauprogramme überschatten den Auftrag, «Jünger zu machen».
- ruht sich aus auf vergangenen Leistungen und Ansehen.
- vermeidet, kulturelle, gesellschaftliche und moralische Fehlentwicklungen von der Kanzel aus anzusprechen.
- stellt persönliche Entwicklung, Selbstverbesserung und soziale Themen über die Verkündigung von Gottes Wort.

In der Vergangenheit war eine tote Gemeinde vor allem durch eine langweilige Liturgie und fehlende Emotionen gekennzeichnet. Heute kann eine tote Gemeinde lebendig erscheinen oder sogar das Wort *Leben* in ihrem Namen tragen. Es ist jedoch eine Gemeinde, die viel zu sehr versucht, die Welt davon zu überzeugen, sie zu mögen. Sie strebt eher nach Popularität und

Akzeptanz durch die Kultur als nach Anerkennung durch Gott. Eine tote Gemeinde macht nur noch das Nötigste und veranstaltet am Sonntagmorgen aufwändige Gottesdienste. Ihr Schwerpunkt liegt darauf, Gemeinde zu *machen* (veranstalten) und nicht Gemeinde zu *sein*.

Jesus lässt dies jedoch nicht gelten.

Wie damals Simson weiss eine tote Gemeinde nicht, dass der Herr sie verlassen hat (Ri 16,16-20). Sie trägt immer noch denselben Namen und veranstaltet dieselben Aktivitäten. Aber die Kraft des Heiligen Geistes ist nicht mehr vorhanden.

Ratschläge (Offb 3,2-3)

In dieser Gemeinde war vieles «kaputt», und deshalb war viel göttlicher Rat nötig.

Jesus weist die Gemeinde in Sardes an, Folgendes zu tun:

1. «Werde wach» (V. 2) – Sie mussten ihre Augen öffnen und den Jesus aus Offenbarung 1,12-18 sehen. «Wacht auf, schlummert nicht, seid wachsam» (*im Gegensatz* zu eurer Stadt und ihrer Geschichte!). Damit die «Toten» auf Gott reagieren können, müssen sie zuerst erweckt werden. Sie müssen geistlich aus ihrem Schlummer und ihrer Lethargie geweckt werden.
2. «Stärke das Übrige» (V. 2) – Jesus wollte, dass die Menschen die wenigen geistlichen Glutpunkte, die noch brannten, stärkten und sie zu einer mächtigen Flamme für Gott anfachten. Die Begründung von Christus: «denn ich habe deine Werke nicht vollendet erfunden vor Gott» (V. 2).
3. «So denke nun daran, wie du empfangen und gehört hast» (V. 3) – Jesus wollte, dass sie sich an die grundle-

genden Wahrheiten erinnern, die einst das Fundament der Gemeinde und des Glaubens bildeten. Wir vergessen manchmal, was uns überhaupt erst zu Christus geführt hat. Und das hemmt dann wiederum unsere geistliche Dynamik. Und darin eingeschlossen ist die Erkenntnis, dass wir Sünder sind und Erlösung benötigen. Wir müssen uns immer wieder daran erinnern, wie sehr wir Jesus brauchen und dass er uns liebt und sich für uns am Kreuz geopfert hat. Wir müssen uns auch oft an seine Auferstehung erinnern und an die Kraft, die sie uns gibt. Dass er für alle unsere Bedürfnisse ausreichend ist und sein Heiliger Geist uns in unserem täglichen Leben befähigt. Wir müssen uns seine Gnade aneignen, die uns so reichlich zur Verfügung steht, und täglich das göttliche Recht Jesu auf die Herrschaft in unserem Leben anerkennen. Dies sind einige der Dinge, die diese Christen einst empfangen und gehört hatten (1Tim 1,18-20; 2Tim 2,2; 1Joh 1,1-4).

4. «Bewahre es» (V. 3) – Aber worauf bezieht sich «es»? Die Dinge «wie du empfangen und gehört hast». Paulus drückte es gegenüber Timotheus so aus: «O Timotheus, bewahre das anvertraute Gut» (1Tim 6,20). Halten Sie sich wieder an das lehrmässige Fundament, mit dem Sie angefangen haben! Entscheiden Sie sich bewusst, diese Wahrheiten wieder zu verinnerlichen!
5. «Tue Busse» (V. 3) – Jesus wollte, dass die Gläubigen in Sardes ihre Meinung änderten und umkehrten und sich von dem abwandten, worauf sie vertrauten und zählten.

Ganz offensichtlich mussten die Menschen in Sardes einige wichtige Entscheidungen treffen, um eine wache Braut zu werden und wieder in eine echte Beziehung zu Jesus zu kommen.

Warnung (Offb 3,3)

«Wenn du nun nicht wachst, so werde ich über dich kommen wie ein Dieb» (V. 3). Dies bezieht sich auf ein bevorstehendes plötzliches Gericht. Denn Jesus sagte: «Du wirst nicht erkennen, zu welcher Stunde ich über dich kommen werde.» Sein Besuch käme für sie völlig überraschend. Mit anderen Worten, Christus fordert sie auf, sich für die Erweckung zu entscheiden ... oder aber ...

Belohnung (Offb 3,5)

Was kann der Mensch, der «überwindet», von Christus erwarten? (V. 5):

- «Ich will seinen Namen nicht auslöschen aus dem Buch des Lebens.»
- «Ich werde seinen Namen bekennen vor meinem Vater und vor seinen Engeln.»

In der griechisch-römischen Epoche konnte der Name einer Person aus den öffentlichen Aufzeichnungen gelöscht werden. Johannes Chrysostomus (ein Kirchenvater aus dem vierten Jahrhundert) beschreibt, wie Bürger griechischer Städte ihre Stadtrechte verloren und ihre Namen aus bestimmten Schriftrollen gelöscht wurden, wenn sie für eine kriminelle Handlung verurteilt worden waren. Wie wir bereits gesehen haben, beschreibt der Ausdruck *damnatio memoriae* («Verdammung des Andenkens») diese Praxis. Der Begriff wurde sogar auf Kaiser Domitian angewandt, weil dieser mit äusserster Härte gegen Menschen vorgegangen war (s. Kapitel 3).

Unter Christen hat es jedoch einige Verwirrung bezüglich der Worte Christi in Offenbarung 3,5 gegeben. Manche machen aus dieser tröstlichen Verheissung («seinen Namen nicht auslöschen») eine Drohung. Aber Jesus sagt nicht, dass er jemandem das Heil wegnehmen werde. Das geht völlig an der Sache vorbei. Verschiedene Stellen der Bibel widersprechen dieser Möglichkeit ganz entschieden (Joh 10,27-29; 17,24; Röm 8,29-39; Hebr 7,23-25). Stattdessen sagt der Herr genau das Gegenteil: Er wird uns das Heil *niemals* absprechen. Die Einwohner von Sardes kannten bestimmt das Bürgerregister der Stadt. Wenn jemand starb oder ein schweres Verbrechen beging, wurde sein Name aus dem Register gestrichen. Jesus hingegen sagt, «das werde ich den Meinen niemals antun» (s. Phil 4,3; Offb 13,8; 17,8; 20,12.15; 21,27).

Sinngemäss sagt Jesus, «macht euch keine Sorgen; ich werde euch niemals das antun, was in eurer Kultur praktiziert wird. Was Menschen angetan wird, die kriminelle oder verwerfliche Handlungen begangen haben. Ich werde euren Namen nicht aus meinem Buch streichen, so, wie sie ihn aus ihrem Buch streichen!»[2] John MacArthur hat oft gesagt: «Wenn es möglich wäre, dass Sie Ihr Heil verlieren, glauben Sie mir, Sie würden es.»

Jesus sagte diesen Überwindern, dass er ihre Namen niemals auslöschen wird, weil sie in das Buch des Lebens geschrieben wurden, bevor die Welt erschaffen wurde (Dan 12,1; Lk 10,20; Eph 1,4-5; Phil 4,3; Offb 3,5; 13,8; 20,15; 21,27). Deshalb sollten wir die Worte Jesu als Verheissung für die Erlösten lesen und nicht als Drohung, dass sie ihre Erlösung verlieren könnten.

Im Gegenteil, Christus sagt, dass er diese Überwinder vor seinem Vater und vor den Engeln bekennen und dem ganzen Himmel versichern wird, dass sie zu ihm gehören (Mt 10,32-33; Röm 8,28-39).

In Offenbarung 3,6 schliesst Jesus mit den Worten: «Wer ein Ohr hat, der höre, was der Geist den Gemeinden sagt!» Aber hat jemand in Sardes zugehört? Was geschah schliesslich mit der Gemeinde in dieser eleganten, befestigten Stadt? Haben die Menschen jemals Busse getan? Sind sie aufgewacht? Haben sie sich geistlich gestärkt, wie Jesus es ihnen ans Herz legte?

Aus der Geschichte geht hervor, dass die Gemeinde dort tatsächlich noch dreizehn Jahrhunderte lang bestand. Es scheint also, dass die Menschen Busse taten und die Ermahnungen des Herrn befolgten.

Das prominenteste Mitglied der Gemeinde von Sardes war ein Mann namens Melito, der im späten zweiten Jahrhundert nach Christus als Bischof von Sardes amtierte. Er schrieb den ersten bekannten Kommentar zu einigen Abschnitten im Buch der Offenbarung. In Sardes wurde also tatsächlich eine Art Erweckung ausgelöst, vielleicht durch diesen Brief und das Buch der Offenbarung selbst!

Die Gemeinde in Sardes zeigt uns, dass wir uns niemals auf vergangenen Siegen oder Erfolgen ausruhen dürfen. Jeder Tag bringt neue Herausforderungen und Gründe, Gott zu vertrauen. Wir lernen auch, dass christliche Aktivität niemals ein Ersatz für eine persönliche Beziehung zu Jesus ist. Wir müssen immer danach streben, uns zu stärken, indem wir unser Herz und unseren Geist in seinem Wort erfrischen und auftanken. Und wir können auch ermutigt werden, indem wir wissen, dass eine Gemeinde zu neuem Leben wiedergeboren werden kann!

Philadelphia – die treue Gemeinde (Offb 3,7-13)

Philadelphia ist die jüngste der sieben Städte in Offenbarung 2 bis 3. Es ist die heutige türkische Stadt Alashir.[3] Die antike Stadt wurde vom König von Pergamus, Attalus II. (Philadelphus), gegründet, der 159–138 v. Chr. regierte. Die Römer hatten versucht, ihn gegen seinen Bruder (Eumenes II.) aufzuhetzen, aber er blieb treu und verdiente sich so den Namen *Philadelphia*, was «Bruderliebe» bedeutet.

Die Stadt war eine wichtige Station auf der kaiserlichen Postroute und beherbergte zehn Götter und Göttinnen sowie den kaiserlichen Cäsar-Kult. Ausserdem lag sie in einer vulkanischen Region mit fruchtbarem Boden, der sich gut für den Weinanbau eignete (einer der wichtigsten Wirtschaftszweige der Stadt).

Im Jahr 17 n. Chr. wurde die Gegend von einem schweren Erdbeben heimgesucht. Und Philadelphia, das sich in unmittelbarer Nähe des Epizentrums befand, wurde verwüstet. Wegen der häufigen Nachbeben zogen viele Einwohner in Hütten ausserhalb der Stadt. Sie wollten der ständigen Gefahr einer erneuten Katastrophe entgehen. Von der Stadt ist heute nicht mehr viel übrig.

Offenbarung (3,7)

Der Herr gibt den Jüngern in Philadelphia eine vierfache Beschreibung von sich selbst.

1. Er ist «heilig» – Dieses Wort bedeutet in erster Linie «abgesondert sein» (gr. *hagios*). Dass Jesus als Gott anders ist. Er ist einzigartig und transzendent, selbstexistierend und selbstgenügsam. In zweiter Linie bedeutet seine Heiligkeit, dass er von Natur aus sündlos ist (1Petr 1,15).

2. Er ist «wahr» – Jesus ist derselbe «treue Zeuge», den wir in Offenbarung 1,5 gesehen haben. Das bedeutet, dass er in seinem Wesen beständig ist und dass er nicht lügen kann (Tit 1,2). Seine Wahrheit ist in ihm selbst begründet und umgekehrt. Alle Eigenschaften Gottes sind miteinander verknüpft, untrennbar verbunden und für alle Zeiten gültig. Im Buch der Offenbarung wird er oft durch seine Heiligkeit und Wahrheit charakterisiert (Kap. 4,8; 6,10; 15,3; 16,7; 19,2.4). Weil er wahr ist, spricht er immer die Wahrheit, und das gilt auch für die Prophezeiungen in der Offenbarung.
3. Er hat «den Schlüssel Davids» – Der letzte Teil dieses Verses ist fast ein direktes Zitat aus Jesaja 22,22. Als der prophezeite Messias und Erbe des davidischen Throns besitzt Jesus die Vollmacht, zu bestimmen, wer in das künftige davidische (Tausendjährige) Königreich aufgenommen wird (2Sam 7,16-17; Hes 37,24; Hos 3,5).
4. Er öffnet Türen, «sodass niemand zuschliesst» – Mit anderen Worten, er ist souverän und tut, was ihm gefällt (Ps 115,3). Gott kann einen Weg bahnen, wo kein Weg ist, und schafft göttliche Möglichkeiten für seine Auserwählten (Hi 42,2). Umgekehrt schliesst er Türen zu, «sodass niemand öffnet». Seine Macht kann nicht geleugnet oder geschmälert werden. Kein König, Präsident, Premierminister, Antichrist oder gefallener Engel (Satan) kann ihn daran hindern, seinen Willen zu erfüllen (Dan 4,34). Dies spricht für Gottes grosse Souveränität, über die wir im nächsten Kapitel mehr erfahren werden.

Ankündigung (Offb 3,8)

Er weiss um die Treue der Gläubigen in Philadelphia und öffnet ihnen eine Tür – wahrscheinlich eine Gelegenheit zum Zeugnis und Dienst am Evangelium (s. 1Kor 16,9; 2Kor 2,12; Kol 4,3).

Lob (Offb 3,8.10)

Diese Gemeinde hat «eine kleine Kraft». Sie ist klein und hat keinen grossen Einfluss (s. Lk 12,32; 1Kor 1,26; 2Kor 12,10). Die gläubigen Menschen in Philadelphia haben jedoch das Wort Christi bewahrt und seinen Namen nicht verleugnet. Das spricht für ihre unerschütterliche Treue zu ihm inmitten einer heidnischen Kultur (s. 2Thess 3,5).

Jesus erwähnt hier erneut die «Synagoge des Satans» (V. 9), wahrscheinlich eine Anspielung auf ungläubige Juden, die den Christen vor Ort Schwierigkeiten bereiteten. Dies unterstreicht die Tatsache, dass echte Missionsarbeit oft Widerstand hervorruft, oft von der religiösen Masse. Nach Jesu Ansicht sind sie keine echten Juden, weil sie gegen den göttlichen Plan kämpfen (s. Röm 2,28-29; 9,6-7). Sie waren zwar physisch Juden, aber nicht geistlich.

Die Prophezeiung Jesu, «ich will sie dazu bringen, dass sie kommen und vor deinen Füssen niederfallen», bedeutet entweder, dass diese Juden besiegt werden und diesen Heidenchristen aus Philadelphia huldigen werden (eine völlige Umkehrung dessen, was diese Juden aus Jesaja 60,14 erwartet hatten). Oder dass im Tausendjährigen Reich ethnische Juden, die zum Glauben an den Messias kommen, den Gliedern des Leibes Christi huldigen werden.

Jesus lobte diese Gläubigen und sagte: «Weil du das Wort vom standhaften Ausharren auf mich bewahrt hast». Sie hatten in den schlimmsten Zeiten durchgehalten. Sie hatten nicht aufgegeben und keine Kompromisse gemacht. Sie zeigten eines der Kennzeichen eines wahren Gläubigen – Beharrlichkeit (Kol 1,22-23).

Zurechtweisung

Jesus Christus hat keine tadelnden, korrigierenden oder disziplinierenden Worte für diese treuen Gläubigen.

Ratschläge (Offb 3,11)

Der Herr rät ihnen: «Halte fest, was du hast.» Er sagt ihnen, sie sollen so bleiben, wie sie sind, und weiter glauben, damit ihr himmlischer Lohn geschützt ist und sie die Krone behalten werden, die auf sie wartet.

Warnung

Es gibt keine Warnung für die Gemeinde in Philadelphia.

Belohnung (Offb 3,10.12)

Jesus sagt: «... werde auch ich dich bewahren vor der Stunde der Versuchung, die über den ganzen Erdkreis kommen wird, damit die versucht werden, die auf der Erde wohnen». Was bedeutet diese Prophezeiung konkret?

Den Gläubigen wird nicht generell versprochen, dass sie von Versuchungen (Prüfungen) oder Anfechtungen verschont bleiben (Jak 1,2.12; 1Petr 1,6). Um diese Aussage zu verstehen, muss die kontextuelle Bedeutung des Begriffs «Versuchung» beachtet werden. Was können wir also lernen, wenn wir uns diesen Vers genauer ansehen?

1. Die Versuchung liegt in der *Zukunft* («die kommen wird»). Im Jahr 95 n. Chr., als Johannes dies schreibt, hat es auf

der Erde noch keine solche Versuchung gegeben. Wenn das Datum 95 n. Chr. in der Offenbarung wahr ist, ist der sogenannte Präterismus oder der Glaube, dass die Ereignisse in der Offenbarung bereits stattgefunden haben, nicht glaubwürdig. Der Präterismus kann nicht wahr sein, weil die Ereignisse in Offenbarung 6–18 bisher noch nicht stattgefunden haben – auch nicht während des ersten Jahrhunderts und der Zerstörung der Stadt Jerusalem im Jahr 70 n. Chr.

2. Die Versuchung ist *weltweit* («über den ganzen Erdkreis»). Es handelt sich nicht um eine lokale oder regionale Bedrängnis, sondern um eine, die den gesamten Planeten betreffen wird. Noch einmal: Eine solche weltweite Stunde der Versuchung hat es noch nie gegeben.
3. Die Versuchung ist *zielgerichtet* und prüft «die auf der Erde wohnen». Dieser Ausdruck wird in der Offenbarung elfmal verwendet und bezieht sich speziell auf die Gottlosen während der Zeit der siebenjährigen Trübsal (Kap. 3,10; 6,10; 8,13; 11,10 (zweimal); 13,8.12.14 (zweimal); 14,6; 17,8) und bezeichnet immer diejenigen, die Gott ablehnen. Durch die Trübsal übt Gott Vergeltung an der Erde und sein endzeitlicher Zorn bestraft die gottlosen Menschen. Diejenigen, die sich weigern, Busse zu tun, werden die Prüfung (Versuchung) nicht bestehen (Kap. 6,15-17; 9,20; 16,11; 19,17-18).

Diesem Vers zufolge ist die Braut Jesu von dieser globalen Stunde der Versuchung ausgenommen (1Thess 1,10; 5,9). Sie wird von der Dauer/Stunde/Zeit dieser Gerichte, die auch als Daniels 70. Woche bekannt ist (Dan 9,25-27), befreit sein.

Ein weiterer und wichtiger Punkt ist die spezifische Wortwahl. In Offenbarung 3,10 verwendet Jesus den Ausdruck *tereo ek*, was bedeutet «schützen» oder «bewahren vor» oder «behüten vor» der Stunde der Versuchung. Er hätte auch *en* oder *dia* verwenden können, was bedeutet, dass er uns «in» oder «durch» die Zeit der Drangsal bewahren würde. Und Gott hat Daniels Freunde Sadrach, Mesach und Abednego bewahrt, als sie im Feuerofen waren (Dan 3). Aber diese rechtschaffenen Männer waren dem Zorn der Menschen ausgesetzt, nicht dem Zorn Gottes.

Tereo ek («bewahre vor») entspricht eher der Beschreibung von Lots Befreiung (*aus* Gomorrha), nicht der von Daniels Freunden (*durch* das Feuer). Diese Worte werden auch in Johannes 17,15 verwendet, wo Jesus darum betet, dass seine Jünger «nicht» der Herrschaft des Bösen ausgesetzt sind, was wir dankbar geniessen dürfen (Kol 1,13; 1Joh 5,19-20).

Diese Belohnung macht keinen Sinn, wenn die Entrückung am Ende der Trübsalszeit stattfinden würde, denn bis dahin hätte die Gemeinde den *ganzen* Zorn Gottes durchlitten. Das Problem mit der Sichtweise der «Bewahrung vor» ist, dass die Gemeinde in Philadelphia nie durch die Zeit der Trübsal gegangen ist, wie sie in Offenbarung 6-18 beschrieben wird. Denn es handelt sich immer noch um ein zukünftiges Ereignis.

Ein weiterer Beweis dafür, dass Jesus sich auf die zukünftige Trübsal bezog, ist, dass diese Versuchung speziell auf die, «die auf der Erde wohnen», abzielt, nicht auf Gläubige. Wie wir bereits gesehen haben, wird dieser Ausdruck in der gesamten Offenbarung verwendet, um diejenigen zu beschreiben, die tatsächlich die Trübsalszeit erleben werden (Offb 17,12-14).

Zudem schreibt die Bibel eindeutig, dass diejenigen, die während der Trübsal zum Glauben kommen, nicht «vor der Stunde der Versuchung» bewahrt, sondern brutal ermordet werden (Kap. 6,9-11; 7,9-14; 20,4).

Als Nächstes sagt Jesus der Gemeinde in Philadelphia: «Siehe, ich komme bald» (V. 11). In diesem Kontext bezieht sich sein «Kommen» nicht auf das zweite Kommen, wenn er seine Feinde richten wird (Offb 19). Sondern es ist vielmehr ein Kommen zur Befreiung.

Das Wort «bald» (andere Übersetzungen: rasch, unversehens) (gr. *tachy*) bedeutet «prompt, ohne unnötige Verzögerung». Es bedeutet nicht «sofort» oder «in kürzester Zeit», sondern vielmehr «ohne Verzug» (Offb 22,7.12.20).

In Offenbarung 3,12 gibt Jesus den Gläubigen in Philadelphia diese Verheissungen:

- «Wer überwindet, den will ich zu einer Säule im Tempel meines Gottes machen» (d. h. im neuen Jerusalem – Offb 21–22). Säulen waren damals die Hauptstützen der Tempel (der Tempel des Serapis in Ephesus hatte acht Säulen mit je 50 Tonnen Gewicht). Als symbolische Säulen werden wir grossen Anteil in unserer zukünftigen Wohnstätte haben.
- «... und er wird nie mehr hinausgehen» – Das bedeutet, dass wir in dieser Wohnung einen ständigen Wohnsitz haben werden. Wir werden keinen feindlichen Bedrohungen ausgesetzt sein. Wir werden an einem ewigen Ort der Ehre leben, einem Ort mit himmlischem Bürgerrecht. Und im Gegensatz zu dem, was die Menschen in Philadelphia erlebt hatten, wird es dort keine Erdbeben geben!

- «... und ich will auf ihn den Namen meines Gottes schreiben ...» – In der Heiligen Schrift weist ein Name auf den Charakter und die Zugehörigkeit des Menschen hin. Im neuen Jerusalem werden wir verwandelt und als zu Gott gehörend identifiziert. Eine tiefe Art der Vertrautheit wird uns auszeichnen.
- «... und ich will auf ihn ... schreiben ... und den Namen der Stadt meines Gottes ...» – Auf den Säulen der Tempel in Ephesus waren die Namen der gesellschaftlichen, wirtschaftlichen und kulturellen Eliten und Beamten eingraviert. Dies war ein sichtbares Zeichen der Ehre. Als symbolische Säulen in Gottes Tempel werden auch wir es geniessen, von ihm geehrt zu werden.

Alle anderen Gemeinden, damals wie heute, sollten genau darauf achten, was der Geist der Gemeinde in Philadelphia sagt (Offb 3,13).

Laodizea – die laue Gemeinde (Offb 3,14-22)

Laodizea war Teil des Drei-Städte-Verbunds (Kolossä, Hierapolis, Laodizea). Die Stadt hatte eine grosse jüdische Bevölkerung (7500 Menschen). Die wohlhabende Stadt kam nach dem Erdbeben von 60 n. Chr. selbst für ihren Wiederaufbau auf. Laodizea war berühmt für ihre weiche, schwarze Wolle, die für Kleidung und Teppiche verwendet wurde.

Die Stadt verfügte auch über eine medizinische Schule, die eine Augensalbe (phrygisches Pulver) in die griechisch-römische Welt exportierte. Die wichtigsten Wirtschaftszweige dieser Stadt waren also Wolle und Medizin. Paulus erwähnt diese Gemeinde in Kolosser 2,1 und 4,15.

Offenbarung (Offb 3,14)

Jesus Christus gibt drei Kernwahrheiten darüber, wer er ist:

1. Ich bin «das Amen» – Dieser Titel wird nur hier verwendet (obwohl der Herr in Jesaja 65,16 «der wahrhaftige Gott» genannt wird). Das hebräische und das griechische Wort sind in der Transliteration (buchstabengetreue Umsetzung von einem Schriftsystem in ein anderes) dasselbe «Amen», was so viel bedeutet wie «von einer Wahrheit», «zur Unterstützung» oder «so soll es sein». Und das heisst, dass Jesus die Wahrheit ist, die Bestätigung und die Gewissheit. Er ist felsenfest, standhaft und unveränderlich. Wenn der Herr im Neuen Testament sagt: «Wahrlich, wahrlich», dann ist es dieses Wort, das mit «Amen» übersetzt wird. In 2. Korinther 1,20 heisst es: «... und in ihm auch das *Amen*, Gott zum Lob durch uns!» Amen!».
2. Ich bin «der treue und wahrhaftige Zeuge» (s. Joh 1,14; 14,6; Offb 1,5) Er ist derjenige, der das Amen verstärkt. Alles, was er sagt, ist wahr, vertrauenswürdig und zuverlässig. Er ist sogar noch zuverlässiger, als wir je geglaubt oder verkündigt haben.
3. Ich bin «der Ursprung der Schöpfung Gottes» – Das bedeutet nicht, dass Jesus zuerst geschaffen wurde, sondern dass er die Quelle (gr. *arche*) oder eben der *Ursprung* der Schöpfung ist. In Kolossä gab es eine Form des Gnostizismus, die lehrte, dass Christus ein geschaffenes Wesen und eine Emanation (philosophischer Begriff: Hervorgehen von etwas aus seinem Ursprung) von Gott war. Paulus spricht dies in Kolosser 1,15-17 an und erklärt, dass er im Gegenteil der Ursprung der Schöpfung und der überragende «Erstgeborene» (gr. *prototokos*) oder Höchste ist.

Ankündigung (Offb 3,15)

Jesus sagte zur Gemeinde in Laodizea: «Ich kenne deine Werke.» Er war sich ihres geistlichen Zustands bewusst und war bereit, die Maske von dieser Gemeinde zu entfernen.

Lob

Der Herr hatte kein Lob oder Worte der Ermutigung für sie.

Zurechtweisung (Offb 3,15-17)

Jesus sagte diesen Menschen: «... dass du weder kalt noch heiss bist. Ach, dass du kalt oder heiss wärst!» Um die Bedeutung dieser Aussage zu verstehen, sollten wir uns einige Fakten über die Gegend ansehen.

Ursprünglich erhielt Laodizea das heisse Wasser von Hierapolis. Dieser Ort verfügte über heisse Quellen. Das kalte Wasser kam von Kolossä, das Zugang zu kaltem Bergwasser hatte. Als das Wasser jedoch Laodizea erreichte, war es weder heiss noch kalt. Das lag zum Teil daran, dass das Wasser in unterirdischen Aquädukten kilometerweit floss. Doch wenn es in der Stadt ankam, war es schmutzig, lauwarm und praktisch ungeniessbar.

Jesus greift diese qualitative Besonderheit des Wassers auf und sagt den Menschen, dass sie genau wie dieses Wasser seien. Sie sind weder heiss oder leidenschaftlich für ihn, noch sind sie kalt oder apathisch gegenüber dem Evangelium. Stattdessen sind sie mittelmässig oder lau. Sie sind zufrieden, lediglich durchschnittlich zu sein. Religiös. Christlich angehaucht. Genügsam. Sie denken, dass sie gerettet sind und dass alles in Ordnung ist (s. Mt 7,22-23; 2Tim 3,5).

Dann landet Jesus den geistlichen K.-o.-Schlag: «So aber, weil du lau bist und weder kalt noch heiss, werde ich dich ausspeien aus meinem Mund» (V. 16). Das Wort ausspeien (gr. *emeo*) bedeutet «mit äusserster Abscheu zurückweisen». Zu erbrechen.

Diese Gemeinde macht Jesus sozusagen krank und veranlasst ihn, sie in ihrem derzeitigen Zustand abzulehnen. Er weigert sich, die Menschen so anzunehmen, «wie sie sind». Es ist, als ob er sagen würde: «Ihr seid nicht wertlos für mich, sondern nur *nutzlos*. Und solange ihr in diesem Zustand verharrt, kann ich keine Beziehung zu euch haben.»

Können Sie sich vorstellen, dass Jesus Christus so etwas zu Ihnen sagt: «Es tut mir leid, aber ich kann dich nicht gebrauchen. Du bist *un*-brauchbar. Ich kann dich für das Evangelium oder mein Reich nicht einsetzen.» Das ähnelt dem, was wir in Lukas 14,34-35 lesen, als Jesus die «falschen» Jünger mit Salz verglich, das seinen Geschmack verloren hat. Es taugte für *nichts*.

Was heisst es also, lau im Glauben zu sein?

- Sie handeln, als ob Sie Jesus nicht benötigten.
- Sie leben, als wäre Jesus für Sie unwichtig.
- Sie haben kein Verlangen nach Jesus.
- Sie können problemlos ohne Jesus in die Gemeinde gehen.
- Sie denken, Sie seien cool und hätten Ihr Leben selbst im Griff.
- Sie lieben sich selbst mehr, als dass Sie Jesus lieben.
- Sie sind nicht mehr so dankbar, wie Sie bei Ihrer Wiedergeburt waren.
- Sie sind ignorant gegenüber der Realität und unsensibel gegenüber dem Heiligen Geist.

- Sie haben keine Ahnung, wie verzweifelt, bankrott, leer, blind und nackt Sie wirklich sind.
- Ihr Zustand ist für jeden offensichtlich, nur nicht für Sie.
- Sie vernachlässigen das Gebet und fühlen sich nicht mehr abhängig vom Herrn.
- Sie können Ihren Namen auf Ihre verstaubte Bibel schreiben.
- Sie verlassen sich auf sich selbst und Ihr natürliches Talent, und nicht auf den Heiligen Geist.
- Sie sind kaum von Ihrem Problem zu überzeugen, weil Sie denken, dass alles in Ordnung sei.
- Sie haben kein Brennen für den Herrn und wissen nur wenig über ihn.
- Sie vertrauen Ihren Gefühlen, anstatt auf sein Wort zu hören und im Glauben zu wandeln.

Als Nächstes deckt Jesus die Herzenshaltung der Gemeinde in Laodizea auf: «Ich bin reich ... und mir mangelt es an nichts!». Die Laodizäer haben ein falsches Gefühl von Sicherheit und Errettung. Aber Christus sagt ihnen, dass sie nicht reich sind, sondern «elend und erbärmlich ... arm, blind und entblösst» (V. 17).

Ratschläge (Offb 3,18-19)

Um die Lauheit zu überwinden, zeigt Jesus auf drei Gebiete, auf denen die Stadt stolz geworden ist (Reichtum, Stoffe, Medizin). Er sagt ihnen, sie sollen bei ihm die *echte Erlösung* kaufen:

- «Ich rate dir, von mir Gold zu kaufen, das im Feuer geläutert ist, damit du reich wirst ...» – Er sagt: «Was ich gebe, hat keine Unreinheiten. Es ist wahrer Reichtum und besser als das, was ihr habt.» Er wollte, dass sie ihre Prioritäten neu ordnen und den Reichtum des Lebens in ihm allein finden und nicht in materiellen Gütern.

- «... und weisse Kleider, damit du dich bekleidest und die Schande deiner Blösse nicht offenbar wird ...» – Diese weissen Kleider stellen das Heil und die Gerechtigkeit dar, ein Bild, das oft wiederholt wird (Kap. 3,4-5; 4,4; 6,11; 7,9.13-14; 19,8).
- «... und salbe deine Augen mit Augensalbe, damit du sehen kannst!» – Weil sie stolz und nur mittelmässig, geblendet und abgestumpft waren, hielt ihre mangelnde geistliche Sehkraft sie vom erfüllten Leben ab. Nämlich einem Leben reich in Jesus (s. Apg 26,18).

Jesus sagt ihnen im Wesentlichen: «Ihr müsst diese Dinge von mir bekommen, denn ihr könnt mir nichts bieten» (s. Jes 64,5-6; Eph 2,1-3). Dies allein rettet sie vor der Lauheit, die ihre Seele zu rauben droht. Und so bietet Christus ihnen eine zweite Chance und einen Ausweg aus ihrer Mittelmässigkeit.

Obwohl er sie zurechtweist, sagt er ihnen, dass er sie immer noch liebt: «Alle, die ich lieb habe, die überführe und züchtige ich.» Jesus liebt (gr. *phileo*), überführt (Joh 16,8; Offb 3,19) und züchtigt (s. 2Tim 2,25, das Wort bezieht sich auf die Erziehung eines Kindes). Jesus züchtigt nicht die Gottlosen, sondern nur die Kinder Gottes (Hebr 12,5-11). Die Tatsache, dass er die Gemeinde in Laodizea zurechtweist, ist ein sicheres Zeichen für seine beständige Liebe zu diesen Gläubigen.

Warnung (Offb 3,16.19)

Was wird also von diesen Menschen verlangt? Was verlangt der Herr von mittelmässigen, lauen Christen?

Mit einem Wort: Busse. Gemeinsame, aufrichtige Busse. Jesus fordert sie auf, sich bewusst und eindeutig von ihrer Lauheit abzuwenden und zu ihm zurückzukehren (s. Apg 11,18; 1Thess 1,9). Denn wenn sie nicht umkehren, wird er sie als Gemeinde ablehnen und sie werden keine Wirkung für ihn haben (s. Offb 2,5).

Belohnung (Offb 3,20-21)

Im Vers 20 sagt Christus, dass er an die Tür der Gemeinde klopft. Es ist eine Ironie, dass er ausserhalb seiner eigenen Gemeinde steht. Der Gemeinde, die seinen Namen trägt, die er selbst gegründet hat. Die er zu bauen versprochen hat. Für die er gelitten hat und gestorben ist. Jesus will zurück in seine Gemeinde. Er möchte eingeladen werden und wieder eine enge Beziehung zu den Menschen haben. Busse und Umkehr sind der Schlüssel, der die Tür aufschliesst. Wenn nur eine einzige Person diese Tür öffnet, wird Jesus durch diese Person in die Gemeinde eintreten und «das Mahl mit ihm essen und er mit mir» (V. 20). Das Wort «essen» bezieht sich hier auf das Abendessen – die letzte Mahlzeit des Tages – und steht für Gemeinschaft, Nähe und Beziehung.

Die Bibel sagt, dass wir eines Tages beim Hochzeitsmahl des Lammes (Offb 19,9) und während des Tausendjährigen Reichs (Lk 22,16.29-30) speisen werden, aber Jesus möchte *jetzt schon* geistlich und beziehungsmässig mit uns essen – individuell und gemeinsam mit der Gemeinde.

Und was wird geschehen, wenn die Gläubigen aus Laodizea diese lähmende Krankheit der Lauheit überwinden? Jesus hat versprochen, sie zu ehren, indem er sie mit ihm auf seinem

Thron sitzen lässt (Offb 3,21). Sie werden mit Christus regieren, weil er ihren Status in seinem zukünftigen Reich erhöht.

Die Überwinder

Die Überwinder der Gemeinde werden:

- vom Baum des Lebens essen (Offb 2,7).
- die Krone des Lebens empfangen (Offb 2,10).
- vor dem zweiten Tod bewahrt werden (Offb 2,11).
- verborgenes Manna essen (Offb 2,17).
- einen weissen Stein erhalten, auf dem ein neuer Name geschrieben steht (Offb 2,17).
- die Vollmacht erhalten, über die Heidenvölker zu herrschen (Offb 2,26-27).
- den Morgenstern empfangen (Offb 2,28).
- mit weissen Kleidern bekleidet werden (Offb 3,5).
- hören, dass Christus sie vor dem Vater bekennt (Offb 3,5).
- zu einer Säule in Gottes Tempel gemacht werden (Offb 3,12).
- Gottes Namen auf sich tragen (Offb 3,12).

Das ist doch sicherlich die Motivation, bis zum Ende durchzuhalten und zu überwinden!

Jesus beendet Offenbarung 3,22 mit den folgenden Worten: «Wer ein Ohr hat, der höre, was der Geist den Gemeinden sagt!»

Wir haben uns nun die sieben Gemeinden angesehen, die Jesus in seinem letzten Buch anspricht. Diese Gemeinden sind nicht nur historische Beispiele für uns, sondern dienen auch als bleibende Erinnerung an die Gefahren der Abweichung in der Lehre und der geistlichen Mittelmässigkeit. Ja, es ist sehr wichtig, was die Gemeinden glauben und lehren. Und es ist wichtig, wie die Menschen leben. Und warum? Weil Jesus jeden Einzelnen von ihnen beobachtet – er bewertet, unterscheidet und bereitet sich darauf vor, sie entweder zurechtzuweisen, zu belohnen oder zu verwerfen.

Was würde Jesus zu den mehr als 300 000 Gemeinden in Amerika heute sagen, in einer Zeit, in der wir die niedrigste Zahl von Gemeindebesuchern in der Geschichte unseres Landes erleben? Wie würde seine Empfehlung lauten? Wen würde er zurechtweisen und warum? Ich denke, wir kennen einige der Antworten bereits. Wie würde sein Rat lauten? Und was würde er versprechen? Auch wenn es vielleicht einige zusätzliche Worte für die heutigen Gemeinden gäbe, vermute ich stark, dass er dieselben Worte wiederholen würde, die er zu den sieben Gemeinden in Offenbarung 2 bis 3 gesprochen hat. Wir lesen ihre Geschichten und sehen in ihnen ein Spiegelbild der heutigen Gemeinden. Einige haben ihre erste Liebe verlassen. Einige leiden unter Verfolgung. Andere sind lehrmässig korrekt, aber kalt. Einige sind lehrmässig abweichend. Einige sind von weltlichen Werten erfüllt. Einige sind der Unmoral verfallen. Einige sind lau im Glauben. Und einige sind tot.

Wenn wir etwas von den Beispielen dieser sieben Gemeinden lernen und mitnehmen – abgesehen von ihren Sünden, ihren Leiden und ihrer Suche nach Christus –, sollten wir nicht vergessen, dass unser Herr seine Braut liebt. Und er hat sich verpflichtet, sie weiter aufzubauen, zu läutern, zu reinigen und auf den Tag vorzubereiten, an dem er wiederkommt, um sie vor dem Zorn zu retten, der über diese Welt kommen wird.

KAPITEL 5

REISE IN DEN THRONSAAL

Der Gott, der *souverän* ist

— OFFENBARUNG 4,1-11 —

Nachdem Jesus dem alten Apostel den Zustand der Gemeinden auf der Erde gezeigt hat, ist es Zeit, Johannes' Aufmerksamkeit auf den Himmel zu lenken. Johannes sieht eine offene Tür im Himmel. Diese lädt ein einzutreten, was durch eine himmlische Posaunenstimme bestätigt wird (wahrscheinlich dieselbe Stimme, die er in Offenbarung 1,10 hörte und die Stimme von Jesus Christus war). Diese Stimme fordert Johannes auf: *«Komm hier herauf*, und ich will dir zeigen, was nach diesem geschehen muss!» (Offb 4,1).

Es ist erwähnenswert, dass «Komm hier herauf» genau die Worte sind, die die beiden Zeugen hören werden, nachdem sie vom Antichristen ermordet und von Gott auferweckt worden sind (Offb 11,12). In beiden Fällen wurden die Hörer plötzlich in den Himmel gerufen. Während die beiden Zeugen physisch aufsteigen werden, reiste Johannes geistig, in einer Vision, in den Himmel. Einige haben sich gefragt, ob dies die gleichen Worte sein könnten, die die Braut Christi bei der Entrückung hören wird (1Thess 4,16). Andere Ausleger sehen in seinem Besuch im Himmel einen symbolischen Vorgeschmack auf die Entrückung. Und wie bei der glückseligen Hoffnung oder der Entrückung scheint Johannes diesbezüglich kaum eine Wahl zu haben, denn Jesu Befehl wird unerbittlich Folge geleistet.

Jesus spricht diese Einladung aus, damit er Johannes die verbleibenden Verheissungen zeigen kann. Und offenbar war die Reisezeit nicht lang, denn Johannes war «sogleich ... im Geist» (Offb 4,2). Diese Erfahrung, «im Geist» zu sein, scheint eine Fortsetzung der spezifischen Vision von Offenbarung 1,10 zu sein. Die Vision in den Kapiteln 1 bis 3 hatte hingegen einen anderen Schauplatz. Dort kam Jesus zu Johannes. In Kapitel 4 kommt Johannes nun zu Jesus und dies bringt ihn in die unmittelbare Gegenwart des Vaters.

Der Thron der göttlichen Majestät

Johannes befindet sich nun wieder im Himmel. Und dort sind es nicht die Engel oder die vielen Heiligen, die ihn in ihren Bann ziehen. Nein, es ist etwas viel Grossartigeres, Beeindruckenderes und auch Bedrohlicheres, das seine Aufmerksamkeit erregt. Es ist ein Thron und der, der auf ihm sitzt. Johannes erhält einen «göttlichen» Blick darauf, wie die Dinge im Himmel ablaufen – eine Vision der königlichen Regierung der Galaxien. Die Augen des Apostels sind auf das Herzstück des Himmels fixiert.

Dieser Thron ist so bedeutend, dass Johannes ihn 13-mal in elf Versen erwähnt. Die Wiederholung ist unerlässlich, um wichtige Wahrheiten in der Offenbarung hervorzuheben. Und was Johannes über den himmlischen Thron herausfindet, wird sich nicht nur für den Rest der Offenbarung, sondern auch für den Rest unseres Lebens als ein entscheidender Wendepunkt erweisen.

Der Thron ist besetzt (Offb 4,2)

Dieser Thron wird als «stehend» beschrieben, das heisst, er ist «von Ewigkeit her errichtet, unbeweglich, dauerhaft». Der Thron ist in Stein gemeisselt, wenn man so will. Denn Gott sitzt dort und das ist sein ewiger Thron. Von diesem Platz aus regiert das Königtum. Dort residiert der König des ganzen Universums. Er ist der Schöpfer, der Ewige – Gott, der Allmächtige.

Die Bibel sagt uns, dass Gottes Herrschaft fest steht und dass von seinem Thron aus ewige Verordnungen erlassen werden (Jes 14,26-27; 46,9-10). Zu diesen Dekreten gehören:

- die Beständigkeit des Universums (Ps 119,89-91)
- die Zeiten und Grenzen von Nationen (Apg 17,26)
- die Lebenserwartung des Menschen (Hi 14,1.5)

Gott wählt von dort auch souverän sein Volk aus (Joh 6,44; Röm 9-11; Eph 1,1). Und schliesslich gehen von diesem Thron die göttlichen Gerichte während der Trübsalszeit aus (Offb 6,16).

Der Thron ist wunderschön (Offb 4,3)

Johannes gibt sein Bestes, um den zu beschreiben, den er auf dem Thron sitzen sieht. An dieser Stelle hat Gott das Aussehen eines Sardis- und eines Jaspissteins. Letzterer hat ein kristallhelles Aussehen (vgl. Offb 21,11, wo das neue Jerusalem ebenfalls diese strahlende Herrlichkeit Gottes widerspiegelt).

Sardis ist ein rubinfarbener Stein. John MacArthur schreibt, dass diese beiden Steine «der erste und der letzte Stein auf der Brustplatte des Hohepriesters waren (2Mo 28,17-20 – Rubin, Jaspis), die den Erstgeborenen (Ruben) und den Letztgeborenen (Benjamin) der zwölf Söhne Jakobs repräsentieren».[1]

Die genaue Bedeutung oder Symbolik dieser farbenprächtigen Juwelen wird jedoch nicht genannt. Anstatt zu spekulieren, lassen wir sie einfach für sich selbst sprechen. Johannes sieht Gott als einen, der Glanz, Schönheit und Herrlichkeit ausstrahlt.

Johannes fährt fort und sagt uns, dass um den Thron ein «Regenbogen ... wie ein Smaragd» ist (Offb 4,3). Beachten Sie, dass Johannes in der gesamten Offenbarung häufig das Wort «wie» verwendet. Das bedeutet, er versucht Dinge zu beschreiben, wie er sie *sieht* und *wahrnimmt* – und nicht, was er bereits darüber *weiss*. Deshalb verwendet er das Wort «wie», um zu vermitteln, was er sieht und für ihn nicht zu beschreiben ist. Dies zeigt deutlich, wie begrenzt unsere Sprache ist, wenn es darum geht, unseren unbeschreiblichen Gott darzustellen. Worte, ja sogar Wortbilder, reichen nicht aus. Wir müssen uns deshalb im Klaren sein, dass wir mit Texten konfrontiert werden, die das, was Johannes tatsächlich sieht, nicht angemessen erfassen können.

Es genügt, zu sagen, dass die herrlichen Farben des Himmels alles übertreffen, was das menschliche Auge je gesehen hat, und dass der Gott, der dort herrscht, weitaus grösser ist, als der sterbliche Mensch je begreifen kann.

Der Thron wird verehrt (Offb 4,4)

Um diesen Thron herum sieht Johannes 24 Throne, auf denen 24 «Älteste» sitzen. Aber wer sind diese Ältesten? Und warum gibt es 24 von ihnen? Wir wissen, dass es keine Engel sein können, denn nirgendwo in der Heiligen Schrift sitzen Engel auf Thronen oder erhalten himmlische Kronen. Die überzeugendste Erklärung ist, dass es sich um Vertreter der erlösten Braut Christi handelt. Dies ist die bevorzugte Interpretation, und zwar aus vier Gründen:

1. Sie sind mit weissen Kleidern bekleidet. Jesus bot den Gemeinden in Sardes und Laodizea weisse Gewänder an (Offb 3,5.18). In Offenbarung 19,8 sehen wir die Gemeinde im Himmel auch in feines Leinen gekleidet, hell und rein. Und sie wird die gleichen Kleider bei Jesu Wiederkunft tragen (Offb 19,14). Es stimmt zwar, dass auch die Engel in Offenbarung 15,6 ähnlich weisse (reine) Leinengewänder tragen und Jesus sowie die Braut bei seinem zweiten Kommen begleiten (Mt 25,31; Jud 15), aber hier enden dann auch die Ähnlichkeiten.
2. Sie tragen goldene Kronen. Diese Kronen (gr. *stephanos*) werden den Gläubigen verliehen, die auf der Erde lebten und für Christus ausharrten (1Kor 9,25; 2Tim 4,8; Jak 1,12; 1Petr 5,4). Noch einmal: Heilige Engel kämpfen nicht mit Versuchungen und verdienen sich keine himmlischen Belohnungen.
3. Sie sitzen auf Thronen, das bedeutet, sie regieren mit Gott. Engel dienen Gott, aber sie regieren nicht mit ihm (Hebr 1,14). Im Gegensatz dazu wird die Gemeinde, die Braut Christi, wiederholt als mit Jesus herrschend beschrieben (Offb 2,26-27; 3,21; 5,10; 20,4; s. auch Mt 19,28; Lk 22,30; 1Kor 6,2-3; 2Tim 2,12).
4. Engel werden in der Heiligen Schrift nie als «Älteste» (gr. *presbyteros*) bezeichnet. Der Begriff bezieht sich auf die-

jenigen, die in der Gemeinde tätig sind (Apg 20,28; 24,23; 1Tim 3,5; 1Petr 5,1-2).

Welche Bedeutung hat also die Zahl 24 hier? Einige Ausleger sagen, dass sie für Israel und die Gemeinde steht – zwölf Stämme und zwölf Apostel. Obwohl die Rechnung wunderbar aufgeht, stimmt die Theologie dennoch nicht. Denn die Heiligen des Alten Testaments werden erst nach der Trübsalszeit belohnt (Dan 12,1-3). Und – sie können auch nicht die Heiligen der Trübsal darstellen, weil sie zu diesem Zeitpunkt noch nicht erlöst worden sind. Wenn es also scheint, dass diese Zahl die Gemeinde beziehungsweise die Braut Christi darstellt, bleibt nur noch folgende Frage offen: warum 24?

Diese Zahl wird verwendet, um Vollendung oder Vollständigkeit darzustellen (1Chr 24,4-5.7-18; 25). Wir sehen auch, dass David den Stamm Levi in 24 Einheiten aufteilte, was wiederum die Gesamtzahl der Priester darstellte. Wenn es also keinen anderen zwingenden biblischen Grund gibt, die Zahl anders zu interpretieren, scheint es Sinn zu machen, dass diese 24 Ältesten den vollständigen Leib Christi, die Gemeinde darstellen. Diese Ältesten werden an anderen Stellen in der Offenbarung erwähnt (Kap. 11,15-18; 14,1-3; 19,1-4).

Der Thron handelt gerecht (Offb 4,5)

Johannes sieht vom Thron «Blitze und Donner und Stimmen» ausgehen, die im ganzen Himmel widerhallen. Der Donner erscheint wiederholt in der Offenbarung (Kap. 6,1; 8,5; 11,19; 14,2; 16,18; 19,6) und steht für das bedrohliche, mächtige, gerechte und zornige Wirken Gottes im Gericht. Der Donner ist immer polternd und bedrückend. Und hier könnte er Gottes gerechten Zorn andeuten, der sich auf der Erde zeigen wird. Und für Johannes hat die audiovisuelle Erfahrung gerade erst begonnen! Als Nächstes sieht Johannes «sieben Feuerfackeln» vor dem Thron brennen.

Diese werden sofort als «die sieben Geister Gottes» bezeichnet. Die offensichtliche Frage lautet: Worauf bezieht sich diese Formulierung? Wir haben diesen Begriff bereits in Offenbarung 1,4 gesehen. Dort scheinen sich die «sieben Geister» auf den Heiligen Geist zu beziehen, der mit dem Vater und dem Sohn erwähnt wird. Es könnte aber auch ein Bild für das siebenfache Wirken des Geistes sein, das in Jesaja 11,2 beschrieben wird. Die sieben Fackeln könnten auch eine Anspielung auf die jüdische Menora sein, die ebenfalls ein Symbol für den Heiligen Geist ist. Zudem ist Sieben die Zahl der Vollkommenheit und könnte deshalb für den Heiligen Geist in seiner ganzen Fülle stehen.

Die sieben Feuerfackeln sind also «die sieben Geister Gottes», die den Heiligen Geist in seiner Vollständigkeit und Vollkommenheit darstellen. In der Offenbarung wird die Zahl Sieben 54-mal verwendet.

Der Thron ist heilig (Offb 4,6-11)

Vor dem Thron war etwas «wie ein gläsernes Meer» (V. 6).

Aus Offenbarung 21,1 wissen wir, dass es im Himmel kein wirkliches Meer gibt. Aber dieses kristallene «gläserne Meer» vor dem Thron ist gross genug, um einem Gewässer zu ähneln. Mehrere andere Objekte werden in der Offenbarung mit Glas verglichen, darunter die Mauern des neuen Jerusalem (Kap. 21,18) und seine goldenen Strassen (Kap. 21,21). Die Gläubigen, die den Sieg über den Antichristen errungen haben, indem sie das Malzeichen des Tieres ablehnten, stehen am gläsernen Meer (Kap. 15,2).

In der Mitte des Throns und rings um ihn bietet sich Johannes ein bizarrer Anblick. Er sieht «vier lebendige Wesen, voller Augen vorn und hinten» (Kap. 4,6). Obwohl seine Beschreibung etwas von Hesekiels abweicht, handelt es sich zweifellos um dieselbe Art von Engeln, die der alttestamentliche Prophet gesehen hat. Dort werden sie Cherubim genannt (Hes 10).

Bei diesen Wesen handelt es sich also um Engel, die höchstwahrscheinlich der Kategorie der Cherubim angehören. Aber was wissen wir über sie? Die Bibel sagt uns, dass es die Cherubim waren, die den Weg zum Baum des Lebens bewachten, nachdem Adam und Eva gesündigt hatten (1Mo 3,24). Sie sind auch in Gold auf dem Gnadenstuhl der Bundeslade dargestellt (2Mo 25,18-22).

Und hier, in Offenbarung 4, erhalten wir eine ausführlichere Beschreibung. In Vers 6 heisst es, sie seien «voller Augen vorn und hinten». Das ist wahrscheinlich ein Bild für ihr Wissen und ihre fortlaufende Erkenntnis. Obwohl sie nicht allwissend sind wie Gott, werden ihre kognitiven Fähigkeiten von keinem der anderen himmlischen Wesen übertroffen.

In Vers 7 beschreibt Johannes die vier Wesen wie folgt: Eines gleicht einem Löwen, was auf Majestät und Stärke hinweisen kann; eines ist wie ein junger Stier, was möglicherweise für einen demütigen Dienst steht; eines hat ein Angesicht wie ein Mensch, was Intelligenz oder rationales Denken andeuten kann; und eines ist wie ein fliegender Adler, was auf grosse Visionen und unermüdlichen Einsatz schliessen lassen kann. Gemäss Hesekiel 1,10 hat jeder der vier Cherubim diese vier Eigenschaften.

In Vers 8 beschreibt Johannes die sechs Flügel der Cherubim. Jesajas Engelsklasse der Seraphim hat ebenfalls sechs Flügel: «mit zweien bedeckten sie ihr Angesicht, mit zweien bedeckten sie ihre Füsse, und mit zweien flogen sie» (Jes 6,2). Die Cherubim-Engel in Hesekiel haben jedoch nur vier Flügel (Hes 1,6), was einige Ausleger zum Fazit veranlasst, dass die vier lebendigen Wesen der Offenbarung eine Art Mischform zwischen den beiden oder sogar eine ganz andere Engelsklasse sind.

Gemäss Hesekiel scheinen die Wesen sehr schnell zu laufen, ihre Geschwindigkeit wird mit der eines Blitzes verglichen (Hes 1,14). Und was machen diese Cherubim? Johannes sieht und hört, wie sie unablässig eine zentrale Wahrheit über Gott verkünden (s. auch Jes 6,3). Und ihr Refrain erklingt im Thronsaal «bei Tag und Nacht», ohne Unterlass. Es ist ein Chor des Lobs, der Gottes Heiligkeit verkündet: «Heilig, heilig, heilig ist der Herr, Gott der Allmächtige, der war und der ist und der kommt!» (Offb 4,8).

Warum wiederholen sie das Wort «heilig»? Warum dieses Attribut? Warum nicht «Liebe»? Oder «gut»? Oder «majestätisch»? Oder «treu»?

Die Antwort ist ganz einfach, diese Engel wissen etwas über Gott, das uns nicht bekannt ist. Aufgrund ihrer Nähe zu ihm und ihrer Fähigkeit, die Wahrheit zu erkennen, verstehen sie etwas von Gottes Wesen. Etwas, das *seinen Charakter* und *seine Besonderheit* betrifft und über das heute leider nur selten in Gemeinden und Bibelstudien gesprochen wird.

Die vier Engel preisen Gott nicht in erster Linie für das, was er getan hat, sondern für das, was er *ist*. Leider können wir in unserer christlichen Konsumkultur schnell in die Falle tappen und denken (und entsprechend handeln), dass Gott zu unserem

Nutzen existiert. Auf die Spitze getrieben wird dies in der abwegigen «Word of Faith»-Bewegung. Diese Gruppe vertritt eine gefährliche Irrlehre: Christen können durch ihre «glaubensgesteuerte Fähigkeit» nach Belieben Selbstsegnungen heraufbeschwören, Heilungen herbeiführen sowie Wohlstand und Glück durch blosses Sprechen bewirken. Diese Menschen sind selbst zu «kleinen Göttern» geworden. Doch das ist keineswegs die Theologie des Himmels. Rund um den Thron sind die privilegierten Engel auf Gott und Gott allein fokussiert. Diese Gedanken nenne ich «Liftgedanken» – sie bringen unser Denken in Richtung Himmel und veranlassen uns, über die Grösse unseres Herrn nachzudenken. So können wir mit Gott «in die Tiefe gehen» – indem wir zulassen, dass die Wahrheit des Himmels unseren Verstand und unser Herz beeinflusst.

In welchem Sinne ist also Heiligkeit eine Kerneigenschaft Gottes?

Das Wort «heilig» bedeutet in erster Linie «abgesondert sein». Im Hebräischen heisst das Wort *qadosh*, was «absondern» oder «separieren» bedeutet. Im Griechischen heisst es *hagios*, was «anders sein, andersartig, verschieden sein» und in Bezug auf Gott «hoch erhoben» bedeutet.

Gott als heilig zu bezeichnen, drückt also aus, dass er unvergleichlich, einzigartig und anders ist als jeder Mensch, jeder Engel und jedes geschaffene Wesen. Es spricht von seiner Transzendenz und der Tatsache, dass er so gewaltig ist, dass er gleichzeitig unbegreiflich ist. Theologen sprechen manchmal davon, dass Gott «ganz anders» ist. Mit anderen Worten: Sein Wesen existiert auf einer Ebene, die weit über dem menschlichen Verstand oder der menschlichen Erfahrung liegt. Der Versuch, diese Wahrheit zu begreifen, wäre so, als würde man versuchen, das gesamte Universum auf einem Foto festzuhalten. Es ist schlichtweg nicht möglich.

Gottes Heiligkeit kann nie richtig kommuniziert werden. Das heisst, wir können sie niemals kennen oder selbst erfahren.

Selbst in unserem zukünftigen, verherrlichten Zustand werden wir niemals so transzendent sein wie er. Der Prophet Jesaja beschreibt diese göttliche Realität:

> «Denn meine Gedanken sind nicht eure Gedanken, und eure Wege sind nicht meine Wege, spricht der HERR; sondern so hoch der Himmel über der Erde ist, so viel höher sind meine Wege als eure Wege und meine Gedanken als eure Gedanken» (Jes 55,8-9).

Und wie hoch ist der Himmel über der Erde? Es gibt Milliarden, ja Billionen von Sternen und Galaxien, die durch Millionen von Lichtjahren in alle Richtungen voneinander getrennt sind. Versuchen Sie, diese Tatsache zu erfassen. Geben Sie sich 60 Sekunden Zeit dafür. Stellen Sie sich auf Ihre intellektuellen und philosophischen Zehenspitzen und versuchen Sie, einen kleinen Teil dieser Wahrheit zu begreifen. Denken Sie an die riesige Distanz zwischen der Erde und einem Stern. Wir sind geistig einfach nicht in der Lage, dies zu erfassen. Es ist, als ob man versuchen würde, den Pazifischen Ozean in einen Fingerhut zu stecken.

So ergeht es Ihnen und mir, wenn wir versuchen, die einzigartige Heiligkeit Gottes vollständig zu verstehen. Zudem ist die Heiligkeit die Summe seiner Eigenschaften. Seine Gnade ist heilig. Seine Liebe ist heilig. Seine Gerechtigkeit ist heilig. Seine Barmherzigkeit ist heilig. Seine Souveränität ist heilig. Seine

Rechtschaffenheit ist heilig. Dieses Konzept ist dem durchschnittlichen Christen heute weitgehend fremd. Aber wenn wir darüber nachdenken, führt es uns zur unumstösslichen Schlussfolgerung: Dieser Gott, der auf dem Thron des Himmels sitzt, ist nicht wie wir.

Ganz und gar nicht.

Aber als Gläubige können wir den untergeordneten Aspekt seiner Heiligkeit erfahren und tun dies auch – nämlich gerecht und frei von der Sünde und ihrer Herrschaft zu sein. Das ist das Gnadengeschenk, das wir von ihm im Augenblick unserer Wiedergeburt erhalten haben. Es ist eine Heiligkeit und Gerechtigkeit, die uns zugerechnet wird, wenn wir an Jesus Christus glauben. Gott, der Vater, hat unsere Sünde und seinen ewigen Zorn auf den Sohn übertragen, während dieser am Kreuz hing, was manchmal als «grosser Tausch» bezeichnet wird. In 2. Korinther 5,21 heisst es eindeutig, dass Gott «den, der von keiner Sünde wusste, für uns zur Sünde gemacht» hat. Der Vater behandelte Christus auf dieselbe Weise, wie er die unbussfertigen Menschen eines Tages behandeln wird – er gibt sie frei, während er sie gleichzeitig mit ewig heftigem Zorn bestraft (Offb 14,10-11).

Folgendes geschah am Kreuz: Eine Ewigkeit an gerechtem Zorn und Wut gegen die Sünde wurde auf übernatürliche Weise auf sechs Stunden komprimiert. Am Kreuz bezahlte unser Erlöser unsere Sündenschuld in vollem Umfang. Deshalb rief Jesus nach Beendigung seines Leidens aus: «Es ist vollbracht!» (Joh 19,30). Das griechische Wort hier ist *tetelestai*, was formal gesehen «seine Aufgabe oder Mission erfüllen» bedeutet. Das war der Ausruf Jesu: «Auftrag erfüllt!» Dieses Verb wurde auch in der säkularen griechischen Kultur verwendet, um die Begleichung einer Steuerschuld zu bezeichnen.

Dank Jesu Opfertod schulden die Gläubigen Gott nichts mehr für ihre Sündenschuld. Aber noch besser ist die zweite Hälfte von 2. Korinther 5,21: «... damit wir in ihm (zur) Gerechtigkeit Gottes würden». Jesus hat also unsere Sünde auf sich genommen. Und wir haben seine Gerechtigkeit empfangen. *Seine* Gerechtigkeit. Nicht unsere, die verbessert wurde, denn wir hatten nie eine (Röm 3,10-12.23). Wir sind nun mit Gottes Heiligkeit bekleidet! Und das ist der einzige Grund, warum wir in den Himmel gelassen werden.

Halten Sie bitte einen Moment inne, um über diese herrliche und wunderbare Wahrheit nachzudenken. Wir, die wir einst verdorben (Jer 17,9), ungerecht (Röm 5,6-8), tot in Sünde (Eph 2,1), vom Leben Gottes getrennt (Jes 59,2; Eph 2,12) und zu einer gottfernen Ewigkeit in der Hölle verdammt waren (Joh 3,18.36; Röm 6,23), haben nun Vergebung (Eph 1,7), sind jetzt durch seine Gnade gerettet (Röm 5,10), adoptiert (Eph 1,5), nahe gebracht (Eph 2,13), lebendig gemacht (Eph 2,5), gerecht gemacht (2Kor 5,21) und mit Hoffnung und einer ewigen Heimat im Himmel ausgestattet (Joh 14,1-3; Eph 2,6-9).

Wie fühlen Sie sich dabei? Und wie reagieren Sie auf eine solch überschwängliche Liebe, Gnade und Barmherzigkeit eines dreifach heiligen Gottes?

Eine angemessene Antwort an Gott

Es gibt nur eine angemessene Antwort auf diese Wahrheit: völlige Demut, was sich in dankbarer Anbetung äussert. In Offenbarung 4,9-11 sehen wir eine der 14 Doxologien (Lobgesänge). Wenn Sie an einem Sonntagmorgen in wahre Anbetungsstimmung kommen wollen, dann ist dies der richtige Weg dazu. Sie mögen wahrhaftig anbeten wollen, aber Ihr Verstand schweift ab und Ihr Herz zögert. Das ist Teil unserer menschlichen Schwäche. Es fällt uns schwer, uns zu einer «Anbetung auf Abruf» zu zwingen. Aber im Himmel gibt es keinen solchen Kampf.

Auf Anregung der vier lebendigen Wesen brechen die 24 Ältesten in einen Chor der Anbetung aus und geben ihr «Amen» als Antwort. Sie fallen vor dem Herrn nieder, legen ihre Kronen vor seine Füsse und rufen: «Würdig bist du, o Herr, zu empfangen den Ruhm und die Ehre und die Macht; denn du hast alle Dinge geschaffen, und durch deinen Willen sind sie und wurden sie geschaffen!» (Offb 4,11).

Beachten Sie, dass Gott im Himmel immer noch als Schöpfer aller Dinge angebetet wird.

Aber wir verehren ihn nicht nur, weil er der Schöpfer ist, sondern auch, weil er der *Grund* für die Schöpfung selbst ist – es gefiel ihm einfach, zu erschaffen. Paulus schreibt über Christus: «Alles ist *durch* ihn und *für* ihn geschaffen» (Kol 1,16). Er ist nicht nur der Auslöser und das Instrument der Schöpfung, sondern auch ihr Ziel. Wir existieren für ihn. Der Sinn unserer Existenz *ist* Gott.

Aber das war nicht das einzige Mal, dass sich der Apostel in der Grösse der Transzendenz und Souveränität Gottes verlor. Den Römern erklärte er:

> «O welche Tiefe des Reichtums sowohl der Weisheit als auch der Erkenntnis Gottes! Wie unergründlich sind seine Gerichte, und wie unausforschlich seine Wege! Denn wer hat den Sinn des Herrn erkannt, oder wer ist sein Ratgeber

gewesen? Oder wer hat ihm etwas zuvor gegeben, dass es ihm wieder vergolten werde? Denn von ihm und durch ihn und für ihn sind alle Dinge; ihm sei die Ehre in Ewigkeit! Amen» (Röm 11,33-36).

Warum also zeigt Jesus Johannes und uns diese Szene? Warum folgt auf seine Einschätzung der Gemeinde (die sieben Sendschreiben) eine virtuelle Reise in den Himmel? Hier sind vier zwingende Gründe:

1. Damit wir besser wissen, wer unser Gott wirklich ist. Jenseits unserer eitlen und begrenzten Vorstellungen, wie er ist, sehen wir ihn hier so, wie ihn die Engel sehen. Von all den angeblichen «Ich bin gestorben und für 30 Minuten in den Himmel gekommen»-Behauptungen, die heute kursieren, kommt keine davon auch nur annähernd an die Beschreibung des Himmels heran, wie sie Johannes in Offenbarung 4 darlegt. Das liegt daran, dass Johannes den wahren Himmel gesehen hat, nicht eine Version, die durch menschliche Vorstellungen, geistiges Trauma oder einen Traum entstand.
2. Wir haben sozusagen einen «Vorteil», wenn wir auf der Erde leben. Im Himmel sind alle Augen auf den Thron und den, der auf ihm sitzt, gerichtet. Niemand dort ist auf seine eigenen Bedürfnisse oder Wünsche konzentriert, denn Gott selbst ist die Erfüllung all unserer Wünsche. Wie können wir also unsere aktuellen Probleme und Herausforderungen relativieren? Ganz einfach, indem wir unsere Augen vermehrt auf den Thron richten.
3. Um zu zeigen, dass unsere Zukunft voller Hoffnung, Freude, Anbetung, Wunder und Gott selbst ist.

4. Um diese Zukunft bereits jetzt auf unser Leben anzuwenden. Und sie uns dadurch Trost, Frieden, Ruhe und Sicherheit inmitten eines Planeten voller Chaos und Sünde gibt.

Beachten Sie bitte auch den Zeitpunkt dieses himmlischen Besuchs. Wann wird Johannes in den Himmel aufgenommen? Es ist nicht während der Trübsalszeit, sondern *vor* Offenbarung 6. Also bevor die siebenjährige Drangsal offiziell beginnt. Vielleicht wollte Jesus, dass Johannes und wir wissen, dass wir (dargestellt durch die 24 Ältesten) bereits im Himmel sind, wenn er sein Gericht auf die Erde bringt. Dieses Konzept passt auch am besten zur Lehre der Entrückung vor der Trübsalszeit.

Deshalb geraten wir nicht in Panik. Wir verzweifeln nicht. Wir brechen nicht zusammen. Und wir geben nicht nach oder geben auf.

Warum nicht? Ein Grund: Es gibt einen Thron im Himmel.

Dort ist alles gut. Gott hat das Sagen und die Übersicht. Es gibt keine Angst – nur Ehrfurcht.

Prüfungen und Bedrängnisse sind vorübergehend. Aber der Thron ist für immer und ewig.

Wie kann es dann sein, dass wir es im Leben nicht schaffen? Wie können wir dann nicht siegen? Warum können wir dann nicht anbeten?

KAPITEL 6

DER LÖWE, DAS LAMM UND DAS VERSIEGELTE BUCH

Der Gott, der *würdig* ist

— OFFENBARUNG 5,1-14 —

Für Golfer ist es Tiger Woods. Für Eishockeyfans ist es Wayne Gretzky. Für Baseball Lou Gehrig oder Babe Ruth. Für Basketball? Unbedingt Michael Jordan. Für Kunst? Rembrandt. Für Musik? Zweifellos die Beatles. Für Boxen? Muhammad Ali. Und die Liste könnte endlos weitergeführt werden.

All diese Namen sind in der Welt wohlbekannt. Sie sind als die «GOATs» oder «Greatest of All Time» (Grösste aller Zeiten) bekannt. Aber warum? Warum gelten sie als die Grössten und Besten? Wegen der Leistungen und Beiträge zu ihren jeweiligen Fachgebieten? Ja, das ist ein Teil davon. Aber wenn man ein wenig tiefer gräbt, wird man feststellen, dass es der *Gesamtwert* für ihren Sport, ihre Tätigkeit, ihr Fachgebiet war – und bis zu einem gewissen Grad für die Menschheit selbst. Diese Grossen haben geschafft, was fast niemand zuvor erreicht hat. Deshalb anerkennt die Welt einstimmig ihr Recht auf diesen einzigartigen Titel, den «GOAT». Und das veranlasst Milliarden Menschen zu sagen: «So etwas wird es nie wieder geben.»

Im Himmel jedoch verblasst der grösste Golfspieler zur Bedeutungslosigkeit. Die berühmtesten Sportler und erfolgreichsten Künstler der Geschichte stellen dann plötzlich fest, dass ihre Leistungen und ihr Vermächtnis im Vergleich zum Himmel bedeutungslos sind. All ihre Errungenschaften zusammen – Rekorde, Punkte, Tore, Nummer-eins-Hits und Meisterwerke der Kunst – lösen sich am Ende dieses Lebens in Nichts auf. Was sie getan haben, wird nicht ewig währen.

Während die Geschichte der Menschheit sich ihrem Ende nähert und die Prophezeiungen der Bibel auf ihren Höhepunkt zusteuern, hält der Himmel inne, um über den wahren Helden aller Zeiten nachzudenken. Wie bereits im vorigen Kapitel angedeutet, wendet sich die Offenbarung dem Ende zu und zeigt uns eine weitere dramatische Szene.

Auf unserer Reise durch die Apokalypse entdecken wir, dass sich zwei Erzählungen abspielen – eine auf der Erde und die andere im Himmel. Johannes sieht den, der auf dem himmlischen Thron sitzt. Es ist die passende Darstellung des Allmächtigen, der für immer und ewig lebt und regiert. Johannes' Blick fällt nun auf die *Hand* dessen, der auf dem Thron sitzt. Die Hand hält ein Buch oder genauer gesagt eine zusammengerollte Schriftrolle. Das griechische Wort hier ist *biblion* und bedeutet «kleine Schriftrolle». Sie ist an den Enden zusammengerollt (vgl. Offb 6,14) und ist sowohl auf der Innen- als auch auf der Aussenseite beschrieben.

Es war ein alter römischer Brauch, Testamente, Miet- und Pachtverträge, Schuldverschreibungen und Rechnungen sowie andere Rechtsdokumente zu versiegeln. In Jeremia 32 lesen wir von einem hebräischen Dokument, das diesem hier sehr ähnlich ist: Es ist eine Schriftrolle, die den Untergang zum Thema hat – ein Schriftstück, das Gericht, aber auch Erlösung enthält.[1]

Im weiteren Verlauf der Offenbarung entdecken wir, dass es sich um ein Buch handelt, in dem von Gerichten, Königreichen und Kronen die Rede ist. Im Wesentlichen enthüllt diese kleine Schriftrolle den Höhepunkt der Erlösungsgeschichte und die Versöhnung aller Dinge mit Gott. Und wer auch immer dazu berechtigt ist, die Siegel zu brechen und die Schriftrolle zu öffnen, wird derjenige sein, dem die Königreiche der Erde rechtmässig gehören.

Die Eigentumsurkunde

Das bringt uns zu dieser wichtigen Frage: Wem gehört die Erde rechtmässig? Ist es Satan, der derzeit als «Fürst ... in der Luft herrscht» (Eph 2,2)? Schliesslich nannte Jesus den Teufel «den Fürsten dieser Welt» (Joh 12,31). Paulus schrieb, er sei der «Gott dieser Weltzeit» (2Kor 4,4). Die Erde ist sein Herrschaftsbereich («Herrschaft der Finsternis») und das Reich seines Königreichs (Kol 1,13). Und es ist eine tief verwurzelte Herrschaft. Denn der Teufel regiert die Königreiche dieser Welt seit den ersten Kapiteln der Menschheitsgeschichte, als er zum ersten Mal versuchte, die Welt unter einem einzigen Führer zu vereinen (1Mo 11). Es sind diese irdischen Königreiche, die Satan Jesus während der Versuchung in der Wüste anbot (Mt 4,8-10). Und er durfte sie ihm rechtmässig anpreisen (Lk 4,6-8). Aber Christus lehnte das Angebot ab, da er wusste, dass diese Anbetung ihn als unseren sündenfreien Stellvertreter disqualifizieren würde.

Oder gehört die Welt dem Antichristen? Und ist es sein Schicksal, die Eigentumsurkunde zu besitzen? Oder gehört der Planet Gott, der Adam ursprünglich die Mitregentschaft zusprach, der sie wiederum durch Sünde verspielte? Fordert Jesus dieses Recht nun für sich selbst zurück – und für uns? Wir werden es bald herausfinden, denn als Nächstes verkündet ein starker Engel mit lauter Stimme: «Wer ist würdig, das Buch zu öffnen und seine Siegel zu brechen?» (Offb 5,2).

Wie wir mittlerweile wissen, ist nur der würdig, dem die Erde ihre Anbetung schuldet. Es muss jedoch eine bedeutungsvolle Pause in dieser Szene gegeben haben, da eine Suche beginnt und niemand für würdig befunden wird – weder im Himmel noch auf oder unter der Erde (die Toten). Unter den Lebenden und den Toten geht die Suche weiter. Erfolglos. Als Johannes dies erkennt, wird er von heftigen Gefühlen überwältigt und beginnt, «sehr zu weinen» (V. 4). Seine Flut von Gefühlen ist verständlich, sowohl für ihn persönlich als auch für die Zukunft der Menschheitsgeschichte. Er weint, weil aus seiner Sicht der Messias nach seinem Tod und seiner Auferstehung wieder in den Himmel aufgenommen wurde. Seitdem wurde «der Weg» (wie das Christentum damals genannt wurde) an den Rand gedrängt und seine Anhänger verspottet und verfolgt.

Im Jahr 70 n. Chr. wurde Jerusalem angegriffen und der Tempel zerstört, genau wie Jesus es in Matthäus 24,1-2 prophezeit hatte. Während also das erste Jahrhundert n. Chr. dem zweiten sozusagen entgegenraste, wurde Johannes Zeuge, wie ...

- Gläubige verfolgt und gemartert wurden.
- Jerusalem erobert wurde.

- der Tempel zerstört wurde.
- das jüdische Volk massakriert wurde.
- die Gemeinde kompromittiert wurde.
- die Welt unter der eisernen Faust Roms regiert wurde.

Auch Johannes wurde verhaftet und auf eine einsame, öde Insel (Patmos) verbannt. Er hatte allen Grund, verzweifelt zu sein. Was er nicht wusste – und auch nicht wissen konnte – war, dass die Juden nach der Belagerung seines geliebten Jerusalem im Jahr 70 n. Chr. für etwa 1900 Jahre in alle Nationen zerstreut sein würden! Aber wenn diese himmlische Schriftrolle nicht geöffnet wird, wird die Erde vermutlich auf ewig unter Satans Kontrolle bleiben. Das bedeutet, dass es keine Genugtuung für die gemarterten Gläubigen und keine Erlösung für Israel geben wird. Gottes prophetisches Wort wird sich nicht erfüllen. Seine Pläne werden vereitelt. Sein Königreich wird nicht kommen. Kurz gesagt, das Böse wird siegen. Hätte Johannes diese Vision der Offenbarung nicht erhalten, hätte der Titel seines letzten Buchs vielleicht besser geheissen: «Satan lebt und es geht ihm gut auf der Erde!»

Ruhmreiche Tage der Gottlosen

Sie empfinden bestimmt ähnlich, wenn Sie sehen, wie unsere Heimat und die ganze Welt immer mehr in die Verdorbenheit abrutschen. Schlechte, böse Regierungen und globale Eliten kommen an die Macht; Präsidenten und Minister regieren und treffen Entscheidungen, auf die selbst der Teufel stolz wäre. Es werden Gesetze erlassen, die Freiheiten einschränken und Volkswirtschaften zerstören. Es werden Verordnungen erlassen, welche die Sünde loben, feiern und schützen, die einst weltweite Zerstörung und den Zorn Gottes heraufbeschworen haben. Und mit Jeremia rufen wir aus: «Warum ist der Weg der Gottlosen so erfolgreich und bleiben alle, die treulos handeln, unangefochten?» (Jer 12,1). Ein ähnliches Gefühl wird in Hiob 21,7 wiedergegeben: «Warum leben denn die Gottlosen, werden alt, gross und stark?»

Diesem Klagechor schliesst sich der Psalmist an:

> «Ich aber – fast wäre ich gestrauchelt mit meinen Füssen, wie leicht hätte ich einen Fehltritt getan! Denn ich beneidete die Übermütigen, als ich das Wohlergehen der Gottlosen sah. Denn sie leiden keine Qual bis zu ihrem Tod, und ihr Leib ist wohlgenährt» (Ps 73,2-4).

Der Autor stellt die Frage, ob es sich überhaupt lohnt, den Weg der Tugend weiterzugehen, und hält fest: «Ganz umsonst habe ich mein Herz rein erhalten und meine Hände in Unschuld gewaschen» (V. 13).

Es gab eine Zeit in unserem Land, da uns sowohl die Regierung als auch die Gesellschaft wie zwei Wächter den Rücken freihielten. Grundlegende jüdisch-christliche Werte wurden zwar nicht immer praktiziert, aber dennoch als Goldstandard für Moral, Anstand und Verhalten hochgehalten. Die Ehe zwischen Mann und Frau war die Norm der Zivilisation für die gesamte Menschheitsgeschichte. Homosexualität wurde als abweichend, unmoralisch und widernatürlich angesehen. Gesellschaft und Medizin anerkannten zu Recht nur zwei Geschlechter. Regierungen und Schulen anerkannten Gott. Die Wissenschaft bezeugte allgemein, dass die Menschheit von Gott geschaffen wurde. Wir feierten die Sünde nicht auf den

Strassen und reservierten sogar einen ganzen Monat dafür und schwelgten in unverhohlenem «Stolz» darauf. Die Mehrheit der Amerikaner ging sonntags in die Kirche. Und wir töteten nicht Millionen unschuldiger, ungeborener Babys im Mutterbauch, ohne mit der Wimper zu zucken. Aber all das hat sich geändert. Das Blatt hat sich gewendet. Moral wurde neu definiert. Werte neu interpretiert. Wir befinden uns jetzt hinter dem Spiegel. Wir leben in einem surrealen Zustand. Gesetze verlangen jetzt die Anerkennung des Bösen und den Schutz des Verdorbenen und Abweichenden. *Liebe* ist nun, was immer Sie fühlen oder wollen. Wahrheit ist ein persönliches Konstrukt, kein absoluter und objektiver Massstab mehr.

Gott ist nicht mehr der Schöpfer, falls er überhaupt existiert. Alle Religionen führen in den «Himmel», falls es überhaupt einen solchen Ort gibt. Der Mensch lebt für das Vergnügen und zur Erhaltung des Planeten. Wir müssen jetzt Mutter Erde dienen und uns dem fiktiven Gott des «Klimawandels» beugen.

Gefühle überstimmen Fakten.

Was einst profan war, ist jetzt heilig. Das Böse ist gut. Das Gute ist böse.

Das Ich ist Gott.

Schurkeninstitutionen drängen aggressiv auf einen «globalen Neustart» (*global reset*) und entfesseln eine «vierte industrielle Revolution», in der die digitale Technologie mit dem menschlichen Körper und Geist verschmilzt. Diese Organisationen betreiben Lobbyarbeit, um die jüdisch-christlichen Werte durch Selbstverehrung und Verschmelzung aller Glaubensrichtungen zu ersetzen.

Die Zahl der Gottesdienstbesuche in Amerika ist auf dem niedrigsten Stand seit fast hundert Jahren.[2]

Die Zahl der Amerikaner, die sich als nicht heterosexuell identifizieren, hat sich seit 2012 verdoppelt.[3]

«Männer» können jetzt auf magische Weise zu «Frauen» werden, indem sie sich das einfach nur einbilden und als Steigerung davon sogar behaupten, Kinder bekommen zu können.

Man kann das Geschlecht wechseln, je nachdem, wie man sich gerade «fühlt».

Kinder und Teenager stellen sich heute vor, sie wären Tiere (insbesondere Felltiere wie Hund, Katze, Hase) und werden von ihren Schulkameraden und Freunden beklatscht.

Es ist offensichtlich, dass wir als Bibelgläubige nicht länger Heimvorteil haben. Unsere Zelte stehen ganz eindeutig im Lager des Feindes. Wir werden ausgegrenzt, dämonisiert und teilweise getötet, wie damals die ersten Christen und Johannes. Und wenn es nach Satan ginge, würden wir vom Planeten ausgerottet.

Als alle Hoffnung verloren schien

Wir leben in einer seltsamen Zeit. Einer Zeit gefährlicher Veränderungen. Wir erleben, wie sich ein neues dunkles Zeitalter bildet. Und alles deutet darauf hin, dass die Zeiten noch viel dunkler werden. Also fragen wir «Warum?» und «Gibt es Hoffnung?».

Der Apostel Johannes hat diese Verzweiflung auch gespürt. Er vergoss Tränen. Seine Seele litt, sogar im Himmel.

Und wenn man bedenkt, dass dies alles auf eine kleine Schriftrolle hinausläuft. Ein Dokument, das die Eigentumsurkunde für die Erde und die Zukunft aller Dinge darstellt.

Jetzt können wir vielleicht besser nachvollziehen, warum der alte Apostel so bitterlich weinte.

Aber warten Sie. Wie sich herausstellt, sind seine Tränen verfrüht. Und unnötig. Wie die Tränen der Witwe in Nain und derer, die um die Tochter des Synagogenvorstehers trauerten (Lk 7,13; 8,52). Oder wie wir landläufig sagen: «Die Geschichte ist noch nicht vorbei.»

Einer der 24 Ältesten, die wir zuvor als symbolische Vertreter der Gemeinde identifiziert haben, sagt zu Johannes, er solle nicht weinen. Denn: «Siehe, es hat überwunden der Löwe, der aus dem Stamm Juda ist, die Wurzel Davids, um das Buch zu öffnen und seine sieben Siegel zu brechen!» (Offb 5,5).

«Die Wurzel Davids» ist ein messianischer Titel (Jes 11,1). Sowohl Matthäus 1 als auch Lukas 3 offenbaren, dass Jesus aus der Blutslinie beider Eltern ein Nachkomme Davids ist (vgl. Röm 1,3). Und ein Grund, warum er fähig ist, das Buch zu öffnen und seine Siegel zu brechen, ist, dass er «überwunden» hat. Johannes verwendet hier das griechische Wort *nikao,* das «erobern, gewinnen oder siegreich sein» bedeutet (s. auch Offb 3,21). Auch die amerikanische Sportartikelfirma Nike («Sieg») beruft sich auf dieses Wort.

Aber was genau hat er überwunden? Laut der Heiligen Schrift ...

1. die Sünde (Röm 8,3)
2. den Tod (Hebr 2,14-15)
3. die Mächte der Hölle (Kol 2,15; 1Petr 3,19)

Jesu Sieg am Kreuz und das leere Grab verschafften ihm das Recht, die Schriftrolle zu nehmen und ihre sieben Siegel zu brechen. Und die gute Nachricht ist, dass auch wir durch ihn siegen können (Kol 2,13-14; 1Joh 5,5; Offb 2,7.17.26; 3,5.12.21).

An dieser Stelle blickt Johannes auf das Lamm (Offb 5,6). Dies ist der faszinierendste Anblick im Himmel. Denn Johannes sieht es zuerst als Löwen (V. 5) und erst dann als Lamm (V. 6). Das Wort für «Lamm» ist hier *arnion*, eine Verkleinerungsform von *arnos*, was «kleines Lamm» oder «Hauslamm» bedeutet (2Mo 12,3-6). In den ersten 26 Büchern des Neuen Testaments wird Jesus nur viermal als das Lamm bezeichnet (Joh 1,29.36; Apg 8,32; 1Petr 1,19). In der Offenbarung wird er jedoch 31-mal als das Lamm bezeichnet!

Christus als Lamm steht für sein erstes Kommen und bezieht sich auf das jüdische Passahfest, als er für unsere Sünden geopfert wurde (Joh 1,29; 1Joh 2,2). Und Christus als Löwe steht für sein zweites Kommen. Dies ist die einzige Stelle im Buch der Offenbarung, wo Jesus als Löwe bezeichnet wird und bereit ist, etwas zu unternehmen. Dann bemerkt Johannes etwas Einzigartiges an diesem Lamm: Es scheint geschlachtet worden zu sein. Das Wort (gr. *spadzo*) bezieht sich auf einen gewaltsamen und blutigen Tod. Das ist auch ein überzeugender Hinweis, dass Jesu Narben im Himmel noch sichtbar sind. Es erinnert uns ewig an das unglaubliche Opfer, das er für Sie und mich erbracht hat.

Christus wird als jemand beschrieben, der «sieben Hörner und sieben Augen» hat (Offb 5,6). Die Hörner stehen für vollkommene und absolute Vollmacht (1Kö 22,11; Sach 2,1). Die sieben Augen beziehen sich auf die sieben Geister Gottes. Wie wir bereits gelernt haben, symbolisieren diese den Heiligen Geist und seine siebenfache Herrlichkeit (Offb 1,4; 4,5). Wenn wir lesen, dass der Heilige Geist «über die ganze Erde» (Offb 5,6) ausgesandt wird, bestätigt dies, dass er weiterhin wirkt und Menschen während der Trübsalszeit ihrer Sünden überführt und ihnen Errettung bringt.

Ein Grund zur Anbetung

Das Drama geht weiter. Voller Zuversicht nimmt Jesus die Schriftrolle aus der rechten Hand des Vaters (Offb 5,7; s. auch Dan 7,13-14). Er bereitet sich nun darauf vor, das zurückzufordern, was ihm rechtmässig zusteht – Vollmacht und Herrschaft über die Königreiche der Welt. In diesem Moment bricht im Himmel ein Lobgesang aus. In Kapitel 4 haben wir zwei und in diesem Kapitel drei solcher Lobgesänge. Das zeigt uns, dass es im Himmel spontane Anbetung gibt. Hier jedoch dient es als ein weiterer düsterer Vorbote, der den Anfang vom Ende der Menschheit ankündigt. Um ein Volk und den ganzen Planeten für sich zurückzugewinnen, muss Christus zuerst die Erde vom Bösen reinigen. Und er wird das tun, indem er die Festungen des Feindes durch eine Reihe katastrophaler Gerichte systematisch zerstört. Der Zorn Gottes steht kurz bevor.

In Offenbarung 5,8 fallen die vier lebendigen Wesen und 24 Ältesten vor dem Lamm nieder. Zuvor haben wir gesehen, dass die Ältesten die Gemeinde repräsentieren, da sie weisse Gewänder und Kronen erhalten haben und anscheinend bereits am Richterstuhl gerichtet und belohnt wurden (2Kor 5,10; s. auch 1Kor 3,10-15). Noch einmal: Die Ältesten sind keine Engel, denn nirgendwo singen Engel Lieder der Erlösung. In den alttestamentlichen Visionen des Himmels von Jesaja, Hesekiel oder Daniel werden auch keine Ältesten erwähnt. Dies ist ein weiterer, überzeugender Beweis, dass die Ältesten im Buch der Offenbarung die Gemeinde repräsentieren, die Braut Christi, deren Ära in Apostelgeschichte 2 beginnt und mit der Entrückung endet (1Thess 4,13-18; 2Thess 2,6-7).

Das folgende Diagramm zeigt diese Tatsache:

Altes Testament Vision des Himmels	Offenbarung Vision des Himmels
Keine Ältesten	24 Älteste
Keine weissen Gewänder	Weisse Gewänder
Keine Kronen/Richterstuhl	Kronen/Richterstuhl
Keine Gemeinde	Gemeinde besteht

Zur Erinnerung: Wo ist die Gemeinde im Buch der Offenbarung?

Offenbarung 2–3 ⇢ auf der Erde
Offenbarung 4–5 ⇢ im Himmel
Offenbarung 19 ⇢ mit Jesu Rückkehr auf die Erde

Diese Ältesten halten Harfen. Im Alten Testament sind dies Symbole der Anbetung und der Prophetie (1Sam 10,5; 2Kö 3,15; 1Chr 25,1). Das sagt uns auch, dass der Himmel ein musikalischer Ort ist.

Die Ältesten beten den Sohn Gottes auf dieselbe Weise an, wie sie in Offenbarung 4,10 den Vater angebetet haben. Das ist ein weiterer Beweis dafür, dass Jesus Gott und dem Vater gleich ist. Sie halten auch goldene Schalen mit Räucherwerk (Weihrauch) und diese symbolisieren die Gebete der Heiligen. Weihrauch wird in der Heiligen Schrift auch an anderer Stelle mit Gebeten in Verbindung gebracht (Ps 141,2; Lk 1,9-10; Offb 8,3-4).

Beachten Sie bitte, dass Jesus die Siegel Gottes bricht und damit das apokalyptische Gerichtsprotokoll einleitet. Er gibt die Urteile frei, die in der Trübsalszeit stattfinden (Offb 6,1-2).

Dies ist sehr bedeutsam im Hinblick auf den Zeitpunkt der Entrückung. Wenn der Zorn Gottes mit dem Öffnen des ersten Siegels beginnt (Offb 6,1) und die Gemeinde vor diesen Gerichten entrückt wird (was eindeutig der Fall ist – 1Thess 1,10; 5,9; Offb 3,10), dann findet die Entrückung vor der Trübsal statt. Ich glaube also an eine Entrückung *vor* der Trübsal.

Christus allein ist würdig, die Schriftrolle entgegenzunehmen, weil er durch sein Werk der ganzen Welt Erlösung anbietet (1Thess 5,9) – Menschen aus allen

- Stämmen – Herkunft
- Sprachen – Sprachgruppen
- Völkern – Ethnien
- Nationen – Kulturen

Vielleicht verstehen wir jetzt ein wenig besser, was Paulus in Kolosser 1,16 meint, wenn er schreibt: «Denn in ihm ist alles erschaffen worden.» Das Lied, das die Ältesten im Himmel singen, ist ein Lied der Erlösung, Errettung und Herrschaft. Und es scheint, dass nur die Ältesten dieses Lied singen. Nirgends in der Bibel werden Engel als singend dargestellt, nachdem die Sünde in die Welt gekommen ist (Hi 38,7).[4] Wenn die Weihnachtsgeschichte aufmerksam gelesen würde, würden die Engel nämlich in den meisten Theaterstücken und Musicals differenziert dargestellt.

Dieses Erlösungslied offenbart, dass wir unter anderem zu «Königen und Priestern» gemacht werden (Offb 5,10; s. auch 1Petr 2,9). Dass wir Priester sind, wird auch in Offenbarung 1,6 und 20,6 erwähnt. Und an anderer Stelle im Neuen Testament wird uns gesagt, dass wir mit Christus herrschen werden (2Tim

2,12). Dies ist ein weiterer Grund, warum wir dem Lamm grosses Lob erweisen.

In Offenbarung 5,11 sagt Johannes: «Ich sah», ein Satz, der in diesem Kapitel viermal vorkommt und insgesamt 44-mal in der Offenbarung. Er sagt 27-mal «Ich hörte». Die Offenbarung ist wahrlich ein audiovisuelles Buch!

Die Szene, die Johannes als Nächstes beschreibt, ist in konzentrischen Kreisen dargestellt, mit dem Lamm in der Mitte, dann den lebendigen Wesen, den Ältesten und den Engeln. Deren Gesamtzahl ist unzählbar. Er verwendet den Ausdruck «Myriaden von Myriaden». Es ist der höchste Zahlenwert (10 000), den Johannes der griechischen Sprache entnehmen kann. Er multipliziert diese Zahl mit ihr selbst. Das ist ähnlich, als würden wir «eine unzählbare Menge» sagen!

Niemand weiss, wie viele heilige Engel Gott dienen, aber wir können leicht errechnen, dass es gegen eine Milliarde oder mehr sind. Und wie kommen wir auf diese Zahl?

Aus Offenbarung 9,16 wissen wir, dass 200 Millionen Dämonen (eine dämonische Kavallerie) die Menschheit während des sechsten Posaunengerichts plagen werden. Diese Zahl, zusammen mit den Dämonenheuschrecken (Offb 9,3 – fünftes Posaunengericht) sowie den Dämonen, die derzeit in Ketten gehalten werden (2Petr 2,4.9; Jud 6), und denen, die die Erdatmosphäre bevölkern, könnte die Gesamtzahl auf fast eine halbe Milliarde steigen. Wenn diese Zahl nun einem Drittel der Engel entspricht, die ursprünglich mit Satan fielen (Offb 12,4), kommt man gut und gerne auf über eine Milliarde «gutartiger» Engel. Da sich Engel mit Blitzgeschwindigkeit fortbewegen können und für sie keine physikalischen, atmosphärischen Beschränkungen gelten, heisst das auch, dass es genügend übernatürliche Engelwesen gibt, die Gottes Pläne auf der Erde ausführen können (Hes 1,14; Dan 9,21-22; Lk 1,19).

Und Jesus Christus verdient es, von allen angebetet zu werden.

Die grosse Schar von Engeln und erlösten Menschen rings um den Thron *sprechen* mit lauter Stimme (nicht singen): «Würdig ist das Lamm, das geschlachtet worden ist, zu empfangen Kraft und Reichtum und Weisheit und Stärke und Ehre und Ruhm und Lob!» (Offb 5,12).

Jesus Christus verdient wirklich diese Anbetung. Im Himmel gibt es keinen Lobpreis, der zu grossartig oder zu glanzvoll für ihn wäre. Die himmlische Anbetung ist nicht mechanisch, rituell oder zurückhaltend. Vielmehr ist sie laut Offenbarung 5,11-12 von ganzem Herzen und laut – der griechische Text bedeutet hier wörtlich «laute Stimme». In der Offenbarung ist diese Anbetung manchmal erhaben (Kap. 4,8.11), manchmal festlich (Kap. 11,15-16; 15,3-4; 19,1-5). Und sie ist sicherlich immer voller Emotionen.

Sie haben bestimmt auch schon eine Palette verschiedener Gefühle erlebt. Vielleicht in einer der folgenden Situationen:

- bei einem Fussballspiel, als Ihr Team in letzter Sekunde das Siegestor erzielte.
- an einer Hochzeit, als die Eheschliessung verkündet wurde.
- an einem Konzert, als Ihr Lieblingsmusiker die Bühne betrat.
- als Ihr erwachsener Sohn aus dem Militärdienst nach Hause kam.
- in der Klinik, als Ihr Sohn oder Ihre Tochter geboren wurde.

- bei einer Diplomfeier, als ebendieses «Baby» später sein Diplom erhielt.

Gott hat uns wunderbar gesegnet, indem wir Emotionen empfinden und erleben. Kein Gefühl oder Grad menschlicher Ausgelassenheit kommt auch nur annähernd an die Freude über unsere Errettung heran.

Deshalb schreibt Oswald Chambers: «Wenn wir ihn sehen, werden wir uns wundern, dass wir ihm jemals ungehorsam sein konnten.»[5]

In diesem Ausmass ist Jesus würdig. Glauben Sie mir!

Aber das Lob ist noch nicht zu Ende! Offenbarung 5,13 sagt uns weiter, dass die gesamte Schöpfung dann in den Jubel einstimmen wird. Das heisst, das gesamte Universum wird voller Ehrfurcht anbeten. Damit wird uns Folgendes klar gemacht:

- Anbetung ist kein passiver Zuschauersport. Im Himmel gibt es keine hinteren Reihen mit schläfrigen, abgelenkten Gläubigen. Vielmehr nimmt jeder aktiv teil. Im Himmel gibt es keine mangelnde Konzentration. Jeder ist in Staunen und Anbetung versunken.
- Wahre Anbetung kann nur stattfinden, wenn wir zuerst erkennen, wer Gott ist. Nicht Emotionen führen uns zur ehrlichen Anbetung, sondern die Wahrheit. Wir beten an, wie Jesus sagt, «im Geist und in der Wahrheit» (Joh 4,24). Gott umgeht nie unseren Verstand, um unser Herz zu erreichen. Gott kümmert sich zuerst um unser Denken und dann erst um unser Herz. Nur in dieser Reihenfolge reagieren unsere Gefühle richtig. Und so findet auch echte Anbetung statt.

- Alle Menschen, selbst die auf ewig verlorenen, werden eines Tages die unübertroffene Herrlichkeit und Majestät Jesu Christi anerkennen (Phil 2,9-11). Und seine Herrschaft wird «von Ewigkeit zu Ewigkeit» währen (Offb 5,13).

Während dieser Anbetung sagen die vier lebendigen Wesen immer wieder «Amen» (Offb 5,14). Übersetzt sagen sie: «Ja, so ist es.» Und auch die Ältesten fallen nieder und beten an. Sie sagen ihm immer wieder, wie grossartig, herrlich und würdig er ist. Sie sind einfach voller Ehrfurcht.

Den Kapiteln 4 und 5 können wir entnehmen, dass die Anbetung im Himmel nicht statisch oder stagnierend, sondern aktiv ist. In Offenbarung 4,4 sitzen die Ältesten. Dann in Vers 10 fallen sie vor ihm nieder. In Offenbarung 5,6 wird angedeutet, dass sie zu ihren Plätzen zurückkehren (oder vielleicht stehen), um zu feiern, als offenbart wird, dass Jesus «überwunden hat». Dass er qualifiziert ist, «das Buch zu öffnen und seine sieben Siegel zu brechen!» (V. 5). Und als er das Buch nimmt, fallen die Ältesten erneut nieder und halten eine Harfe und eine goldene Schale voll Räucherwerk (V. 8). Vielleicht erheben sie sich erneut, entweder in eine sitzende oder stehende Position, um «ein neues Lied» zu singen (V. 9-10). Sie bleiben in dieser Position bis Vers 14, wo sie ein drittes Mal niederfallen, um anzubeten.

Was mir hier auffällt, ist die freiwillige Unterwerfung und der innere Zwang, Gott anzubeten. Warum tun sie das?

1. Weil er der Christus ist. Er ist der Grund für alle Anbetung. Anbetung findet nur statt, wenn wir uns der biblischen Wahrheit über Gott stellen und uns in sie vertiefen.

2. Für das, was Christus getan hat. Je mehr wir die Tiefe unserer eigenen Verdorbenheit erkennen, desto grösser werden seine Gnade und seine Erlösung für uns sein. Gnade ist nur dann erstaunlich, wenn wir erkennen, wie wenig wir sie verdienen. Je mehr wir die Schwere unserer Sünde verstehen, desto mehr erkennen wir die Grösse seiner Gnade (Röm 5,20).
3. Für das, was Christus tun wird. Die biblische Prophetie enthüllt das Wesen und die Werke Gottes in einem zukünftigen Kontext. Und in diesem Kapitel entdecken wir, dass Christus
   - würdig ist, die Siegel zu brechen und das Buch zu öffnen (Offb 5). Das bedeutet, dass er für das verantwortlich ist, was in Offenbarung 6 bis 19 geschehen wird.
   - immer noch die körperlichen Narben von Golgatha trägt im Himmel – eine ewige Erinnerung an den Preis, den er bezahlt hat, um Sie und mich zu erlösen (Offb 5,6).
   - sicherstellen wird, dass seine Heiligen mit ihm auf Erden herrschen (Offb 5,10; 20,4).
   - von jedem Geschöpf angebetet werden wird (Offb 5,13).

Alles, was die Propheten vorhergesagt haben, und alles, was Gottes Kinder sich je über Christi Gerechtigkeit, Ruhm und Herrschaft ersehnt und dafür gebetet haben – *all dies* – wird wahr werden.

Andererseits wird auch alles, was eine sündige und rebellische Menschheit je gefürchtet hat – nämlich vor einem heiligen Gott für ihre Sünden zur Rechenschaft gezogen zu werden –, bald sehr real werden. Ihr schlimmster Albtraum wird bald zur bitteren Realität.

Das Lamm ist würdig, aber der Löwe kommt.

KAPITEL 7

DIE ERDE IN GEFAHR

Der Gott, der *zornig* ist

— OFFENBARUNG 6–18 —

Wenn die Offenbarung für irgendetwas berühmt ist, dann sicherlich für die darin beschriebenen Gerichte. Wir haben bereits gesehen, wie Jesus sogar seine eigene Braut zurechtweist, wenn es nötig ist. Aber in Offenbarung 6 richtet der Herr seine Aufmerksamkeit auf die Erde und die *Unerlösten*, die durchgehend als «die auf der Erde wohnen» bezeichnet werden (Offb 3,10; 6,10; 8,13; 11,10 (zweimal); 13,8.12.14 (zweimal); 14,6; 17,8).

Bedenken Sie, dass die Gemeinde bereits im Himmel ist, sie wurde entrückt. Gott versprach, sie werde «vor dem zukünftigen Zorn» bewahrt, weil sie nicht «zum Zorngericht bestimmt» ist (1Thess 1,10; 5,9). Er sagte, sie werde «vor der Stunde der Versuchung» bewahrt, jener Stunde, «die über den ganzen Erdkreis kommen wird» (Offb 3,10). Wenn der Heilige Geist, der Sünde und Böses zurückhält, nicht mässigend wirkt, bricht

Verdorbenheit noch stärker hervor und überschwemmt die Erde mit einem Tsunami der Sünde (2Thess 2,6-7). Da Gottes Volk nicht mehr da ist, können die rebellischen Menschen ungehindert ihren gottlosen Plänen nachgehen. Sie erkennen noch nicht, dass der Schöpfer (dessen Existenz sie verleugnen) dabei ist, seinen Zorn für die nächsten sieben Jahre über sie auszugiessen. Aber was genau bedeutet das? Und was bedeutet das Wort «Zorn» in der Bibel?

Die Bibel verwendet mindestens fünf verschiedene Ausdrücke, die den Zorn Gottes beschreiben.[1]

In diesem Kapitel konzentrieren wir uns auf seinen apokalyptischen Zorn. Allgemein kann Gottes Zorn als Ausdruck seines göttlichen Missfallens gegenüber der Sünde definiert werden. Er handelt gerecht in Bezug auf Sünde und Sünder. So wurde sein göttlicher Zorn beispielsweise am Kreuz über Jesus ausgegossen.[2] Während sechs leidvollen Stunden überschüttete der Vater seinen Sohn nicht nur mit einem ewig gerechten Zorn, sondern verliess ihn auch vorübergehend.[3] Warum? Weil der Lohn der Sünde der *Tod* oder die Trennung von Gott ist.[4]

Und warum sollten Christen Gottes Zorn verstehen? Dafür gibt es mehrere Gründe: (1) er ist eine Eigenschaft Gottes, (2) die Bibel spricht davon, (3) die Folge/Realität des Zorns ist ein gesundes Abschreckungsmittel gegen die Sünde und (4) die Wahrheit über das göttliche Gericht dient als Ruf zur Erlösung – eine Warnung, dem kommenden Zorn zu entfliehen.

Wenn Gott seinen apokalyptischen Zorn zum Ausdruck bringt, wird er sowohl die Menschheit als Ganzes als auch Einzelne richten. In diesem Zorn gibt Gott jene «Gefässe des Zorns ... die zum Verderben zugerichtet sind» (Röm 9,22) vollständig preis. Das sind die Milliarden Menschen, die bewusst und vorsätzlich die Grenze überschritten haben und durch ein gefährliches Tor ohne Rückkehr gegangen sind. Sie haben ihre Herzen immer wieder verhärtet und schliessen sich einer Liste von Verbrechern aus allen Zeiten an, darunter Pharao, Herodes und Judas.

Als Teil seiner Endzeit-Abrechnung wird Gott diesen Menschen «eine wirksame Kraft der Verführung senden, sodass sie der Lüge glauben, damit alle gerichtet werden, die der Wahrheit nicht geglaubt haben, sondern Wohlgefallen hatten an der Ungerechtigkeit» (2Thess 2,11-12). Das ist die Strafe dafür, dass sie «die Liebe zur Wahrheit nicht angenommen haben, durch die sie hätten gerettet werden können» (V. 10). In den letzten Tagen wird die ganze Welt in eine Dunkelheit gestürzt, wie man sie seit den Tagen Noahs nicht mehr gekannt hat (1Mo 6,5). Dennoch wird eine grosse Schar Menschen während der Trübsalszeit gerettet werden. Für die trotzigen Rebellen hingegen ist der Tag der Hoffnung vorbei. Sie werden sich der Dämonenanbetung und der Selbstbezogenheit völlig hingeben.

Aber dies ist nur die Hälfte der Geschichte.

Der apokalyptische Zorn, den Gott jetzt hemmungslos entfesselt, ist ein Ausbruch von Wut, wie ihn die Welt noch nie erlebt hat. Durch die Sintflut vernichtete Gott in einem einzigen globalen Ereignis alles, was atmete. Doch hier giesst er seinen Zorn über einen Zeitraum von sieben Jahren aus.

Die Offenbarung beschreibt die Endzeitgerichte in drei Serien mit jeweils sieben Gerichten: die Siegelgerichte, die Posaunengerichte und die Zornschalengerichte.

Wir wollen diese Reihe von Gerichten studieren, damit wir besser verstehen, was die Menschheit in den letzten Tagen erleben wird.

Johannes' Vision wechselt nun vom Himmel zurück auf die Erde. Das heisst von herrlichem und endlosem Lobpreis zu schrecklichem Zorn. Es ist für uns kaum möglich, das Ausmass und die Intensität seines Zorns zu begreifen. Seien Sie gewarnt: Es wird ein dunkles Kapitel sein, aber eines, das Gott in seiner Gerechtigkeit verherrlicht. Die «Stunde der Versuchung, die über den ganzen Erdkreis kommen wird», ist offiziell gekommen (Offb 3,10).

Die Siegelgerichte

Erstes Siegel: Der Reiter auf einem weissen Pferd – Frieden (Offb 6,1-2)

Als Erstes fällt uns in Offenbarung 6 auf, dass es *Jesus* ist, der die Siegel der Schriftrolle bricht – nicht der Mensch oder Satan. Das zeigt, dass Gottes Zorn mit dem ersten Siegelgericht beginnt und nicht in der Mitte der Trübsal oder zu einem späteren Zeitpunkt, wie manche meinen.

Wir können die Trübsalszeit als sieben Jahre göttlichen Zorns definieren, der über die Welt ausgegossen wird, bevor Jesus wiederkommt und Israel geistlich wiederhergestellt wird (Offb 6,1–19,21).

Als das Lamm das erste Siegel öffnet, sagt eines von den vier lebendigen Wesen (einer der Cherubim) mit donnernder Stimme: «Komm und sieh!» Und Johannes sah ein weisses Pferd und einen Reiter. Dieser Reiter hat einen Bogen und eine ihm verliehene Krone und zieht aus «als ein Sieger und um zu siegen». Ich glaube, das bezieht sich auf den Antichristen und seine Fähigkeit, die Welt in den Monaten nach der Entrückung zusammenzuführen. Dies wird ihm gelingen, indem er einen Bund mit Israel schliesst (Dan 9,27) und er für etwas sorgt, wonach sich die ganze Menschheit sehnt – «Frieden und Sicherheit» (1Thess 5,1-3).

Er wird dies friedlich und überzeugend tun und ohne einen Tropfen Blut zu vergiessen. Die Bibel sagt, er habe einen Bogen, aber von Pfeilen ist nicht die Rede. Er wird grosse politische Macht besitzen – das wissen wir, weil ihm eine Krone gegeben wird (Offb 6,2). Dieser Sachverhalt harmoniert perfekt mit Daniel 9,27 und dem Friedenspakt, den der Antichrist mit Israel schliessen wird. Und damit wird zugleich die 70. Woche Daniels (entspricht der siebenjährigen Trübsalszeit) offiziell eingeleitet. Die Drangsal beginnt nicht mit der Entrückung. Sondern der Friedensvertrag des Antichristen setzt die Uhr in Gang.

Während der ersten Hälfte der Trübsalszeit wird sich «der Mensch der Sünde» als Messias inszenieren, der von den Juden willkommen geheissen und von der Welt geliebt und gepriesen wird. Er könnte sofort den Friedensnobelpreis erhalten, weil er erreicht hat, was noch kein Politiker zuvor geschafft hat. Diese Tat wird wahrscheinlich ein Hauptkatalysator dafür sein, dass das jüdische Volk den Tempel wiederaufbauen kann. Die muslimische Kontrolle über den Tempelberg wird abrupt enden. Möglicherweise beschleunigt durch einen zuvor gescheiterten islamischen Angriff, bei welchem die islamischen Streitkräfte von Gott selbst auf übernatürliche Weise dezimiert werden (Hes 38–39). Dies wird oft auch als «der Krieg von Gog und Magog» bezeichnet.

Der als Held gefeierte Antichrist ist in Wirklichkeit jedoch ein herzloser Reiter.

Zweites Siegel: Der Reiter auf einem feuerroten Pferd – Krieg (Offb 6,3-4)

Der Reiter auf dem roten Pferd erhält die Macht, den Frieden von der Erde zu nehmen (d. h. Krieg zu führen). Dies wird die Gewalt widerspiegeln, die in den Tagen Noahs auf der Erde herrschte.[5] Die friedliche Welt des Antichristen wird nicht lange bestehen, da der zweite Reiter den dritten Weltkrieg entfachen wird. Und obwohl uns die Einzelheiten nicht bekannt sind, wird dieser Krieg so verheerend sein, dass er konzentrische Welleneffekte auslöst, die die gesamte Erde tangieren. Im Jahr 2022 sah die Welt, wie ein regionaler Konflikt – die russische Invasion in der Ukraine – viele Länder beeinflusste und drastische Konsequenzen für sie hatte, obwohl sie Tausende von Kilometern entfernt sind. Dieser Krieg wird exponentiell schlimmer sein.

Drittes Siegel: Der Reiter auf einem schwarzen Pferd – Hungersnot (Offb 6,5-6)

Wenn das Lamm das dritte Siegel öffnet, wird der dritte Reiter herbeigerufen. Er sitzt auf einem schwarzen Pferd und hält eine Waage. Der Antichrist und sein herbeigeführter Krieg werden die Welt in Hunger und Armut versenken. Durch den Krieg werden die Ernten vernichtet und notwendige Lagereinrichtungen zerstört, was zusätzlich zu Nahrungsmittelknappheit führt. Auch die Lieferketten werden Schaden nehmen, indem die Waren nicht ausgeliefert werden können. Eine Stimme, vermutlich die von Christus, offenbart Johannes das Ausmass dieser Verwüstung: «ein Mass Weizen für einen Denar, und drei Mass Gerste für einen Denar». Gerste wurde in früheren Zeiten als Futter für Tiere verwendet.

Ein Denar entsprach im ersten Jahrhundert einem Tagelohn (Mt 20,2). Ein Liter (Mass) Weizen entsprach ungefähr der nötigen Tagesration, um zu überleben. Diese kriegsbedingte Inflation (und möglicherweise in Kombination mit den Nachbeben der Entrückung) wird also die Lebensmittelpreise in die Höhe treiben!

Die Inflationsrate in Amerika lag im Februar 2022 bei 7,9 Prozent. In den ersten Monaten der Trübsalszeit wird sie das Hundertfache davon betragen!

In meiner Wohngegend stürmen die Menschen schon bei leichtem Schneeschauer in die Läden und decken sich mit Lebensmitteln und anderen Artikeln des täglichen Bedarfs ein, sodass die Regale sehr schnell leer sind. Man stelle sich nun das Chaos und die Panik vor, wenn die meisten Menschen nicht mehr genug Geld verdienen, um ihre Familien zu ernähren oder andere Grundbedürfnisse abzudecken.[6] Die knappen Lebensmittelvorräte werden nicht ausreichen, um die grosse Nachfrage zu bedienen, sodass die Preise in die Höhe schiessen. Die Stimme, die Johannes hört, schliesst mit den Worten: «... doch das Öl und den Wein schädige nicht!» – diese waren im ersten Jahrhundert Grundnahrungsmittel. Das deutet daraufhin, dass die Bevölkerung nur noch das Minimum zum Essen hat oder die Reichen verschont bleiben werden.

Viertes Siegel: Der Reiter auf einem fahlen Pferd – Hungersnot (Offb 6,8)

Dieses Pferd ist (asch)fahl oder blassgrün und ähnelt der Blässe einer verwesenden Leiche (gr. *chloros* = blass).[7]

Der Reiter auf diesem Pferd heisst Tod und wird von Hades (dem Ort der Toten) begleitet. Ihm wird die Macht verliehen,

25 Prozent der Erdbevölkerung zu töten. Wenn dies heute geschehen würde, entspräche dies etwa zwei Milliarden Menschen. Diese enorme Todesrate wird «mit dem Schwert und mit Hunger und mit Pest und durch die wilden Tiere der Erde» erreicht (V. 8).[8] Jesus prophezeite, dass es dann Hungersnöte und Seuchen geben werde (Lk 21,11). Obwohl Christus «die Schlüssel des Totenreiches und des Todes» hat (Offb 1,18), bevollmächtigt er hier diesen Reiter, die Aufgabe zu erfüllen.

Die vier Reiter stehen für Konsequenzen aus der Herrschaft des Antichristen. Und dies ist lediglich der Anfang der «Geburtswehen».[9]

Fünftes Siegel: Märtyrer (Offb 6,9-11)

Als Jesus das fünfte Siegel öffnet, sieht Johannes unter dem Altar die Seelen derer, die wegen ihres Glaubens ermordet wurden. Genauer gesagt werden sie wegen ihrer Treue zum Wort Gottes und ihres Zeugnisses für Jesus getötet (Offb 12,11). Diese Seelen schreien nach Gerechtigkeit. Sie sollen aber noch eine kurze Zeit auf den Überrest ihrer Geschwister warten, die auch als Märtyrer sterben werden.[10] Zu dieser Gruppe gehören diejenigen, die praktisch unmittelbar nach der Entrückung das Evangelium annehmen. Sie sind die «Zurückgelassenen», die ihren tragischen Fehler erkennen, während der Gnadenzeit nicht auf Jesus vertraut zu haben. Vielleicht werden sie durch eine Bibel, ein evangelistisches Buch, ein Video oder eine andere christliche Quelle erreicht. Oder vielleicht ist es die pure Angst vor dem weltweiten Chaos und dem Wissen, dass sie ihre Chance auf Erlösung vertan haben. Sodass sie letztlich voller Reue ihre Knie beugen.

Diese Gläubigen werden in der ersten Phase der Trübsalszeit ermordet, lange bevor der Antichrist sich selbst zu Gott erklärt und einen Amoklauf gegen die Juden und Christen startet. Warum dies geschieht, lesen wir in den letzten Versen von Offenbarung 6.[11] In den letzten Tagen der Trübsalszeit werden die Gläubigen *enthauptet* (Offb 20,4).

Sechstes Siegel: Kosmische Katastrophe (Offb 6,12-17)

Nachdem der Herr zuvor durch die vier Reiter gerichtet hat, übernimmt er ab hier die Regie. Obwohl es bereits Erdbeben gegeben hat, wird es nun zu einem massiven, globalen seismischen Ereignis kommen (Mt 24,7). Das wird Vulkanausbrüche auf globaler Ebene auslösen. Die dadurch in den Himmel geschleuderte Asche wird die Sonne verdunkeln und dem Mond einen blutroten Farbton verleihen.[12] Auch die Atmosphäre wird verändert. Asteroiden und Meteore werden in die Atmosphäre eindringen und mit der Erde kollidieren. Wegen des beispiellosen Erdbebens werden sich tektonische Platten verschieben. Die Erdoberfläche und vielleicht sogar die Kontinente werden neu ausgerichtet.

Gott wird buchstäblich den gesamten Planeten erschüttern, als wolle er fragen: «Habe ich jetzt eure Aufmerksamkeit?»

Das wird ein Klimawandel auf Steroiden sein, mit freundlicher Genehmigung von Jesus von Nazareth.

Und wie werden die Menschen reagieren?

Ob reich oder arm, ob König oder Sklave, sie werden Schutz suchen. Voller Angst werden sie sich in den Felsen verkriechen, statt im Felsen, der in Ewigkeit steht, Zuflucht zu suchen.[13] Sie werden die Berge anflehen, auf sie zu fallen, um sie vor «dem

Angesicht dessen, der auf dem Thron sitzt, und vor dem Zorn des Lammes» zu schützen (Offb 6,15-16). Keiner wird fragen, wer für diese Ereignisse verantwortlich ist. Gottes *Absicht* wird ihnen sogar bewusst sein.

Das angeborene Gottesbewusstsein wird erwachen und erkennen: «der grosse Tag seines Zorns ist gekommen, und wer kann bestehen?» (V. 17).[14] Zuvor lebten diese Menschen, als ob Gott nicht existierte (Mt 24,37). Aber nun ist plötzlich niemand mehr Atheist. Nach dem Gericht des sechsten Siegels wird der Atheismus nicht mehr existieren. Und der globale Terror wird die Bewohner der Erde erfassen.

Milliarden von Menschen werden erkennen, dass diese Gerichte von Gott kommen. Das offenbart eine ernüchternde Wahrheit: dass während der Trübsalszeit jeder «Gott erkennt» und bestätigt, was die Dämonen schon immer wussten (Jak 2,19). Dies unterstreicht die völlige Sinnlosigkeit des Atheismus. Denn alle, die Gottes Existenz leugnen, werden bei Beginn der Siegelgerichte ein böses Erwachen erleben und nur Sekunden nach ihrem Tod eine noch schlimmere Erfahrung machen. Denn jeder von ihnen wird die Existenz Gottes und des Lammes anerkennen, sowohl in diesem als auch im nächsten Leben.

Da die zurückhaltende Wirkung des Heiligen Geistes nicht mehr da sein wird (2Thess 2,6-7), wird die sündige menschliche Natur schliesslich in grossen Hass auf Gott ausbrechen. Da sie nicht selbst den Himmel angreifen können, ist es durchaus plausibel, dass sie ihre Wut und ihren Zorn an den neuen Gläubigen auslassen. Sie werden sie in den ersten Tagen und Monaten der Drangsal gnadenlos abschlachten. Dies könnte das Massenmärtyrertum der Heiligen in Offenbarung 6,9-11 erklären.

Zweifellos werden Faktenprüfer und Philosophen – zusammen mit religiösen Führern, Wissenschaftlern, Staatsoberhäuptern und Politikern – inmitten der weltweiten Panik ihre Meinung äussern.

Die Leute werden fragen: «Wie konnten so viele verschwinden? Wo sind sie? Was hat dieses Phänomen verursacht?»

Ich glaube, dass die Leute zunächst alle möglichen Erklärungen annehmen werden. Diese reichen von dämonischen Wahnvorstellungen, Gerüchten, Clickbaits bis zu Fake News. Aber ich denke, dass sie schon sehr bald danach wissen, dass es tatsächlich die Entrückung war. Und deshalb werden sie die neuen Heiligen so schnell wie möglich ermorden, bevor diese ihren Glauben weitergeben und sich ausbreiten können! Sobald sie identifiziert sind, werden sie gejagt und getötet. Sie werden zu Sündenböcken, zu Opferlämmern der Trübsalszeit. Und man könnte beinahe sagen, dass selbst Ungläubige in jenen Tagen an eine Entrückung vor der Trübsal glauben werden!

Die Posaunengerichte

Als das siebte Siegel (Offb 8,1) geöffnet wurde, herrschte im Himmel eine halbe Stunde lang Stille (wie die Stille vor der Urteilsverkündung im Gerichtssaal).

Johannes hat bisher viel Akustisches gehört, darunter Donner (Offb 4,5); Lobpreis (Offb 4,8); Engelsstimme (Offb 5,2); Lobgesänge (Offb 5,9-13) und eine grosse Schar von Heiligen, Engeln und Ältesten, die Gott preisen (Offb 7,9-13).

Nun herrschen also 30 Minuten Stille. Höchstwahrscheinlich um darüber nachzudenken, was bald geschehen wird – wie die Ruhe vor dem Sturm. Es wird eine ernüchternde halbe Stunde sein (Ps 76,8-9; Hab 2,20; Zef 1,7; 2,13).

Als Nächstes werden sieben Engeln sieben Posaunen gegeben (Offb 8,2). Es sind Engel, die vor Gott «standen». Diese Zeitform bedeutet, dass sie schon seit einiger Zeit dort sind. Einige Ausleger haben sie «Engel der Gegenwart» genannt, und Gabriel ist wahrscheinlich einer von ihnen (Lk 1,19). Andere Verse in der Heiligen Schrift beschreiben Engel auch als Helfer (Mt 13,39-41.47-50; 16,27; 25,31).

«Ein anderer Engel» steht mit einem goldenen Räucherfass am Altar (Offb 8,3). Ist dies Jesus in seiner Rolle als Priester? Ist es der Engel Jahwes (1Mo 16,7; 2Mo 3,2; 4Mo 22,22; Ri 2,1)? Wahrscheinlich nicht, da Jesus als das «Lamm» bezeichnet wird (Offb 6,1). Diesem Engel wird viel Räucherwerk gegeben, um es mit den Gebeten aller Heiligen auf dem goldenen Altar vor dem Thron darzubringen. Es ist derselbe Altar, den Jesaja (Kap. 6,6) und Hesekiel (Kap. 10,2) sahen. Im Alten Testament war der Altar dem Allerheiligsten am nächsten (2Mo 30,3-6). Hier ist er in der Nähe des Throns (der Gegenwart Gottes), und das Gebet «Wie lange, o Herr» aus Offenbarung 6,9-10 wird bald erhört werden.

Der Engel nimmt das Räucherfass, füllt es mit Feuer vom Altar und wirft es auf die Erde (Offb 8,4-5). Es wird als gewaltiger Feuerball wahrgenommen werden. Es folgen Donner und Blitze, begleitet von einem schweren Erdbeben. Dies ist das zweite Erdbeben, das in der Offenbarung erwähnt wird (das erste in Kap. 6,12).

Als Nächstes erscheinen sieben Engel, bereit, ihre Posaunen zu blasen (Offb 8,6).

Die erste Posaune: Ökologische Katastrophe – blutiger Hagel und Feuer (Offb 8,7)

Im Alten Testament wurden Posaunen verwendet, um Menschen zusammenzurufen (4Mo 10,2), Soldaten in den Krieg zu schicken (4Mo 10,9; 2Chr 13,14) sowie am ersten Tag des Monats und zu besonderen Anlässen. Doch hier lassen sie Hagel, Feuer und Blut vom Himmel auf die Erde fallen. Hagel und Feuer vermischt mit Blut wurden oft mit dem Gericht Gottes in Verbindung gebracht (1Mo 19,24; 2Mo 9,17-18; Hi 38,22-23; Ps 11,6; 105,32; Joe 2,30 – der Tag des Herrn). Die Ursache für den Hagel und das Feuer könnte das Erdbeben gewesen sein. Andere spekulieren, dass sich das «Feuer vermischt mit Blut» auf leuchtende (flammende) Lava beziehen könnte. Atmosphärische Störungen, ausgelöst durch Vulkanausbrüche, könnten auch heftige Gewitter mit Hagel hervorrufen. Dieses Blut könnte auch entstehen, weil Menschen und Tiere durch diese Vulkanausbrüche in den Himmel katapultiert werden. Die Folge? Ein Drittel der Erde wird versengt, darunter ein Drittel aller Bäume (s. Offb 7,2-3). Und *alles* grüne Gras wird verbrannt («grünes Gras» bedeutet das grüne Gras, das zur Zeit dieses Gerichts wächst – beachten Sie Offb 9,4, wo Dämonen nicht erlaubt ist, das Gras zu schädigen).[15]

Das Feuer dieses Gerichts wird zudem katastrophale Waldbrände verursachen. Ja, die ganze Vegetation sowie die Wildtiere werden leiden. Es wird eine globale Katastrophe sein. Dies wird ein anderer «Tag der Erde» in Gottes Kalender sein. Die Erde wird teilweise versengt und zerstört werden.

Die zweite Posaune: Ein brennender Berg stürzt ins Meer (Offb 8,8-9)

Johannes schreibt «wie» ein brennender Berg, also bezieht er sich wahrscheinlich auf einen Asteroiden oder einen riesigen Meteoriten. Die Folge? Ein wahrhaftiges Weltuntergangsszenario.

Ein Drittel des Meeres wird zu Blut. Etwa die Hälfte des Sauerstoffs der Atmosphäre stammt aus dem Meer, aus Mikroalgen, dem sogenannten Phytoplankton, sowie aus Regenwasser. Dieses Regenwasser entsteht unter anderem auch durch die Verdunstung von Meerwasser. Da die Meere durch diesen brennenden Berg verunreinigt werden, wird die Sauerstoffversorgung der Erde beeinträchtigt. Ein Drittel der Lebewesen im Meer wird sterben. Dies könnte teilweise erklären, warum das Meer wie Blut aussieht. Der Rauch von Vulkanausbrüchen wird der Sonne einen rötlichen Farbton verleihen, was wiederum den rötlichen Schimmer auf allen Gewässern verstärken könnte. Ein Drittel der Schiffe weltweit wird zerstört. Sie werden wahrscheinlich von massiven Tsunamis versenkt, die durch den brennenden, ins Meer stürzenden Berg ausgelöst werden.

Laut marinetraffic.com gibt es weltweit 172 277 legal registrierte Schiffe, die länger als 20 m sind. Ein Drittel davon wird zerstört, das entspricht somit 57 000 grossen Schiffen. Dadurch werden Handel und Transport zerstört, was den Zusammenbruch der Weltwirtschaft zur Folge hat.

Die dritte Posaune: Die Süsswasservorräte der Erde werden verseucht (Offb 8,10-11)

Ein grosser Stern namens Wermut wird vom Himmel fallen, brennend wie eine Fackel, und ein Drittel der Flüsse und ein

Drittel der Wasserquellen tangieren. Diese Wasser werden zu «Wermut». Viele Menschen werden sterben, weil das Wasser bitter geworden ist. Das Wort «Wermut» wird nur im Neuen Testament verwendet; es bezieht sich auf eine Pflanze, deren Blätter zur Herstellung von Absinth verwendet werden.[16]

Aber hier in der Offenbarung ist es tödlich.

Dass diese katastrophalen Ereignisse in Dritteln auftreten, ist ein Beweis dafür, dass sie göttlichen Ursprungs und eben nicht nur zufällige meteorologische Erscheinungen sind.

Eine weitere Konsequenz dieses Gerichts ist, dass wiederum viele Menschen sterben werden. Denken Sie daran, dass zu diesem Zeitpunkt in vielen Teilen der Welt die Menschen nach wie vor hungern (Offb 6,8-9).

Und wenn die Seen, Flüsse, Brunnen und Quellen vergiftet sind, werden die Hungerraten nochmals dramatisch ansteigen.

All dies lässt die Frage aufkommen, ob die Menschen dann um sauberes, unverschmutztes Wasser kämpfen und sich gegenseitig umbringen werden.

Die vierte Posaune: Das Licht des Himmels verfinstert sich (Offb 8,12-13)

Bei diesem Gericht wird ein Drittel des Lichts auf der Erde «geschlagen». Je ein Drittel der Sonne, des Mondes und der Sterne wird verdunkelt. Gott wird einen «planetaren Stromausfall» verursachen, als wolle er verkünden: «Ich bin es, der das Licht, die Meere und die Vegetation kontrolliert.»

Das reduzierte Licht auf Erden könnte auf eine partielle Sonnenfinsternis oder eine andere göttliche Methode zur Verdunkelung hinweisen. Wie dem auch sei, wir wissen, dass es nur vorübergehend ist, denn später in Offenbarung 16,8-9, wird

Gott die Sonne miteinbeziehen, indem sie grosse Hitze verursacht und die Menschen mit Feuer versengt. Wenn jedoch die Lichter des Himmels verdunkelt sind, wird es weniger warm sein und wahrscheinlich zu einem drastischen Temperaturabfall führen. Die Wettermuster der Welt werden gestört sein, und es wird zu heftigen Stürmen und unregelmässigen Gezeiten führen. Ernten werden ausfallen und viele Menschen werden sicherlich sterben.[17]

Als Nächstes wird ein Adler, wahrscheinlich ein Engel (vgl. Offb 4,7), erscheinen, der mitten im Himmel fliegt und mit lauter Stimme verkündet: «Wehe, wehe, wehe denen, die auf der Erde wohnen, wegen der übrigen Posaunenstösse der drei Engel, die noch in die Posaune stossen sollen!» (Offb 8,13). Er ruft dreimal wehe – je eines für die drei verbleibenden Posaunengerichte. Das Wort «wehe» steht für Trauer, Verurteilung, Gericht oder längst überfällige Strafe (Mt 11,21; es erscheint auch achtmal in Mt 23, in V. 13-16.23.25.27.29). Die Formulierung «die auf der Erde wohnen» bezieht sich auf diejenigen, die das Evangelium ablehnen (Offb 3,10; 6,10; 8,13; 11,10 (zweimal); 13,8.12.14 (zweimal); 14,6; 17,8; und s. auch Kap. 13,3.7.16). Diese Milliarden Menschen werden «geprüft» (dem Gericht ausgesetzt), teilweise um Gottes spätere Verurteilung zu rechtfertigen, da nicht eine einzige Person in dieser riesigen Menge bereuen wird (s. Offb 6,15-17; 9,20-21; 16,9.11.21).

Offenbarung 8 liefert einen Hauptgrund, warum die Menschheit die Erde nicht anbeten sollte: weil «Mutter Erde» einen Vater *und* Schöpfer hat. Und dieser wird unvorstellbare ökologische Umwälzungen über sie bringen. Die gesamte Klimabewegung wird zu diesem Zeitpunkt zum Stillstand gekommen oder, noch wahrscheinlicher, vergessen sein – hauptsächlich, weil die Menschen Gottes Urteile nicht aufhalten können. Gott wird einen weiteren, einen der grössten Götzen der Menschheit zerstören: die Schöpfung selbst. Und weil er die Erde erschaffen und sie durch sein Wort ins Leben gerufen hat, kann er mit ihr machen, was er will (1Mo 1,1; Ps 24,1; 115,3).

Die fünfte Posaune: Fliegende Heuschrecken (Offb 9,1-12)

Beim ersten «wehe» nimmt ein «Stern», in diesem Fall ein gefallener Engel, einen Schlüssel und öffnet damit den «Schlund des Abgrunds», wo abscheuliche dämonische Kreaturen leben.[18]

Dieser «Stern» ist kein lebloser Himmelskörper, sondern vielmehr personifiziert (s. «der» und «ihm» in den Versen 1-2 und 1Mo 6,2; Hi 1,6; 2,1; 38,7, wo «Sterne» die «Söhne Gottes» sind).

Aber wer könnte dieser «Stern» sein? Möglicherweise Satan (Jes 14,12-15).

Ihm wird ein Schlüssel gegeben, der den «Schlund des Abgrunds» oder die Wohnstätte der Dämonen öffnet – ein Ort der Bestrafung für besonders böse, gefallene Engel (Lk 8,31; 2Petr 2,4; Jud 6-7). Wir sehen, dass diese Grube in der Offenbarung siebenmal erwähnt wird (Kap. 9,1.2,11; 11,7; 17,8; 20,1.3). In Lukas 8,28 flehen die Dämonen Jesus an, sie nicht in den «Abgrund» zu schicken, wo sie gequält würden.[19]

Nach dem Sündenfall versprach Gott, eine Frau würde den Erlöser zur Welt bringen, der Satan vernichten und die Menschen aus dessen Macht befreien würde (1Mo 3,15). Satan konterte, indem er Dämonen schickte, die mit sterblichen Frauen zusammenlebten und versuchten, eine gemischte, dämonisch-menschliche Art von Menschen zu erschaffen, für die Gott keine Sühne leisten konnte (1Mo 6,1-4). Vermutlich nahmen eine grosse Zahl von Dämonen und Frauen an dieser satanischen, sexuellen Aktivität teil. Offensichtlich war es Satans Plan, dies weltweit zu verbreiten. Diese gemischte Art Mensch wäre nach einem dämonischen und nicht nach einem göttlichen Bild geschaffen worden.

Sie waren erfolglos.

Möglicherweise gehören zu den Dämonen in Offenbarung 9 auch jene, die in den Tagen Noahs mit sterblichen Frauen zusammenlebten, was Gott dazu veranlasste, sie über fünftausend Jahre lang in Ketten zu halten.[20]

Als Nächstes steigt Rauch aus dem Abgrund auf und verdunkelt den Himmel (Offb 9,2-3) – abscheuliche Kreaturen erscheinen. Sie werden als Heuschrecken mit Stachelschwänzen wie Skorpione beschrieben (Offb 9,5.10). Und weil sie fliegen, sind sie auch schnell. *Fünf Monate lang* (die normale Lebensspanne von Heuschrecken) können und dürfen sie die Menschheit quälen (aber nicht töten). Wer jedoch Gottes Siegel auf der Stirn trägt, wird von den Stichen geschützt sein (2Tim 2,19; Offb 3,12; 22,4).

Der Angriff dieser dämonischen Heuschrecken wird mit dem schmerzhaften Stich eines Skorpions verglichen. Johannes verwendet das Wort «wie» zehnmal in diesem Abschnitt. Er stellt sie als zum Kampf gerüstete Pferde dar, mit Menschengesichtern und goldenen, kronenartigen Kopfbedeckungen, die vielleicht ihre Intelligenz und ihren Siegeswillen darstellen sollen. Sie haben Löwenzähne und langes Haar (sowohl abscheulich als auch verführerisch). Ihre Brustpanzer sind wie Eisen und bieten Schutz, und das kollektive Schwirren ihrer Flügel ähnelt dem von Pferden oder Streitwagen, die in die Schlacht ziehen. Und sie sind erfüllt von Wut und Hass auf Gott und die Menschen, die er nach seinem Ebenbild geschaffen hat. Es gefällt ihnen, die Menschen zu quälen. Denn das würden Dämonen jedem antun, wenn man sie denn liesse. Diese «Skorpione» sind in einem regelrechten Folterrausch. Der körperliche Schmerz und der psychische Horror, den sie verursachen, werden so schrecklich sein, dass die Menschen darum betteln werden, sterben zu dürfen. Sie werden es aber nicht können.[21] Sie werden einen Vorgeschmack der Hölle erleben, da ihnen weder Selbstmord noch Erleichterung gewährt wird (und bedenken Sie, dass diesen Menschen fünf Monate Zeit gegeben wird, um Busse zu tun!).

Ein König namens «Engel des Abgrunds» wird diese Dämonen anführen. Auf Hebräisch heisst er *Abaddon* und im Griechischen *Apollyon*. Nur an dieser Stelle in der Heiligen Schrift kommen diese beiden Namen vor. Er ist wahrscheinlich ein hochrangiger Unterengel. Dies sollte doch Grund genug sein, alles zu tun, dass Sie bei der Entrückung nicht zurückgelassen werden. Und bedenken Sie – es ist erst das erste «wehe».

Die sechste Posaune: Eine dämonische Kavallerie von 200 Millionen (Offb 9,13-21)

Nun hört Johannes eine Stimme vom goldenen Altar her, der vor Gott steht. Diese Stimme befiehlt dem sechsten Engel, die vier Dämonen freizulassen, die am Euphrat gebunden sind. Sünde, Mord, Babel und Globalismus sind auf dieses Gebiet zurückzuführen.[22] Es könnten die Dämonen sein, die Babylon, Medo-Persien, Griechenland und Rom kontrollierten (Dan 10,13 – «Fürst des Königreichs Persien»). Die vier gefallenen Engel waren «bereit», so wie der Fisch «bestimmt» war, Jona zu verschlucken (Jon 2,1). Das erinnert uns daran, dass Gott auch Macht über die Dämonen und die Natur hat.

Diese vier Dämonen wurden speziell für diesen Tag gefangen gehalten, um genau dann auf die Erde losgelassen zu werden.[23] Unser Gott ist so allmächtig, dass er sogar Dämonen benutzt, um seine gerechten Ziele zu erreichen. Ihr Auftrag? Ein weiteres Drittel der Menschheit zu töten (zu diesem Zeitpunkt endet «der fünfmonatige Urlaub des Todes»). Nun wird etwas mehr als die Hälfte der Erdbevölkerung vernichtet sein![24] Stellen Sie sich vor, Sie müssten mehr als vier Milliarden Leichen entsorgen! Denken Sie an den Gestank, die Krankheiten, die Trauer und die Qual.

Johannes schreibt, dass diese vier widerlichen dämonischen «Generäle» zusammenkommen werden, um eine 200 Millionen Mann starke Armee anzuführen. Ja, Sie haben richtig gelesen: 200 Millionen. Johannes bekräftigt diese Tatsache, indem er schreibt, er habe die Zahl tatsächlich mit eigenen Ohren «gehört» (Offb 9,16). Bibellehrer haben unterschiedlich interpretiert, wer diese Armee sei. Viele sagen, es sei das chinesische Militär gemeint, da China jahrzehntelang damit geprahlt hatte, eine so grosse Streitmacht aufstellen zu können. Obwohl uns Offenbarung 6 sagt, dass Gott menschliche Armeen eingesetzt hat, um seine Ziele zu erreichen, scheinen dies keine gewöhnlichen Pferde und Reiter zu sein, da sie mit Dämonen in Verbindung gebracht werden. Die berittene Kavallerie trägt hier eine übernatürliche feurige, violette und schwefelgelbe Rüstung (Panzer) (Offb 9,17-18).[25] Und die feuerspeienden Pferde haben Schwänze wie Schlangen und Köpfe «und auch mit diesen fügen sie Schaden zu» (Offb 9,19).

Aber wie genau töten diese vier Armeen die Menschen? Vers 18 sagt uns durch:

- Feuer – die Menschen verbrennen.
- Rauch – ihre Opfer ersticken.

- Schwefel – dies ist ein schwefelhaltiger, brennender Stein (s. 1Mo 19,24; Lk 17,29). Dies ist auch ein Vorgeschmack auf den Feuersee (Offb 14,10; 19,20; 20,10; 21,8).[26]

Dieses Gericht wird das schlimmste seit der Sintflut sein.

Was ist mit denen, die die Angriffe dieser dämonischen Reiter überleben? Es ist kaum nachvollziehbar, aber diese Menschen werden nicht bereuen (Offb 9,20-21). Ja, selbst wenn sie mit wiederholten Gerichten Gottes konfrontiert werden. Das zeigt klar, wie böse das menschliche Herz ist.[27] Das erinnert an Pharao, nicht wahr! Obwohl die Hälfte der Erde zerstört sein wird, werden die Menschen immer noch nicht erkennen, dass sie Vergebung und Erlösung brauchen. Stattdessen werden sie ihr Herz verhärten und weiterhin «Dämonen anbeten», leblose, stumme Götzen aus Gold, Silber, Erz, Stein und Holz (V. 20).

Die Verehrung von menschgemachten Götzen wird oft mit Dämonenanbetung in Verbindung gebracht.[28] Das unterstreicht die Tatsache, dass wir von Natur aus Anbeter sind. Wir können einfach nicht anders. Wir streben unwiderstehlich nach dem, was uns ein Gefühl von Bedeutung, Identität, Liebe oder Trost gibt. Und ein verfinstertes, verhärtetes, gottloses Herz wird alles daransetzen, es zu erreichen. Deshalb lautete Gottes erstes Gebot unter Moses Führung: «Du sollst keine anderen Götter neben mir haben!», unmittelbar gefolgt von «Du sollst dir kein Bildnis ... machen ... Bete sie nicht an und diene ihnen nicht!» (2Mo 20,3-5).

Trotz ausgereifter Technologie und hohem Wissensstand sind wir machtlos und unfähig, unsere angeborene Sünde und unsere Gottlosigkeit zu überwinden. In der Endzeit wird die Menschheit ihr antikes Gegenstück nicht hinter sich gelassen haben. Ob wir vor 4000 Jahren in einem Wüstenzelt lebten oder heute in einem Hochhaus, der Mensch hat sich nicht oder kaum verändert. Damals wie heute widersetzen wir uns ganz natürlich Gott und geben uns der Dunkelheit hin.[29] Obwohl manche Menschen während der Trübsalszeit zunächst eine beachtliche Religiosität zeigen werden, wird die Anbetung dämonischer Wesen weiter stark zunehmen. Die Treue zu diesen Dämonen wird visuell durch gemeisselte oder geschnitzte Bilder aus Stein, Holz und Edelmetallen dargestellt.

Da der Heilige Geist während dieser Zeit nicht wirkt, werden die Dämonen ein leichtes Spiel haben. Sie werden ihren Einfluss ungehindert entfalten können, weil die Braut Christi entrückt sein wird. Infolgedessen wird die dämonische Unterdrückung der Menschen exponentiell zunehmen. Es ist ironisch, dass die verbleibenden Erdbewohner genau die Dämonen anbeten werden, die ihnen Schmerz und Leid bringen. Das ist die Täuschung der Sünde, des Satans und des menschlichen Herzens. Und es ist die ultimative Form der Sklaverei. Kurz gesagt, Sünde macht die Menschen dumm (Röm 1,21-22).

Offenbarung 9 endet mit der Aussage, dass die Menschheit sich hartnäckig weigern wird, ihre Sünden zu bereuen – darunter sind Mord, Zauberei, Unmoral und Diebstahl (Offb 9,21). In einer absolut verrückt gewordenen Welt greifen Männer und Frauen verzweifelt nach allem, was ihnen Überleben oder Befriedigung verspricht:

1. *Mord* – Während der Trübsal wird die Mordrate in die Höhe schnellen, da grosses Chaos herrscht.
2. *Zauberei* – Das hier mit «Zauberei» übersetzte Wort geht auf das griechische Wort *pharmakon* zurück und kann sich auf alles beziehen von Giften, Drogen, Amuletten,

Zaubersprüchen und Hexerei bis hin zu jedem beliebigen Zaubergegenstand.[30] Drogen wurden in der Zauberei des ersten Jahrhunderts vielfach eingesetzt, um Trancezustände herbeizuführen, um dadurch Kontakt mit verstorbenen oder dämonischen Geistern aufzunehmen. Diese Praxis wird in den letzten Tagen weit verbreitet sein.[31] Es ist damit zu rechnen, dass der Drogenkonsum weiter zunehmen und legal werden wird. Und im Aufruhr und Wahnsinn jener kommenden Zeit wird er epidemische Ausmasse annehmen. Die Menschen werden versuchen, in einen veritablen Drogenbunker zu fliehen, um sich vor der Welt zu schützen. Sie werden sich in einen abgeschiedenen, halluzinogenen, geisttötenden Nebel zurückziehen.

3. *Unmoral* – Die Menschen werden völlig ungehemmt der Unmoral frönen, so wie sie es in Noahs Tagen und in Sodom und Gomorrha taten.[32] Homoehen, Transsexualität und Polyamorie werden zunehmen. Manche drängen jetzt schon darauf, Pädophilie zu entkriminalisieren und solche Täter in «Personen mit Neigung zu Kindern» umzuklassifizieren.[33] Bereits heute werden offiziell sexuelle Tabus aufgehoben. Abscheuliche Sünden werden nun als Störungen eingestuft. Unnatürliche sexuelle Orientierungen werden akzeptiert, unterstützt, geschützt, gefeiert und sogar geehrt. All dies bereitet die Bühne auf die völlige Dekadenz in der Endzeit vor.[34]
4. *Diebstahl* – Während der Trübsalszeit wird die Kriminalität beispiellose Ausmasse annehmen. Die Gesetzlosigkeit wird grassieren. Plünderungen und andere Straftaten werden die heutigen gewalttätigen Unruhen und Krimi-

nalitätsraten wie einen Sonntagsausflug erscheinen lassen. Anarchie wird die Erde erfüllen und kein Haus und kein Mensch wird sicher sein. «Was dein ist, ist mein!» wird das neue Mantra der Strasse werden.

Dämonenanbetung. Götzendienst. Mord. Zauberei. Unmoral. Diebstahl. Das ist die moralische «Wettervorhersage» für die Menschheit. Sie werden diese Sünden begehen, um sich zu schützen und zu überleben. Und sie werden sich gleichzeitig weigern, Busse zu tun. Sie werden einen gewalttätigen Geist des Hasses gegen Gott gebären – wir werden in den folgenden Kapiteln noch mehr davon lesen.[35] Das ist die trügerische Gefahr, ein hartes Herz gegenüber Gott zu hegen.[36]

Bevor wir zur letzten Gerichtsserie übergehen, fassen wir zusammen, dass

- die Menschheit nicht besser werden wird – im Gegenteil: sie wird nach der Entrückung noch viel verdorbener (Jer 17,9; 2Thess 2,10-12; Offb 16,10-11).
- Gottes Gerichtsurteile im Verlauf der Drangsal immer heftiger und intensiver werden.
- Gott sogar Dämonen und das Böse nutzen wird, um seine Ziele zu erreichen.

Die siebte Posaune: Umfasst auch die Zornschalengerichte (Offb 11,15-19)

Dieses letzte Posaunengericht umfasst auch die sieben Zornschalen. Beide werden als Vollstreckung des göttlichen Zorns dargestellt (Offb 11,15-17; 16,17). Weil die siebte Posaune und die sieben Zornschalen den Zorn Gottes zusammen vollenden, müssen die Schalen Teil des siebten Posaunengerichts sein.

Das markiert auch das Ende des Zwischenspiels, das von Offenbarung 10,1 bis 11,14 dauert.

Darüber hinaus leitet die siebte Posaune das dritte «wehe» ein (das erste sind die Dämonenheuschrecken in Kap. 8,13 und 9,3-12; das zweite ist die Armee von 200 Millionen Dämonen in Kap. 9,13-21; 11,14; und das dritte umfasst alle sieben Zornschalen).

Wir müssen beachten, dass die siebte Posaune nicht der «letzten Posaune» in 1. Korinther 15,52 entspricht.[37]

Die mit der siebten Posaune verbundenen Gerichte werden erst in Kapitel 15 beschrieben. In den Kapiteln 12 bis 14 werden weitere Ereignisse aufgeführt beziehungsweise weitere Details über die Trübsalszeit gegeben, einschliesslich Einzelheiten über den Antichristen.

Während der Trübsal wird Gottes Zorn kommen, «dass du die verdirbst, welche die Erde verderben!» (Offb 11,18). Das ist ein Wortspiel, wobei dasselbe Wort («verderben») wortwörtlich «zerstören», aber auch «verderben» bedeuten kann. Gott sagt, dass er diejenigen vernichten wird, die die Erde mit ihrer Unzucht verdorben haben (s. Offb 19,2). Denn Gott bestraft die Menschheit nicht dafür, dass sie die Erde mit Emissionen fossiler Brennstoffe oder anderen Umweltvergehen verschmutzt. Es ist vielmehr eine Vergeltung für diejenigen, die seine Schöpfung mit ihrer *Sünde* befleckt haben.

Die sieben Zornschalen (Offb 16,1-21)

Diese letzte Serie von Gerichten wird während der letzten dreieinhalb Jahre der Trübsalszeit stattfinden. Sieben besondere Engel werden gerufen, um die schlimmsten Gerichte zu verhängen.

Die erste Zornschale – schmerzhaftes Geschwür (Offb 16,2)

Dieses Gericht ist für jene Menschen bestimmt, die «das Malzeichen des Tieres» angenommen haben (Offb 16,2; 19,20). Denn sie haben nicht an Jesus Christus als Erlöser geglaubt. Sobald sie das Malzeichen annehmen, ist ihr Schicksal für immer besiegelt (Offb 14,9-11). Deshalb können wir mit Sicherheit sagen, dass dieses Gericht während der zweiten Hälfte der Trübsalszeit stattfinden wird. Es kommt, wenn der Gräuel der Verwüstung auftritt (Dan 9,27; Mt 24,15; 2Thess 2,3-4; Offb 13,3-18). Dieses Geschwür wird als «böse und schmerzhaft» beschrieben (Offb 16,2). Es wird nicht nur schmerzhaft, sondern auch unheilbar sein. Das Wort «Wunde» kommt vom griechischen Ausdruck *kelkos*, was ins Lateinische übersetzt den deutschen Begriff «Geschwür» ergibt.[38]

Manche sind der Meinung, dass diese Wunden eine Strahlenvergiftung aufgrund einer nuklearen Detonation darstellen (s. Offb 8,7). Wahrscheinlicher ist jedoch, dass sie die Auswirkungen eines übernatürlichen Gerichts sind (Offb 14,9-11).

Die zweite Zornschale – verseuchte Meere (Offb 16,3)

Der zweite Engel wird seine Schale in die Meere giessen, die zu «Blut wie von einem Toten» werden (V. 3). Alles Leben darin wird sterben. Der entsprechende Gestank wird unvorstellbar sein. Denn multipliziert man das mit Milliarden von Lebewesen, kann man erahnen, dass dieser Gestank unerträglich sein wird (wer schon einmal einen toten Fisch oder eine tote Ratte gerochen hat, kann sich das ungefähr vorstellen). Dieses Gericht gleicht dem zweiten Posaunengericht (Kap. 8,8-9), wenn ein Drittel des Meeres zu Blut wird und ein Drittel der Lebewesen stirbt. Es ist auch der ersten der zehn Plagen ähnlich, die das alte Ägypten heimsuchten.

Der faulige Geruch wird zweifellos alle Küstengebiete durchdringen und vom Wind ins Landesinnere getragen werden.

Die dritte Zornschale – Flüsse und Wasserquellen werden zu Blut (Offb 16,4)

Nahezu alles Trinkwasser wird verunreinigt sein. Mit dem zweiten Zornschalengericht zusammen wird dies zum schlimmsten Albtraum eines Umweltschützers beitragen. Die Süsswasserversorgung wird zu diesem Zeitpunkt bereits kritisch niedrig sein (Offb 8,10-11), da beim dritten Posaunengericht ein Drittel des Wassers in den weltweiten Flüssen giftig wird. Und nach dieser dritten Zornschale wird es auf dem Planeten kaum noch geniessbares Trinkwasser geben.

Erschwerend kommt hinzu, dass auch die beiden Zeugen (s. Offb 11,6) das Wasser in Blut verwandelt haben. Dieses Gericht wird unvorstellbare Not und Leid verursachen. Es wird nicht nur kein Wasser zum Trinken oder Kochen geben, sondern auch keines, um die schmerzhaften Wunden zu lindern oder auszuwaschen.

Und was für ein Gott würde so etwas tun? Der gleiche Abschnitt gibt uns die Antwort:

- Ein gerechter Gott, der ewig und heilig ist (Offb 16,5).
- Ein gerechter Gott (V. 6), der für das Blut der Heiligen und der Propheten (die zwei Zeugen) bestraft. Es ist, als würde Gott sagen: «Du magst Blut? Hier nimm!»

Es ist nicht anzunehmen, dass alle Menschen an der Ermordung der Gläubigen teilnehmen. Aber anscheinend sind selbst diejenigen, die tatenlos zusehen oder den Mördern applaudieren, genauso schuldig. Dies wird in Vers 6 deutlich, weil er mit diesen drastischen Worten endet: «Sie verdienen es!»

Diejenigen, die um den Altar stehen, werden diesem Urteil zustimmen: «Ja, o Herr, Gott, du Allmächtiger, wahrhaftig und gerecht sind deine Gerichte!» (V. 7). Es könnte sich hier um diejenigen handeln, die in Offenbarung 6,9 erwähnt sind. Das heisst die Märtyrer, die unter dem Altar Gottes erscheinen.

Die vierte Zornschale – versengende Hitze (Offb 16,8-9)

Beim Gericht des sechsten Siegels (Offb 6,12) und bei der vierten Posaune verfinstert sich die Sonne (Offb 8,12) – wie ein Auftakt zur Dunkelheit. Doch hier steigert die Sonne ihre Intensität so sehr, dass die sengende Hitze die Menschen auf der Erde verbrennt.[39]

Diese Hitze wird so intensiv sein, als ob die Luft selbst in Flammen stände. Die Hitze wird die polaren Eiskappen mit Sicherheit schmelzen lassen. Der Meeresspiegel wird dramatisch ansteigen und Küstengebiete kilometerweit landeinwärts überfluten und blutiges, stinkendes Wasser mit sich bringen. Für die Menschen und die Umwelt werden die Auswirkungen drastisch sein. Das unsägliche Elend, das die Menschen bereits erleben, wird nur noch verstärkt werden. Es wird vermutlich auch den kommerziellen Transport auf dem Meer beeinflussen, wenn auch nicht annähernd so schwerwiegend, wie wir es in Offenbarung 18,17 sehen werden. Und wie wird die Menschheit insgesamt auf diese vier Gerichte reagieren? «Sie lästerten den Namen Gottes, der Macht hat über diese Plagen, und sie taten nicht Busse, um ihm die Ehre zu geben» (Offb 16,9). An dieser Stelle in der Offenbarung wird zum ersten Mal erwähnt, dass Menschen Gott lästern. Zuvor hatte nur der Antichrist Gott gelästert (Offb 13,1.5-6). Dies zeigt, welchen Einfluss die Herrschaft des Antichristen auf die Menschheit haben wird. Tragischerweise werden Milliarden von Menschen

- vom Antichristen in die Irre geführt (Mt 24,4-5; 2Thess 2,9-10).
- von Gott getäuscht (2Thess 2,11).
- zur Verdammnis verurteilt wegen ihrer Weigerung, Busse zu tun (Offb 14,9-11; 16,9).

Fatalerweise werden viele Menschen den Schock der Entrückung ignorieren. Sie werden weiterhin das Evangelium ablehnen, das ihnen durch Gottes Diener verkündet wird. Und auch die Konsequenzen von Gottes Zorn werden die Menschen nicht zur Busse bewegen (Offb 9,20-21).

Die fünfte Zornschale – Finsternis (Offb 16,10-11)

Dieses Gericht wird über «den Thron des Tieres» ausgegossen. Damit ist das Reich des Antichristen gemeint. Ähnlich wie die neunte Plage im alten Ägypten wird es wahrscheinlich sein, «dass man die Finsternis greifen kann!» (2Mo 10,21-23).

Im ganzen antichristlichen Reich wird Dunkelheit herrschen. Das wird mehr als nur ein Stromausfall sein; es wird ein übernatürliches Phänomen sein. Diese Finsternis wird zu seelischen Qualen und Wahnsinn führen, dass die Menschen sich vor emotionaler Pein die Zunge abbeissen werden (Offb 16,10). Stellen Sie sich die Art von seelischem Schmerz vor, der solches bewirkt!

Doch anstatt auf die Knie zu fallen, werden die Menschen ihr Haupt stolz erheben. Sie werden Gott lästern und sich gleichzeitig weigern «Busse von ihren Werken» zu tun (Offb 16,11).

Die sechste Zornschale – der Fluss Euphrat vertrocknet (Offb 16,12-16)

Dieser grosse Fluss wird austrocknen, damit «den Königen vom Aufgang der Sonne der Weg bereitet würde» nach Armageddon. Der Euphrat bildete die östliche Grenze des antiken Römischen Reichs und des Landes, das Gott Abrahams Nachkommen versprochen hatte (1Mo 15,18). Es gibt mehr als fünfzig verschiedene Interpretationen, wer diese Könige des Ostens sind. Es ist wohl am besten, anzunehmen, dass sie China und alle anderen östlichen Nationen einschliessen, die Teil der Koalition des Antichristen sind.[40]

Dann werden dämonische Geister Zeichen vollbringen, die die Könige der ganzen Welt verführen, «um sie zum Kampf zu versammeln an jenem grossen Tag Gottes, des Allmächtigen» (Offb 16,14). Und wohin werden diese Dämonen sie führen? «An den Ort, der auf Hebräisch Harmageddon heisst» (V. 16).

Die siebte Zornschale – globale Zerstörung (Offb 16,17-21)

Dieses letzte Gericht wird «in die Luft» ausgegossen und ihm wird eine laute Stimme aus dem Tempel und vom Thron vorausgehen, die sagt: «Es ist geschehen» (Offb 16,17). Darauf folgen Donner und Blitze. Und dann wird ein so gewaltiges Erdbeben stattfinden, wie es die Welt noch nie zuvor erlebt hat. Es wird so stark sein, dass nicht einmal die Richterskala es messen kann.

Dieses gewaltige Erdbeben wird die «grosse Stadt» Babylon zerstören, das Hauptquartier des Antichristen. Wenn es um ungesühnte Sünden geht, hat Gott ein gutes Gedächtnis; deshalb wird er seinen Zorn über diesen Ort ausgiessen (V. 19). Auch die Hauptstädte der Nationen werden zu dieser Zeit fallen.

Es wird eine weltweite Zerstörung geben, keine Insel, kein Berg wird mehr zu finden sein (V. 20).

Dann fallen zentnerschwere Hagelkörner (Steine) vom Himmel, deren Plage als «sehr gross» beschrieben wird.

Und die Reaktion der Menschen auf der Erde? «Die Menschen lästerten Gott» (V. 21).

All dies ist Teil des Zorns, von dem Paulus in 1. Thessalonicher 1,10 und 5,9 schreibt. Dieser Zorn ist schrecklich, grauenvoll, unerträglich und zweifelsohne von Gott.

Wird es Menschen geben, die nun Gottes Ruf zur Erlösung folgen? Wird jemand das göttliche Gnadengeschenk annehmen? Wird Gott weiterhin seine Gnade walten lassen?

Das nächste Kapitel wird uns die Antwort geben.

KAPITEL 8

DIE LETZTE GROSSE ERWECKUNG

Der Gott, der *gnädig* ist

– OFFENBARUNG 6,6-11; 7,1-17; 11,1-14; 14,6-7; 20,4 –

Oft werde ich gefragt, «sehen Sie eine grosse Erweckung in den letzten Tagen vor der Entrückung?»

Ich verstehe auch, warum die Leute das wissen wollen. Schliesslich gab es in der Vergangenheit ähnliche Erweckungen:

- Die Reformation in Europa im 16. Jahrhundert, als Glaubensgiganten wie Martin Luther und Johannes Calvin eine Rückkehr zur Heiligen Schrift und Erlösung allein durch Gnade statt durch Werke verfochten.
- Die grosse Erweckung in Amerika im 18. Jahrhundert, als Männer wie George Whitfield und Jonathan Edwards lebten. Die geistliche Erweckung war so weit verbreitet, dass es gemäss Benjamin Franklin «so schien, als würde

die ganze Welt religiös werden, sodass man abends nicht durch die Stadt gehen konnte, ohne Psalmen zu hören. Psalmen, die von verschiedenen Familien in jeder Strasse gesungen wurden.»[1]

- Bei der walisischen Erweckung des frühen 20. Jahrhunderts bekehrten sich sogar die schlimmsten Sünder, darunter die bodenständigen, vulgären Kohlebergarbeiter der damaligen Zeit. Sie ritten jeden Tag auf ihren Eseln zu den Kohlebergwerken, fluchten und behandelten ihre Tiere sehr brutal. Aber nach ihrer Bekehrung zu Christus behandelten sie ihre Esel gut, was die Tiere verwirrte. Die Folge war, dass sie störrisch wurden und sich nicht mehr bewegten![2]

Können wir in diesen letzten Tagen eine vergleichbare Erweckung erwarten? Gibt uns die Bibel irgendwelche Hinweise oder Anhaltspunkte dazu? Wenn wir die Prophezeiungen für die Endzeit studieren, stellen wir fest, dass keine solche Erweckung vorhergesagt ist. Was hingegen prophezeit ist, ist ein Abfall vom Glauben (2Thess 2,3; 1Tim 4,1; 2Tim 3,1-9).

Das bedeutet natürlich nicht, dass es vor der Entrückung keine grosse Erweckung geben kann oder wird. Es bedeutet lediglich, dass wir in der Heiligen Schrift keine solche Prophezeiung sehen.

In verschiedenen Versen über die Trübsalszeit sehen wir jedoch, dass eine grosse Zahl von Menschen zum Glauben an Jesus kommt. Es steht also eine grosse Ernte bevor, nur wird sie nach der Entrückung stattfinden. Was wird also geschehen und wie?

Die vergangenen Erweckungen haben alle inmitten dunkler und manchmal deprimierender Zeiten stattgefunden. Und die zukünftige Erweckung bildet hier keine Ausnahme. Die Trübsalszeit wird nicht nur den beispiellosen Ausbruch des göttlichen Zorns gegen die Menschheit bezeugen (Offb 6–18), sondern auch die unvorstellbare menschliche Verdorbenheit, wie man sie seit den Tagen Noahs nicht mehr erlebt hat. Denn mitten im göttlichen Gericht wird die grosse Mehrheit der Menschen nicht nur ihr Herz gegen Gott verhärten, sondern dies auch noch hartnäckig und trotzig tun. Sie werden ihn sogar wiederholt lästern und sich weigern, ihre Sünden, Unmoral und Dämonenanbetung zu bereuen (Offb 9,20-21; 16,9.11; s. auch 2Thess 2,10-12). Sie werden so weit gehen, dem Antichristen Treue zu schwören und ihn als den allmächtigen Gott zu verehren (Offb 13,3-17).

In dieser düsteren Zeit wird Gottes Gnade erstrahlen und einen erlösten Überrest hervorbringen.

Die Zurückgebliebenen, die glauben

Von diesen vielen Gläubigen der Endzeit lesen wir zum ersten Mal in Offenbarung 6,9-11. Diese Wiedergeborenen gehören zur Erstlingsfrucht der Trübsalszeit. Sie werden sich schon kurz nach der Entrückung bekehren, denn sie sind während der ersten Serie der Trübsalsgerichte bereits im Himmel. Es scheint auch ein Muster erkennbar: Je länger die Trübsalszeit dauert, desto trotziger werden die Menschen gegenüber Gott (Offb 6,16-17; 9,20-21; 14,9-11). Sie werden sich den Aufforderungen Gottes widersetzen und nicht umkehren, bis sie schliesslich einen Punkt erreichen, an dem Gott sie ihrer Sünde und ihrem unumkehrbaren Schicksal überlässt (Röm 1,18-32; Offb 14,9-11).

Deshalb ist anzunehmen, dass die überwiegende Mehrheit dieser Gläubigen den Glaubensschritt während der ersten dreieinhalb Jahre machen wird. Ein weiterer «Beweis» dafür ist, dass jeder, der sich in der zweiten Hälfte der Trübsalszeit bekehrt und deshalb das Malzeichen des Tieres ablehnt, durch Enthauptung den Märtyrertod erleiden wird (Offb 20,4).

Es ist übrigens nicht die Entrückung, welche die siebenjährige Trübsalszeit offiziell einleitet. Vielmehr wird die prophetische siebenjährige Uhr mit dem Friedensvertrag zwischen Israel und dem Antichristen zum Laufen gebracht (Dan 9,27). Es ist denkbar, dass zwischen der Entrückung der Gemeinde und dem Beginn der siebenjährigen Trübsal Wochen oder sogar mehrere Monate liegen.

Während dieses Zeitraums werden Panik und Chaos die Erde überziehen. Inmitten von wirtschaftlichem Zusammenbruch, Gewalt und Plünderungen, Anarchie auf den Strassen, geopolitischen Umwälzungen und Kriegsdrohungen sowie emotionalen Zusammenbrüchen und Selbstmorden wird Gott weiterhin seine Auserwählten zu sich rufen (Röm 9–11; Eph 1,4). Nicht nur die ersten Gläubigen aus Offenbarung 6 sind in dieser Gruppe der Märtyrer vertreten, sondern unzählige andere werden sich ihnen aus allen Teilen der Welt anschliessen. In Offenbarung 7,9-10 heisst es:

> «Nach diesem sah ich, und siehe, eine grosse Schar, die niemand zählen konnte, aus allen Nationen und Stämmen und Völkern und Sprachen; die standen vor dem Thron und vor dem Lamm, bekleidet mit weissen Kleidern, und Palmzweige waren in ihren Händen. Und sie riefen mit lauter

> Stimme und sprachen: Das Heil ist bei unserem Gott, der auf dem Thron sitzt, und bei dem Lamm!»

Johannes schreibt, ihre Zahl sei unzählbar. Sie kommen aus jeder Nation (Kultur), jedem Stamm (Herkunft), jedem Volk (Ethnie) und jeder Sprache (Sprachgruppe). Es ist eine gewaltige Ernte! Aber es geht hier nicht so sehr um die *Vielfalt* der Geretteten, sondern vielmehr um die grosse Barmherzigkeit Gottes. Er schaut nicht auf die Ethnie, sondern er ist der Retter und Erlöser für sündige Menschen, ganz gleich, wer sie sind oder wo sie sein mögen.

Und dies schliesst wiederum die Märtyrer in Offenbarung 6 ein. Offenbarung 7,9-10 bietet jedoch einen umfassenderen Blick auf das Ausmass der Gnade Gottes während der Trübsalszeit. Einige dieser Menschen gehören zweifellos zu denen, die in Offenbarung 20,4 als enthauptet erwähnt werden. Weil sie das Zeichen des Antichristen (auf ihrer Stirn oder ihrer rechten Hand) nicht angenommen haben. Wir können also mit Zuversicht sagen, dass während der Trübsalszeit, und höchstwahrscheinlich während der *ersten Hälfte,* eine grosse Menschenmenge gerettet wird. Wir wissen, dass sie nach ihrem Tod direkt in Gottes Gegenwart treten werden (Offb 7,9.13-14). Sie werden vor ihm für gerecht erklärt (V. 9). Sie werden «bei ihrer Ankunft» lautstark und voller Freude Gott loben (V. 10-12). Sie werden in unmittelbarer Nähe von Gottes Thron sein und ihm Tag und Nacht dienen (V. 15). Und sie werden für immer vom Allmächtigen beschützt und von jedem irdischen Schmerz und Leid befreit sein (V. 16-17).

Errettung in der Trübsalszeit

Dies führt uns zu einer weiteren Frage: Wie werden sie errettet? Wir wollen diese Frage auf drei Arten angehen: indem wir die *Art und Weise*, die *Methoden* und den *Weg* zu ihrer Errettung betrachten.

1. Die Art und Weise

Die Leute fragen oft: «Wenn der Heilige Geist bei der Entrückung weggenommen wird, wie können die Menschen dann während der Trübsalszeit zum Glauben kommen?» Um es klar zu sagen: Der Heilige Geist selbst wird die Erde nicht verlassen. Nur sein einzigartiger Dienst, nämlich die Sünde einzudämmen und das Erscheinen des Antichristen zu verhindern, wird entfernt (2Thess 2,6-7). Weil er Gott ist und somit allgegenwärtig (überall gleichzeitig), kann der Heilige Geist nicht von der Erde abwesend sein. Er ist also zur gleichen Zeit auf der Erde, im ganzen Universum und sogar in der Hölle (Ps 139,7-12; Jer 23,24).

Durch die Entrückung der Gemeinde schwindet wohl der Einfluss des Heiligen Geistes. Aber sein Dienst, die Menschen von ihrer Sünde und ihrer Verlorenheit zu überzeugen, wird fortbestehen (Joh 16,8-11). Tatsächlich kann niemand zum Glauben an Jesus Christus kommen, wenn Gott diese Person nicht zuerst zu sich zieht (Joh 6,44.65). Der Heilige Geist wird also nicht von der Erde abwesend sein. Er wird hier sein und mit dem Vater zusammenarbeiten.

Da das Gemeindezeitalter einzigartig ist und mit der Entrückung enden wird, ist es wahrscheinlich, dass der Heilige Geist für die Geretteten der Trübsalszeit ähnlich wie zur Zeit des Alten Testaments wirken wird. Vor allem was sein Innewohnen anbelangt (vgl. 1Sam 16,14; 18,12; Ps 51,11; Joh 14,16-17). Darüber hinaus geht es bei der grossen Drangsal in erster Linie um Gottes Umgang mit Israel als Nation. Deshalb vertreten einige Bibelforscher die Ansicht, dass die Beziehung des Heiligen Geistes zu diesen neuen Gläubigen, das heisst «das Innewohnen und Erfüllen», nicht vergleichbar sei mit dem, was die Braut Christi diesbezüglich erlebt. Der Geist wird wohl bei ihnen sein, jedoch nicht in ihnen.[3]

Dennoch wird Jesus die «Trübsal-Gläubigen» vollkommen erretten (Hebr 7,25).

2. Die Methoden

Wie also werden die Menschen von Jesus Christus hören, wenn alle Christen entrückt wurden? Gott in seiner herrlichen Gnade wird das Evangelium auf verschiedene Arten bekannt machen:

Frühere Begegnung mit dem Evangelium

Einige Ungläubige werden sich an evangelistische Worte und Gedanken eines Familienmitglieds, eines Kollegen oder eines Pastors erinnern – denn der erste Same der Wahrheit wurde damals in ihr Herz gepflanzt. Inmitten des Chaos wird Gott ihnen diese Gespräche und andere Begegnungen ins Gedächtnis rufen. Dies wird sie zur Umkehr und zum Glauben an Christus führen. Es ist sogar wahrscheinlich, dass sich viele Menschen innerhalb weniger Minuten nach der Entrückung bekehren werden, weil plötzlich Millionen Menschen verschwunden sind.

Christliche CDs, Traktate, Bücher – alles bleibt zurück

Nur die Christen selbst werden entrückt – nicht aber ihre Bibeln, Bücher, Videos und anderes mehr. Diese gedruckten und digitalen Informationsquellen, die zum Zeitpunkt der Entrückung existieren, werden bleiben und von den nun bussbereiten Menschen zufällig gefunden oder sogar gesucht werden. Gott der Vater und der Heilige Geist werden diese Kostbarkeiten und Ressourcen diesen zukünftigen Heiligen in den Weg legen.

Die 144 000 jüdischen Evangelisten

Da die grosse Schar der geretteten Menschen in den Versen unmittelbar nach der Beschreibung der 144 000 jüdischen Evangelisten erwähnt wird, ist es naheliegend, dass hier ein enger Zusammenhang besteht. Mit anderen Worten: Gott wird durch diese jüdischen Auserwählten wirken, um während der Trübsal Millionen zum Glauben zu bringen. Aber wer sind diese Evangelisten? Und was können wir über ihre Identität und ihr Wirken wissen?

Ihre Zahl – Die Heilige Schrift sagt ausdrücklich, dass es genau 144 000 sind. Johannes hört die Zahl zuerst (Offb 7,4), sieht sie aber erst später (Kap. 14,1). Es gibt keinen kontextuellen Grund, zu denken, dass diese Zahl symbolisch oder repräsentativ für etwas anderes steht (wie die 24 Ältesten in Kap. 4,4). Jesus geht hier wortwörtlich und zahlenmässig präzise vor. Genauso wie er es bei den sieben Gemeinden (Kap. 1,11), den sieben Hirten (Kap. 1,20), den vier lebendigen Wesen (Kap. 4,6), den sieben Siegeln (Kap. 5,1; 6,1), dem Tod eines Viertels der Erdbevölkerung (Kap. 6,8), den vier Engeln (Kap. 7,1), den sieben Posaunen (Kap. 8,1-2), den 200 Millionen Reitern (Kap. 9,16), den zwei Zeugen (Kap. 11,3), der Zahl 666 (Kap. 13,18), den sieben Zornschalen (Kap. 16,1) und dem Tausendjährigen Reich (Kap. 20,2-7) tat beziehungsweise tun wird.

Ihre Unterteilungen – Es sind 12 000 jüdische Männer aus je einem der zwölf Stämme Israels (Kap. 7,5-8).

Ihre ethnische Zugehörigkeit – Diese Versiegelten werden «aus allen Stämmen der Kinder Israels» kommen (Kap. 7,4). Diese Männer sind alle Nachkommen Jakobs (Israel). Die Gemeinde und die Nation Israel werden im Neuen Testament nie vermischt, obwohl einzelne Juden Teil der Gemeinde sein können (Gal 3,26).

Ihr Charakter – Die Bibel sagt, dass diese jüdischen Männer sexuell rein und alle Jungfrauen sind (Offb 14,4). Das griechische Wort *parthenos* bedeutet «Jungfrau, jungfräulich, rein». Sie werden nicht «mit Frauen befleckt» sein (sexuellen Kontakt gehabt oder sexuelle Aktivitäten ausgeübt haben). Ihr Herz, ihr Geist und ihr Körper werden rein sein. Das ist beeindruckend, wenn man die grassierende Unmoral bedenkt, die die Menschheit in jener Zeit durchdringen wird (Offb 9,21).

Diese Männer werden einen tadellosen Charakter haben. Wie bei Daniel wird kein Schmutz an ihnen sein (s. Dan 6,4). Sie werden integer sein, «in ihrem Mund ist kein Betrug gefunden worden» (Offb 14,5). Sie werden die Wahrheit sagen und sich weigern, ihren Charakter zu kompromittieren.

Ihre Treue – Sie werden Jesus Christus, dem Messias, treu ergeben sein und «dem Lamm nachfolgen, wohin es auch geht» (Offb 14,4). Christus wird durch diese treuen Diener wirken. Trotz weltlichen Drucks werden diese Juden ihrem Herrn gehorsam bleiben – wie Sadrach und seine Freunde in Daniel 3. In Offenbarung 7,3 werden die 144 000 die «Knechte unseres Gottes» genannt. Johannes beschreibt sie auch als «diese sind aus den Menschen erkauft worden als Erstlinge für Gott und das Lamm» (Offb 14,4). Das bedeutet auch, dass sie zu den Ersten gehören, die errettet werden. Das Wort «erkauft» wird in den Versen 3 und 4 zweimal verwendet. Das weist darauf hin, dass sie dem Lamm gehören. Dass es sich bei ihnen um Erstlingsfrüchte handelt, beweist wiederum, dass eine grosse zukünftige «Seelen-Ernte» stattfinden wird (Offb 7,9).

Ihr Dienst – Es herrscht weitum Konsens, dass die 144 000 in Offenbarung 7,1-8 direkt mit der Erlösung der «grossen Schar» in Vers 9 verbunden sind. Mit anderen Worten, die 144 000 existieren, um einerseits Jesus Christus zu folgen und andererseits der Welt von ihm zu erzählen. Sie haben keine anderen Ambitionen, keine andere Berufung. Und da die Gemeinde entrückt sein wird, werden diese jungen Juden Gottes wichtigstes Sprachrohr. Und dies wiederum ist ein Beweis dafür, dass die Gemeinde während der Trübsalszeit abwesend sein wird, da von einer «Brautzeugin» überhaupt nicht die Rede ist. Diese jüdischen Männer werden für die rettende Botschaft brennen, durch die Welt reisen und das Evangelium verkünden.

Ihr Schutz – Johannes schreibt, dass die 144 000 «den Namen seines Vaters auf ihren Stirnen geschrieben» trugen (Offb 14,1). Im antiken Römischen Reich bedeutete ein versiegeltes Regierungsdokument dreierlei: (1) Das Dokument wurde durch die Macht Roms gesichert und geschützt, (2) es war Eigentum Roms und (3) es war echt und keine Fälschung.

Als Gläubige sind wir bis zum Tag unserer Erlösung durch den Heiligen Geist versiegelt (Eph 1,13-14; 4,30). Die 144 000 werden ebenfalls versiegelt sein, was sie vor den Trübsalsgerichten, dem Antichristen und allen dämonischen Mächten schützt (Offb 9,4). Sie werden bis zur und während der Wiederkunft Jesu beschützt sein. Wir können das wissen, weil sie sich dem Herrn auf dem Berg Zion in Jerusalem zu Beginn des Millenniums anschliessen (Offb 14,1). Alle 144 000 werden dort sein. Keiner von ihnen wird vermisst werden. Keiner von ihnen stirbt. Sie werden den christlichen Märtyrern in Offenbarung 7,16-17 gegenübergestellt, die vor der brutalen Verfolgung während der Trübsalszeit nicht geschützt sein werden.

Was könnte das «Siegel» dieser Evangelisten sein? Wir wissen, dass sie den Namen Gottes auf ihrer Stirn geschrieben haben. Aber dieses Zeichen unterscheidet sich deutlich von demjenigen des Tieres, das wir in Offenbarung 13,16 sehen. So, wie Gott seine eigenen Leute kennzeichnen wird, wird Satan diese Methode nachahmen, indem auch er seine Anbeter kennzeichnet. Das Zeichen des Tieres (gr. *charagma*) bezieht sich jedoch eher auf eine Gravur oder ein Tattoo-ähnliches Zeichen, während das Siegel Gottes (gr. *sphragizo*) von einem in Wachs gepressten Siegelring spricht (das gleiche Wort kommt in Offenbarung 5 bis 6 zehnmal vor und bezieht sich auf den Wachsabdruck, mit dem eine Schriftrolle versiegelt wird). Hier hat das Siegel wahrscheinlich eher eine geistliche Bedeutung als die eines physischen Zeichens.[4]

Die zwei Zeugen (Offb 11,3-14)

Des Weiteren wird Gott zwei besondere «Gefässe» einsetzen. Er wird sie «meine zwei Zeugen» nennen und ihnen Macht für ihre Aufgabe verleihen (Offb 11,3). Das Wort «Zeuge» entspricht im Griechischen *martyros*, von dem wir unser deutsches Wort Märtyrer ableiten. Im Neuen Testament bezieht sich das Wort immer auf natürliche Menschen. Diese beiden Männer sind also nicht symbolisch, sondern real. Lassen Sie uns mehr über dieses von Gott ermächtigte dynamische Duo herausfinden.

Erstens, warum gibt es zwei Zeugen? Warum nicht fünf? Zehn? Oder zweihundert? Im Alten Testament verlangte Gott das Zeugnis von zwei Personen, um einen Sachverhalt zu bestätigen oder eine Wahrheit zu bezeugen.[5]

Der Bibeltext enthält starke jüdische Untertöne, was ihre Identität und ihren Auftrag betrifft. Während der Drangsal ist Gottes Fokus eindeutig auf *Israel* gerichtet, das heisst, er wendet seine Aufmerksamkeit wieder der Nation Israel zu (Röm 11,25-26). Es zeigt Gottes Absicht und Unterscheidungskraft für das Land und seinen göttlichen Plan für die Rettung und letztendlich dessen Wiederherstellung (Röm 9–11).

Was werden die zwei Zeugen tun? «Sie werden weissagen» (Offb 11,3). Worüber? Zweifellos über das Gericht und Jesus Christus.

Johannes berichtet auch, dass sie die Vollmacht haben werden, «den Himmel zu verschliessen, damit kein Regen fällt in den Tagen ihrer Weissagung» (Offb 11,6). Sie können auch diejenigen vernichten, die ihnen Schaden zufügen wollen, indem sie Feuer aus ihrem Mund speien (V. 5). Und schliesslich werden sie die Macht haben, Wasser in Blut zu verwandeln und «die Erde zu schlagen mit jeder Plage, sooft sie wollen» (V. 6). Die beiden Zeugen werden auch übernatürlich beschützt. Und das gilt übrigens auch für Sie! Sie sind unbesiegbar, bis Ihr Dienst auf Erden beendet ist und Gott sagt, die Zeit ist gekommen, diese Welt zu verlassen (Ps 31,16).

Wie lange wird ihr Dienst dauern? Die Bibel ist klar und deutlich: Sie werden 1260 Tage prophezeien, was der Hälfte der siebenjährigen Trübsalszeit entspricht (Offb 11,3).

Was werden sie tragen? Wir lesen, dass sie «mit Sacktuch» bekleidet sind (Offb 11,3), ein leinenartiges Material, das früher in Zeiten der Trauer, des Kummers und der Not getragen wurde.

Und wer sind sie? Sie werden beschrieben als «die zwei Ölbäume und die zwei Leuchter, die vor dem Gott der Erde stehen» (Offb 11,4). Dies scheint eine Anspielung auf Sacharja 4,1-14 und die Ämter von Jeschua und Serubbabel zu sein. Jeschua war ein Hohepriester und Serubbabel ein politischer Führer. Sacharja hatte eine Vision von zwei Lichtträgern oder Zeugen. Olivenöl wurde zum Befeuern von Lampen verwendet und war ein Symbol für die Salbung des Heiligen Geistes, während Leuchter ein Symbol für Licht waren. Diese beiden Männer halfen beim Wiederaufbau des Tempels. Der Schlüssel zu ihrem Erfolg findet sich in Sacharja 4,6: «Nicht durch Macht und nicht durch Kraft, sondern durch meinen Geist!, spricht der HERR der Heerscharen.»

Die zwei Zeugen werden ein leuchtendes Licht für Israel sein, und sie könnten auch beim Wiederaufbau des Tempels eine Rolle spielen oder zumindest diejenigen ermutigen, die mithelfen.

Kennen wir ihre Namen? Möglicherweise. Es gibt drei mögliche Identitäten dieser beiden mächtigen Männer.

1. Es sind zwei Propheten, die bisher unbekannt waren und in den letzten Tagen auferstehen werden, genau wie die 144 000.
2. Es sind Henoch und Elia, die nie physisch gestorben sind. Henoch wurde entrückt (1Mo 5,21-24; Hebr 11,5) und Elia fuhr in einem Feuerwagen in den Himmel (2Kö 2,1-12).
3. Es sind Mose und Elia. Diese Ansicht vertrete ich aus den folgenden Gründen:
   - Wie Elia werden die beiden Zeugen den Regen stoppen und Feuer herabrufen (1Kö 17,1; 2Kö 1,10.12; Lk 4,25; Jak 5,17). Die Dauer der Dürre (dreieinhalb Jahre) ist ebenfalls gleich lang.

- Mose liess den Nil zu Blut werden (2Mo 7,17-21) und brachte noch weitere Plagen (2Mo 7-11). Die beiden Zeugen werden dies ebenfalls tun.
- Das Alte Testament und die jüdischen Traditionen erwarteten, dass Mose und Elia zurückkehren würden. In Maleachi 3,23 heisst es, dass Elia «ehe der grosse und furchtbare Tag des HERRN kommt» gesandt wird. Jesus bestätigte dies in Matthäus 11,14 und Lukas 1,17.
- Mose und Elia repräsentieren das gesamte Alte Testament – das Gesetz und die Propheten (Mt 5,17; Lk 24,27; Joh 1,45).
- Beide erschienen bei der Verklärung Jesu (Mt 17,3).
- Beide verliessen diese Welt auf mysteriöse, ungewöhnliche Weise: Mose wurde von Gott selbst an einem unbekannten Ort begraben (5Mo 34,5-6) und Elia wurde in einem Feuerwagen emporgehoben (2Kö 2,11-12). In Judas 9 heisst es, der Erzengel Michael habe mit dem Teufel über den Leichnam von Mose gestritten. Dieser Vers erscheint unmittelbar vor einer Prophezeiung über die Wiederkunft Jesu.

Ausserdem würden die Juden wohl keine zwei anderen Menschen freundlicher aufnehmen als diese beiden Legenden aus dem Alten Testament. Aus diesem Grund scheint auch die Schlussfolgerung plausibel, dass ihr Wirken hauptsächlich, wenn nicht sogar ausschliesslich, den Juden gelten wird.

Deshalb denke ich, die beiden Zeugen werden wahrscheinlich Mose und Elia sein. Übrigens wird Satan die beiden Zeugen mit zwei seiner eigenen Zeugen nachahmen – dem Antichristen und dem falschen Propheten.

Wann wird der Dienst der beiden Zeugen stattfinden? In der ersten Hälfte der Trübsalszeit erscheint es am wahrscheinlichsten. Denn sie werden am Ende ihrer festgesetzten Zeit getötet und ihre Körper werden dreieinhalb Tage lang auf der Strasse der grossen Stadt liegen. Es ist logischer, ihr Wirken in der ersten Hälfte der Trübsalszeit anzusiedeln, wenn der Antichrist die volle Macht über die Welt übernimmt und seinen Zorn am jüdischen Volk auslässt (Offb 12,12-17). Satans letztes Aufbäumen gegen Israel könnte durchaus mit dem Martyrium der beiden Zeugen beginnen.

Wo werden sie sterben? In Jerusalem. Wenn ihre Zeit als Zeugen beendet ist, wird das Tier sie töten dürfen (Offb 11,7-10). Das Tier ist der Antichrist, der aus dem Abgrund aufsteigen wird (V. 7). Die Leichen werden in den Strassen Jerusalems liegen bleiben (symbolisch «Sodom und Ägypten» genannt, weil Jerusalem diesen Orten ähnlich werden wird). Wir können sicher sein, dass sie dort sterben werden, weil in Vers 8 steht, dass dort «auch unser Herr gekreuzigt worden ist». Es ist auch erwähnenswert, dass Jesus Christus *«unser Herr»* genannt wird. Dies ist eine klare apologetische Verheissung an die Juden und das heutige Israel, die verkündet, dass nichts «jüdischer» sein könnte, als sich vor Jeschua Hamaschiach – Jesus, dem Messias – zu verneigen.

Wie werden sie getötet? Das wird uns nicht gesagt, aber dem Tier wird erlaubt, sie zu ermorden (V. 7). Ihre Körper werden dreieinhalb Tage lang liegen bleiben. In alten Zeiten war es eine Entehrung und Diskreditierung der Gesellschaft, Leichen offen liegen zu lassen. In Offenbarung 11,10 heisst es, dass «die auf der Erde wohnen» sich freuen und frohlocken werden.

Ja, die Menschen werden sich sogar gegenseitig beschenken und diesen Tag feiern (V. 10). Zweifellos werden sie auf den Strassen tanzen und feiern. Es ist der «Festtag der toten Prediger»! Das veranschaulicht unbestreitbar, dass ein rechtschaffener Prophet (Zeuge) immer ein Ärgernis für eine böse Generation ist.

Dann, nach dreieinhalb Tagen, wird etwas völlig Unerwartetes geschehen. Der «Geist des Lebens aus Gott» wird auf wundersame Weise in sie kommen (V. 11).[6] Dann werden sie aufstehen und «eine grosse Furcht überfiel die, welche sie sahen». Tausende werden voller Angst sein und sich zweifellos fragen: *Kommen sie aus dem Totenreich zurück, um weiter zu predigen? Werden sie uns noch schrecklichere Strafen auferlegen?*

Dann wird eine laute Stimme aus dem Himmel zu hören sein: «Steigt hier herauf!» (V. 12). Es wird wahrscheinlich Jesu Stimme sein, da Johannes in Offenbarung 4,1 denselben Befehl hört. Dies ist ein weiterer biblischer Beweis, dass Jesus der Messias und Herr dieser beiden jüdischen Propheten ist.

Wenn die beiden Zeugen in einer Wolke aufsteigen, werden ihre Feinde ungläubig und entsetzt zusehen. Und wenn einer dieser Männer tatsächlich Elia ist, wird dies sein zweiter übernatürlicher Ritt von der Erde in den Himmel sein.

Aber Gott hat noch nicht abgeschlossen. Ihre Entrückung wird von einem grossen Erdbeben begleitet sein, dabei wird ein Zehntel der Stadt Jerusalem einstürzen und 7000 Menschen werden sterben (V. 13). Interessanterweise hiess es in einem Bericht des israelischen Heimatministers aus dem Jahr 2013, das Land müsse sich auf ein schweres Erdbeben vorbereiten, das laut Wissenschaftlern bald eintreten könnte. Die Region ist schon oft von Erdbeben heimgesucht worden – das letzte schwere ereignete sich 1927. Laut dem Bericht wird die Gegend alle hundert Jahre von einem schweren Erdbeben erschüttert. Und was wird vorausgesagt, wie viele Tote es bei einem solchen Beben geben könnte? «7000».[7] Der Ausdruck «die Übrigen» in Offenbarung 11,13 bedeutet wortwörtlich «die Namen von Menschen». Es ist ein ungewöhnlicher Begriff, sodass einige Ausleger denken, Prominente der Stadt oder sogar Mitarbeiter in der Verwaltung des antichristlichen Reichs könnten damit gemeint sein.

Die Übrigen wurden «voll Furcht und gaben dem Gott des Himmels die Ehre» (V. 13). Der Ausdruck «Gott die Ehre geben» ist typischerweise ein Hinweis auf Erlösung (Offb 4,9; 14,7; 16,9; 19,7; s. auch Lk 17,18-19; Röm 4,20). Die hier erwähnte Furcht und Ehre ist eine Anspielung auf echte Reue, höchstwahrscheinlich von den Juden, die dann in Jerusalem leben. Durch die beiden Zeugen wird Gott das hebräische Volk erreichen.

Der Engel des Evangeliums

Eine weitere Möglichkeit, wie Gott seine Gnade ausdrücken wird, sind Engelsstimmen und -erscheinungen. Beachten Sie die progressive Entwicklung der Ereignisse, die wir im Verlauf dieser sieben Jahre sehen können. Die Art und Weise der Verkündigung wird zunehmend übernatürlich.

Die Ersten, die sich nach der Entrückung bekehren, erkennen, was geschehen ist, und erinnern sich an Bibelworte, Predigten und persönliche Zeugnisse. Dann werden die 144 000 auf der ganzen Erde ihren Verkündigungsdienst beginnen. Parallel dazu wird das wundersame Wirken der beiden Zeugen stattfinden. Und dies wird mit ihrer übernatürlichen Auferstehung und dem anschliessenden Gericht über Jerusalem enden. Nun wird uns ein mächtiger Engel mit «lauter Stimme» vorgestellt (Offb 14,7). Gottes Gnadenangebot wird nicht mit einem Wimmern ausgesprochen, sondern mit zunehmender Intensität!

Engel erfüllen eine Vielzahl von Aufgaben für Gott und spielen eine wichtige Rolle bei den Ereignissen der Endzeit (Mt 13,41-42.49-50; 24,31; 25,31; 2Thess 1,7; Offb 19,14). Sie werden helfen, Gottes Zorn auszugiessen (Offb 8,6; 11,15; 16,1). Und – sie werden in den Kapiteln 4 bis 22 erwähnt.

Die drei Engel in Offenbarung 14 werden nicht unbedingt in chronologischer Reihenfolge vorgestellt. Vielmehr umfasst ihr Dienst Bereiche, welche die Gerichte der siebten Posaune (Kap. 11,15), die Zornschalengerichte (Kap. 15–16) und die Zerstörung des antichristlichen Reichs (Kap. 18) betreffen.

Der erste Engel wird «in der Mitte des Himmels» fliegen, also «am helllichten Tag» oder direkt über der Erde (Kap. 8,13; 19,17). Mit anderen Worten, er wird für jeden auf der Erde sichtbar sein.

Manche glauben, dass zu diesem Zeitpunkt der geistliche Kampf zwischen Engeln und Dämonen vorbei sein wird (Dan 10,12-13; Offb 12,9-12), sodass dieser predigende Engel für den Antichristen und seine Dämonen unantastbar ist. Ob er am Himmel steht und auf übernatürliche Weise von allen gesehen und gehört wird oder ob er das Evangelium verkündet, während er mit Überschallgeschwindigkeit die Erde umkreist, ist unbekannt. Klar ist einfach, dass er von «jeder Nation und jedem Volksstamm und jeder Sprache und jedem Volk» gehört wird (Offb 14,6).

Welche Botschaft wird dieser Engel verkünden? Das ewige Evangelium. Die gute Botschaft verheisst der Menschheit, dass Gott absolut gerecht und souverän handelt. Dieser Engel hat also den Auftrag, der Welt das letzte Mal die Errettung zu verkündigen. Seine Botschaft enthält die folgenden drei Punkte:

1. «Fürchtet Gott» – Bis dahin hat die Menschheit Gott nicht gefürchtet. Von nun an wird es den Menschen jedoch immer schlechter gehen (Offb 9,6.20-21; 16,9.11.21). Kürzlich sah ich das Bild einer Frau bei einer *Pro-Choice*-Kundgebung, die ein Schild mit der Aufschrift «Maria hätte abtreiben sollen» hochhielt. Ein anderes Video zeigte einen Demonstranten, der einem jungen Mann die Bibel aus der Hand reisst, sie auf den Boden schmeisst und mit ihr «Fussball spielt». Das ist offensichtliche Gotteslästerung. Traurigerweise gibt es heute kaum noch Gottesfurcht (Ps 36,2; Röm 3,10-18). Dieser Engel verkündet eine Warnung, Gott zu fürchten, nicht den tyrannischen Weltführer, der als das Tier bekannt ist. Als Gläubige sollten wir niemals Menschen, Kultur, Regierungen oder Nationen fürchten. Wie Jesus in Matthäus 10,28 sagt: «Und fürchtet euch nicht vor denen, die den Leib töten, die Seele aber nicht zu töten vermögen; fürchtet vielmehr den, der Seele und Leib verderben kann in der Hölle!» Dieser Engel wird wahrscheinlich erst erscheinen, wenn die Siegel- und Posaunengerichte abgeschlossen sind. Die meisten Menschen werden das Evangelium zu diesem Zeitpunkt bereits abgelehnt haben. Und dennoch wird er weiter predigen und verkündigen. Seine Botschaft richtet sich an die, «die auf der Erde wohnen» (Offb 14,6). Diesen Ausdruck finden wir in der Offenbarung immer wieder. Er bezieht sich auf die Massen von Ungläubigen. Und da die Botschaft dieses Engels an jede Nation, jeden Volksstamm und jede Sprache gerichtet ist,

wird sie den gesamten Planeten erreichen. Damit wird sich Christi Prophezeiung in Matthäus 24,14 erfüllen: «Und dieses Evangelium vom Reich wird in der ganzen Welt verkündigt werden, zum Zeugnis für alle Heidenvölker, und dann wird das Ende kommen.»

2. «Gebt ihm die Ehre» – Dies ist die zweite Ermahnung des Engels (Offb 14,7). Mit anderen Worten: Unterwerft euch Gott. Sich zu weigern, ist der Kern des hochmütigen und rebellischen Menschen (Röm 1,21). Und warum Gott die Ehre geben? «... denn die Stunde seines Gerichts ist gekommen.» Die Zornschalengerichte kommen. Armageddon kommt. Jesus kommt. Das Gericht des grossen weissen Throns kommt. Wendet euch also jetzt Gott zu! An dieser Stelle in der Offenbarung kommt zum ersten Mal das griechische Wort *krisis* («Gericht») vor. Und es wird nicht das einzige Mal sein (Kap. 16,7; 18,10; 19,2). Das Wort deutet einen entscheidenden Gerichtsgedanken an, der die Zukunft einer Person bestimmt, wie ein Richter, der ein Urteil fällt. Bis zu diesem Punkt wurde der Begriff «Zorn» verwendet, um Gottes Gericht zu beschreiben. In den übrigen Kapiteln der Offenbarung werden die beiden Begriffe alternierend verwendet (Kap. 14,10.19; 15,1.7; 16,1.19).
3. «Betet den an, der den Himmel und die Erde und das Meer und die Wasserquellen gemacht hat!» – Dies ist der letzte Ruf des Engels (Offb 14,7). Hier wird Gott als der Schöpfer dargestellt. Dies ist die beste und grundlegendste Art, Gott zu verstehen (Röm 1,18-22). Wenn man Gott nicht als Schöpfer wahrnimmt, blendet man einen seiner wichtigsten Wesenszüge und seine Beziehung zur Menschheit aus.

Wenn Paulus vor dem einfachen Volk Zeugnis ablegte, sprach er zunächst über Gott, den Schöpfer (Apg 14,14-17). Und wenn er mit gehobenen Philosophen sprach, tat er dasselbe (Apg 17,22-31) und begann mit dem «ABC» Gottes. Sein Ansatz war jedoch anders, wenn er mit religiösen Menschen sprach (Apg 17,1-3). Die Menschen müssen Gott heute wieder als Schöpfer kennenlernen, denn die Gesellschaft hat ihn leider als Schöpfer des Himmels, der Erde und der Menschheit abgesetzt. Es ist kein Zufall, dass Satan Gott schon lange als Schöpfer angreift und die Aussage in 1. Mose 1,1 untergraben will, dass Gott der Anfang aller Dinge ist. Die gute Botschaft dieses Engels ist, dass selbst zu dieser späten Stunde noch Zeit zur Umkehr ist. Die Tür zur Arche ist noch offen. Und genau diese gute Botschaft sollten auch wir den Menschen heute verkünden.

Der Engel mit der «schlechten Botschaft für Babylon» (Offb 14,8)

Ein zweiter Engel wird den Fall Babylons verkünden. Babylon stellt das politische, wirtschaftliche und religiöse Königreich des Antichristen dar. Hier erscheint das Wort zum ersten Mal im Buch der Offenbarung. Gesamthaft wird Babylon fast 300-mal in der Bibel erwähnt und praktisch immer als reale Stadt dargestellt.

Die Prophezeiung dieses Engels betrifft den Fall Babylons, «der grossen Stadt». Dieser Ausdruck erscheint zum ersten Mal in Daniel 4,30 und wird in Offenbarung 14,8; 16,19; 17,5; 18,2.10.21 wiederholt. In Vers 10 von Kapitel 18 wird sie auch «gewaltige Stadt» genannt.

Babylon dient sowohl als Hauptquartier des Antichristen als auch als Symbol seiner Regentschaft, ähnlich wie die Menschen in den USA sagen, dass Washington sowohl eine Stadt als auch ein politisches Zentrum («Die US-Regierung») ist.

Babylon hat schon immer das Böse und die Rebellion gegen Gott symbolisiert. Die Stadt wurde von Nimrod (s. 1Mo 10,9) gegründet, einem stolzen Rebellen, der Gott ablehnte. Babel war auch der erste Ort einer götzendienerischen Religion. Und sein berühmter Turm war ein Ausdruck der weltweiten Ablehnung Gottes (1Mo 11,5-9). In der babylonischen Sprache bedeutet *Babel* «das Tor zu den Göttern». Auf Hebräisch bedeutet es jedoch «Verwirrung».

In Offenbarung 17,5 wird Babylon als Hure dargestellt, was sich nicht nur auf ihre geistliche Natur bezieht, sondern auch auf die Art und Weise, wie sie die Nationen der Welt mit dem «Glutwein ihrer Unzucht» verführt (Offb 18,3).[8]

In dieser Metapher verführt der Antichrist die Welt mit einem symbolischen Kelch Wein zur Unzucht und verleitet sie zur Nachfolge Satans. Ironischerweise zwingt Gott den Antichristen und seine Gefolgschaft später im Gericht, den göttlichen Kelch zu trinken, der mit Zorn gefüllt ist (Offb 14,10; 16,19; 18,6).

Ab der Hälfte der Trübsalszeit wird der Antichrist nur noch erlauben, ihn selbst anzubeten. Doch so mächtig sein globales Reich auch ist, am Ende der Trübsalszeit wird es in kürzester Zeit fallen (Offb 18,10).

Die Botschaft des Engels ist für die «die auf der Erde wohnen» zweifelsfrei klar: Setzt nicht auf ein dem Untergang geweihtes Königreich und bucht keine Passage auf einem Schiff, das Gott versenken wird.

Der Engel, der keine Rückkehr zulässt (Offb 14,9-11)

Dies ist wahrlich Gottes letzter Ruf, denn die Geschichte nähert sich ihrem Ende. Dieser dritte Engel warnt die Menschen – wiederum mit «lauter Stimme» – und teilt ihnen mit, dass es eine Grenze gibt, die Gott festgelegt hat: Wenn sie einmal überschritten ist, gibt es kein Zurück, keine Reue und keine ewige Errettung mehr. Dieser Punkt ohne Umkehr ist erreicht, wenn ein Mensch das Malzeichen des Tieres annimmt (Offb 14,9). Er wird mit hundertprozentiger Sicherheit Gottes grossen und gerechten Zorn gegenüber der Sünde zu spüren bekommen und für alle Ewigkeit, rund um die Uhr, gequält werden, ohne auch nur eine Sekunde der Erleichterung oder Ruhe zu finden.

Können Sie sich ein schlimmeres Schicksal vorstellen? Es wird die letzte Chance für die noch lebenden Menschen sein.

Nach dieser Botschaft wird es keine weiteren Aufrufe zur Bekehrung mehr geben. Das heisst, der Zeitpunkt ist kritisch und es ist gleichzeitig eine schreckliche Warnung vor dem Gericht. Und es ist unvorstellbar, dass jemand dies ablehnen würde. Doch leider werden es die meisten tun.

An dieser Stelle müssen wir uns über zwei unbestreitbare Wahrheiten im Klaren sein: (1) Jeder, der das Malzeichen des Antichristen annimmt, wird die Ewigkeit in der Hölle verbringen – ohne Ausnahme (Offb 14,9-11; 20,11-15). Und (2) kein wahrer Gläubiger an Jesus Christus kann oder wird das Malzeichen annehmen (Offb 20,4).

Es ist nicht klar, wie lange oder wie oft diese drei Engel das Gericht ankündigen werden. Ihr Appell könnte einmalig sein oder bis weit in die zweite Hälfte der Trübsalszeit hinein wiederholt werden. Aber eines ist sicher: Satan, der Antichrist und der falsche Prophet werden ihre Agenda von 666 sowie die

Anbetung des Antichristen ab der Mitte der Drangsal aggressiv vorantreiben. Und wir lesen, dass die ganze Erde zu dieser Zeit das Tier anbeten wird (Offb 13,3-4.8.12.15-17). Unabhängig davon, ob die Engel ihre Mission nur für einen Tag oder für eine bestimmte Zeit erfüllen, dies ist der letzte Ruf zur Umkehr.

3. Der Weg

Und wie kann ein Mensch während der Trübsalszeit ewiges Leben erlangen? Das ist ganz einfach – es ist auf die gleiche Art und Weise wie während des Gemeindezeitalters und zur Zeit des Alten Testaments. Gott hat die Erlösung immer auf das vergossene Blut seiner Vorsehung gegründet – seinen Sohn, Jesus Christus. Schon im Alten Testament sahen die Menschen im Glauben dem Opfer des Messias *entgegen*, das ihre Sünden ein für alle Mal sühnen würde. Heute blicken wir auf sein Opfer *zurück* und vertrauen auf Gottes Vorsehung durch ihn. Jesus sagte: «Ich bin der Weg und die Wahrheit und das Leben; niemand kommt zum Vater als nur durch mich!» (Joh 14,6). Jesus, der heute noch täglich Menschen rettet für die Ewigkeit, wird dies auch während der Trübsalszeit tun und alle erlösen, die ihr Vertrauen in ihn setzen.

Erstaunliche Gnade

Können Sie die grosse Gnade unseres Herrn erkennen, selbst in einer Zeit des grossen Gerichts? Können Sie seine grosse Geduld erkennen (2Petr 3,9)? Selbst wenn die Menschen seine Existenz und seine Wahrheit verleugnen? Selbst wenn sie während der Trübsalszeit keine zweite Chance auf Erlösung verdienen? So wunderbar barmherzig ist unser Gott.

Ja, es wird eine Endzeit-Erweckung geben. Sie wird hauptsächlich während der ersten Hälfte der siebenjährigen Drangsal stattfinden. Und Gott wird alle ihm zur Verfügung stehenden Mittel nutzen – Menschen, Medien, Wunder und Engel –, um der Menschheit eine letzte Gelegenheit zu geben, der Hölle zu entkommen und in seinen Augen für gerecht erklärt zu werden.

Wir leben im Gnadenzeitalter – einer Zeit, in der es viel einfacher ist, umzukehren zu Jesus Christus, als während der Trübsalszeit. Gott wird jedoch selbst dann noch eine Seelenernte einfahren. Und jeder gerettete Mensch wird «zum Lob der Herrlichkeit seiner Gnade» (Eph 1,6).

Nach der Entrückung wird Gottes Erlösungswerk unvermindert weitergehen. Er wird so aktiv sein wie immer und Menschen in sein Königreich rufen. Das Buch der Offenbarung zeigt, was Gott tun wird:

- Menschen werden gerettet während der Trübsalszeit.
- Es wird eine weltweite Erweckung geben. Das ist erstaunlich, wenn man bedenkt, dass die überwiegende Mehrheit der Menschen Gott ablehnen, hassen und lästern wird (Offb 9,20-21; 16,9; s. auch 2Thess 2,10-12).
- Diejenigen, die Busse tun, werden wahrscheinlich kurz nach ihrer Bekehrung für ihren Glauben sterben.
- Selbst in den schlimmsten Zeiten wird Gott Wege finden, die Verlorenen zu retten und seine Gnade und Barmherzigkeit zu zeigen.

Dass Menschen selbst in Zeiten grosser Rebellion gerettet werden, zeigt, dass seine Gnade grösser ist, als wir es uns je vorstellen können. Und wie es in der Hymne heisst, ist es eine «Gnade, die grösser ist als alle unsere Sünden».[9]

KAPITEL 9

DER KÖNIG KOMMT ZURÜCK

Der Gott, der *treu* ist

— OFFENBARUNG 19,1-21 —

Armageddon.

Das Wort ist zum Synonym für das Ende der Welt geworden. Es stellt den Höhepunkt der Apokalypse dar. Die ultimative Auseinandersetzung zwischen Gut und Böse. Dieses Wort wird oft verwendet, wenn es um die Ausrottung der Menschheit geht. Trotzdem wissen nur wenige wirklich, was während des echten Armageddon passieren wird. Was allgemein als einzelne Schlacht angesehen wird, wird in Wirklichkeit eher ein militärischer *Feldzug* sein.

Diese Reihe von Ereignissen wird der Höhepunkt von sieben Jahren göttlicher Strafgerichte über die Erde und ihre Bewohner sein. Es ist wahrscheinlich, dass in dieser Zeit mehr Menschen sterben als in allen vorherigen Konflikten und Kriegen zusammen. Aus menschlicher Sicht ist dieser blutige Nachruf in der Geschichte unvermeidlich, da die Menschheit allein niemals einen dauerhaften Weltfrieden erreichen könnte. Sogar säkulare Wissenschaftler glauben, dass wir uns dem Ende nähern. Im «Bulletin of the Atomic Scientists» kann man regelmässig lesen, wie nahe wir der globalen Ausrottung der Menschheit gekommen sind. Im Jahr 2022 haben die Wissenschaftler und Autoren ihre Weltuntergangsuhr auf 100 Sekunden vor Mitternacht gestellt. So nahe bevorstehend haben sie das Ende der Welt noch nie verkündet.[1]

Um die Wahrheit zu sagen: Wenn Jesus Christus nicht zurückkehren würde, würde sich die Menschheit tatsächlich irgendwann selbst vollständig vernichten (Mt 24,22).

Das Wort Armageddon bedeutet «Berg von Megiddo» und weist auf einen Ort etwa 75 km nördlich von Jerusalem hin. In diesem Gebiet fanden einige Schlachten des Alten Testaments statt (Ri 4; 7). Napoleon Bonaparte besuchte einst dieses Tal und machte die bemerkenswerte Aussage: «Alle Armeen der Welt könnten ihre Streitkräfte auf dieser riesigen Ebene taktieren.»[2] Ohne sich dessen bewusst zu sein, machte er eine prophetische Ankündigung.

Bibelforscher und Prophetie-Experten diskutieren lebhaft über die genaue Reihenfolge dieses Endzeitfeldzugs. Gemäss der Bibel könnte der folgende Ablauf nachvollzogen werden:[3]

1. Beim sechsten Zornschalengericht wird der Euphrat austrocknen, sodass die Könige aus dem Osten ihn überqueren können (Offb 16,12).
2. Drei Dämonen, die übernatürliche Zeichen vollbringen, werden die Verbündeten des Antichristen nach Israel locken. Ihr Ziel ist, dem Tier zu helfen, die Juden ein für

alle Mal auszurotten (Offb 16,12-16). Die Heilige Schrift enthüllt jedoch den wahren Grund für ihr Zusammenkommen: Es ist, «um sie zum Kampf zu versammeln an jenem grossen Tag Gottes, des Allmächtigen» (Offb 16,14). Die Bibel deutet darauf hin, dass sich diese Könige und Armeen bewusst sind, dass sie gegen Gott in den Krieg ziehen (Ps 2,2-3; Offb 19,19). Stellen Sie sich vor, wie blind, verblendet, arrogant und dämonisch sie sein müssen, um dies zu tun.

3. Jerusalem wird angegriffen werden und fallen (Sach 12,1-3; 14,2).
4. Der Antichrist wird seine Aufmerksamkeit nach Süden richten, auf die jüdischen Überreste, die sich in oder nahe Petra, im heutigen Jordanien, verstecken (Jes 63,1-5; Joe 4,19; Mt 24,15-31; Offb 12,6.14). Da Jesus dem jüdischen Volk rät, in die Berge zu fliehen (Mt 24,16), sehen viele dort den idealen Zufluchtsort (s. Jes 63,1-3; Dan 11,41). Man geht davon aus, dass diese Bergregion, die Hunderte von Spalten und Höhlen umfasst, etwa einer Million Menschen Schutz bieten könnte. Gegen ein Drittel der Juden wird sich seit der Mitte der Trübsalszeit dort versteckt haben. Das heisst, nachdem der Gräuel der Verwüstung stattgefunden hat (Dan 9,27; Mt 24,15; 2Thess 2,4). Gott wird diesen jüdischen Überrest dreieinhalb Jahre lang beschützen und versorgen (Offb 12,13-17). Die verbleibenden zwei Drittel der Juden werden «ausgerottet und umkommen», vermutlich bei einer Invasion Israels und dem Fall Jerusalems (Sach 13,8).
5. Israels Überrest wird den Messias anrufen (Jes 64,1-6; Hos 6,1-3; Joe 3,5; Röm 11,5-27). Ron Rhodes schreibt: «Der

Antichrist wird machtlos sein. Alle Armeen des Antichristen, von Bozra bis nach Jerusalem, werden vernichtet werden (Joe 4,12-13; Sach 14,12-15; Offb 14,19-20). Was für ein wunderbarer Tag das sein wird.»[4]

6. Jesus wird nach Armageddon kommen und gegen seine Feinde kämpfen (Offb 19,11-21).
7. Christus wird siegreich auf den Ölberg zurückkehren (Sach 14,4). Abgesehen von Johannes, hat seit zweitausend Jahren niemand auf der Erde diesen Christus gesehen. Er wird «mit grosser Kraft und Herrlichkeit» zurückkehren (Mt 24,27-30). Seine Füsse werden auf dem Ölberg stehen und der Berg wird sich in der Mitte spalten und die Überlebenden in Jerusalem werden fliehen (Sach 14,4-5; vgl. Mt 24,3; Apg 1,10-11).[5]

2004 berichtete NBC News, dass eine dreijährige Untersuchung des Geological Survey of Israel bestätigt habe, dass genau dieses Gebiet einer unmittelbaren Erdbebengefahr ausgesetzt ist. Man hat eine grosse Verwerfungslinie entdeckt, die – Sie ahnen es schon – von Ost nach West *mitten durch den Ölberg* verläuft. Ist dies nur ein weiterer Zufall? Oder ein handfester *Beweis* dafür, dass die Bibel weiss, wovon sie spricht?

Trotz der drei Serien von schrecklichen Gerichten werden die Herzen der Menschen weitgehend unverändert bleiben. Wie lautet ihre endgültige Antwort an Gott? Wird es die letzte Rebellion der Menschheit? Sie werden sich versammeln, um Gottes prophetischen Plan und Jesu prophezeite Friedensherrschaft zu vereiteln. Bis wir Offenbarung 19,19 erreichen, hassen «die auf der Erde wohnen» Gott immer noch. Lästern ihn immer noch.

Verspotten den Himmel immer noch. Weigern sich immer noch, Busse zu tun und zu glauben.

Psalm 2,1-6 beschreibt ihre Haltung am besten:

«Warum toben die Heiden
und ersinnen die Völker Nichtiges?
Die Könige der Erde lehnen sich auf,
und die Fürsten verabreden sich
gegen den HERRN und gegen seinen Gesalbten:
‹Lasst uns ihre Bande zerreissen
und ihre Fesseln von uns werfen!›
Der im Himmel thront, lacht;
der Herr spottet über sie.
Dann wird er zu ihnen reden in seinem Zorn
und sie schrecken mit seinem Grimm:
‹Ich habe meinen König eingesetzt
auf Zion, meinem heiligen Berg!›»

Die Wiederkunft (Offb 19,11-21)

Wir wollen nun die Wiederkunft Jesu Christi näher betrachten. Dabei halten wir zwischendurch inne, um jeden Aspekt seiner glorreichen Erscheinung zu erforschen.

Seine Wiederkunft (Offb 19,11)

Im Neuen Testament werden mehrere Wörter verwendet, um Jesu Rückkehr auf die Erde zu beschreiben. Eines davon ist das griechische Wort *parusia*, das «Ankunft, Anwesenheit, Kommen» bedeutet. Es kommt im Neuen Testament 24-mal vor und 17 Vorkommen davon beziehen sich auf die zukünftige Rückkehr Christi. Von diesen 17 Fällen handeln zehn von der Entrückung und sieben von seinem zweiten Kommen. Man kann argumentieren, dass die Parusie in zwei Ereignissen geschieht: Im ersten kommt Jesus, um seine Braut zu holen, im zweiten kehrt er *mit* ihr zurück. Das erste Ereignis kann jederzeit geschehen und braucht keine zusätzlichen prophetischen Erfüllungen, während dem zweiten sieben Jahre Trübsal und *viele* Zeichen vorausgehen. Manche Menschen verwechseln die Entrückung mit dem zweiten Kommen und betrachten beide als *ein* Ereignis, obwohl zwischen ihnen mindestens sieben Jahre liegen.

In Offenbarung 4,1 öffnete sich der Himmel, um Johannes *hineinzulassen*. Aber hier in Offenbarung 19,11 öffnet sich der Himmel, um Jesus *hinauszulassen*. Dies ist der Höhepunkt der Endzeit-Prophetie, das Crescendo der gesamten Geschichte. Es ist *der* dramatischste Moment aller Zeiten.

Jesus Christus wird ohne Vorankündigung, ungebeten, unerwünscht und, wie versprochen, «wie ein Dieb» kommen (Offb 16,15). Und er wird das Reich empfangen, das ihm sein Vater versprochen hat (Offb 5,1-7).

Sein Auftreten (Offb 19,11)

Jesus wird auf einem weissen Pferd – einem Siegerpferd – zur Erde reiten oder gleiten. Im alten Rom ritten die Generäle nach einer Eroberung auf einem weissen Hengst durch die Stadt. Der Herr wird bei seiner Ankunft in Israel dasselbe tun. Dieses Mal wird er jedoch einen bescheidenen Esel durch einen majestätischen Hengst ersetzen. Er wird auf einem Schlachtross sitzen und auf genau dem Boden landen, den er Tausende von Jahren zuvor geschaffen hat.

Sein Charakter (Offb 19,11)

Hier wird Jesus «der Treue und der Wahrhaftige» genannt. Die Offenbarung begann mit einer ähnlichen Beschreibung (Kap. 1,5-8). Und seine Gemeinde kennt ihn unter demselben Namen (Kap. 3,14). Das ist er – der treue und wahrhaftige Zeuge. Vergleichen Sie diese Beschreibung mit Satans Lügen (Kap. 12,9) und dem bösen Reich des Antichristen, wo ständig gelogen und die Nationen getäuscht werden (Kap. 18,23).

Jesus Christus kann man vertrauen. Er ist der Christus, der seine Verheissungen erfüllt (Joh 14,1-3; Offb 22,7.12.20). Und er wird zurückkommen, genau wie er es gesagt hat (Mt 24,29-31.36-39.42-44).

Sein Gericht (Offb 19,11)

Jesus wird nicht kommen, um Erlösung anzubieten, wie er es bei seinem ersten Kommen tat. Er wird nicht zurückkehren, um zu lehren, Hochzeiten beizuwohnen, Wunder zu vollbringen, Kranke zu heilen, Tausende zu ernähren, Kinder auf dem Schoss zu halten oder Geschichten zu erzählen. Nein, er wird kommen, um zu richten und Krieg zu führen (Offb 19,11). Und es wird eine *gerechte* Kriegserklärung sein. Es wird keine Verhandlungen geben. Keine Friedensbedingungen. Keinen Waffenstillstand. Keine weissen Fahnen. Keine Gelegenheit zur Kapitulation. Und es wird auch keine Gnade geben. Vielmehr wird Christi Gerechtigkeit verlangen, dass er die Welt rasch und entschieden richtet. So wie er es in den Tagen Noahs tat (1Mo 6,3-6.13; 7,23). Und in diesem Schlachtszenario wird es keine Kriegsgefangenen geben, da keiner seiner Feinde überleben wird.

Seine Erscheinung (Offb 19,12-13)

Wie in Johannes' Vision in Offenbarung 1,14 hat der verherrlichte Jesus Augen, die wie «eine Feuerflamme» sind (Offb 19,12) – sie sind durchdringend, durchleuchtend und alles ist enthüllt (Hebr 4,13). Seine Augen, die einst über Jerusalem weinten und Tränen der Trauer an Lazarus' Grab vergossen, werden nun vor brennendem Zorn lodern.

Sein Haupt ist mit vielen Kronen gekrönt (Offb 19,12). Dies könnte bedeuten, dass er alle Kronen der Könige der Erde gesammelt hat und damit seine absolute Souveränität demonstriert (vgl. Jes 40,15-25). Als David in 2. Samuel 12,30 die Ammoniter besiegte, wurde deren Königskrone genommen und auf Davids Haupt gesetzt.

Dass Christus viele Kronen haben wird, steht in Offenbarung 11,15 geschrieben: «Die Königreiche der Welt sind unserem Herrn und seinem Christus zuteilgeworden, und er wird herrschen von Ewigkeit zu Ewigkeit!» Jesus wird zu Recht von einer Dornenkrone (symbolisch für das Tragen von Sünden) zu Kronen der Herrlichkeit (symbolisch für Dominanz und Souveränität) wechseln.

Sein geheimer Name (Offb 19,12)

Niemand wird diesen geheimen Namen kennen «als nur er selbst» (Offb 19,12). Vielleicht wird sein Name eine ganz andere und tiefere Bedeutung erhalten oder er wird einen ganz neuen Namen bekommen.

Sein Gewand (Offb 19,13)

Jesus wird «mit einem Gewand, das in Blut getaucht ist» bekleidet sein. Manche sehen darin eine Erinnerung an sein vergossenes Blut am Kreuz von Golgatha. Aber wahrscheinlicher ist: Es ist das Blut seiner Feinde. Jesaja 63,1-6 erklärt:

> «Wer ist dieser, der dort von Edom her kommt, von Bozra mit hochroten Kleidern; er, der prächtig aussieht in seinem Gewand, stolz auftritt in der Fülle seiner Kraft? ‹Ich bin es, der ich von Gerechtigkeit rede und mächtig bin zum Retten!› Warum ist denn dein Gewand so rot, und deine Kleider sehen aus wie die eines Keltertreters? ‹Ich habe die Kelter allein getreten, und von den Völkern war kein Mensch mit mir; und so habe ich sie zertreten in meinem Zorn und zerstampft in meinem Grimm, dass ihr Saft an meine Kleider spritzte und ich mein ganzes Gewand besudelte. Denn ich hatte mir einen Tag der Rache vorgenommen; das Jahr meiner Erlösten war gekommen. Und ich sah mich um, aber da war kein Helfer; und ich war verwundert, aber niemand unterstützte mich; da half mir mein eigener Arm, und mein Grimm, der unterstützte mich. Und so zertrat ich die Völker in meinem Zorn und machte sie trunken mit meinem Grimm, und ich liess ihren Saft zur Erde fliessen!›»

Das Blut auf Christi Gewand bei seiner Ankunft in Armageddon könnte also von der Schlacht gegen die Armee des Antichristen stammen. Diese war nämlich zuvor nach Bozra geeilt, um die dort versteckten jüdischen Überreste zu vernichten (Mt 24,16-28).

Sein offenbarter Name (Offb 19,13)

Jesus wird «das Wort Gottes» genannt (Joh 1,1.14; 1Joh 1,1). Er wird das Wort (gr. *logos*) Gottes genannt, weil er die Offenbarung und das vollständige Abbild des Vaters ist – er ist «die Ausstrahlung seiner Herrlichkeit und der Abdruck seines Wesens» (Hebr 1,3). In Johannes 1,18 wird uns gesagt, dass er den Vater «erklärt» hat. In Kolosser 1,15 lesen wir, dass er «das Ebenbild des unsichtbaren Gottes» ist.

Seine Armeen (Offb 19,14)

Wenn Christus zurückkehrt, werden ihm «die Heere im Himmel» folgen (Offb 19,14). Wer bildet dieses Heer, das auf seinen eigenen weissen Pferden reitet? Wir lesen, dass dieses gerechte Regiment aus den folgenden vier Gruppen besteht:

- Der Braut, der Gemeinde (Offb 19,7-8.14) – «sie waren bekleidet mit weisser und reiner Leinwand». Das schliesst *Sie* ein!
- Diejenigen, die während der Trübsalszeit zum Glauben kommen und den Märtyrertod sterben (Offb 7,9.13-14; 17,14). Auch sie tragen weisse Gewänder und sind «die Berufenen, Auserwählten und Gläubigen» (Offb 17,14).
- Die Heiligen des Alten Testaments – diejenigen, die vor Golgatha an Gott glaubten (Dan 12,1-2; 1Thess 3,13; Jud 14).
- Alle Engel (Mt 25,31) – Es ist, als ob plötzlich alle Engel am Himmel erscheinen. Stellen Sie sich das vor, Millionen von Reitern und Pferden, wie Staffeln von Kampfflugzeugen. Wohin man auch blickt, überall sind die Armeen des Himmels zu sehen.

Alle, die sich Christus bei seiner Rückkehr anschliessen, werden als «Heilige» bezeichnet (Sach 14,5). Und von allen heisst es, sie würden ihm «auf weissen Pferden» folgen (Offb 19,14).

Seine Waffe (Offb 19,15.21)

Nur Jesus besitzt eine Waffe in diesem Krieg, und zwar nur eine. Es ist das «scharfe Schwert», das aus seinem Mund kommt. Es bedarf nur seiner Worte, um diesen Kampf zu gewinnen. Denken Sie daran, was seine gesprochenen Worte im Lauf der Jahrhunderte alles bewirkt haben: Durch sein Wort wurde die Welt erschaffen (1Mo 1,3; Joh 1,1-3). Mit nur einem Wort aus seinem Mund heilte er die Kranken, erweckte die Toten, beruhigte einen Sturm, verfluchte einen Feigenbaum und brachte Dämonen zum Schweigen, indem er sie aus Menschen austrieb und durch Tiere in den Abgrund trieb. Sein Wort, ob gesprochen oder geschrieben, ist ein mächtiges, messerscharfes, zweischneidiges Schwert.[6]

Seit Jesus die Erde verlassen hat, nährt sich seine Braut von diesem Wort, trinkt es wie Milch und verzehrt es wie feste Speise.[7] Sein übernatürliches Wort ist unsere Quelle der Wahrheit und das Fundament, auf dem wir unser Leben, unsere Beziehungen, unsere Ehe, unsere Familie und die Gemeinde aufbauen.[8] Es ist alles, was die Braut für ihr Leben und ihre Gottesfurcht braucht.[9]

Dieses Wort ist nicht von der Person Christi zu trennen. Und mit ihm wird er «die Heidenvölker schlagen» (Offb 19,15). Wenn Jesus die Feinde in Armageddon mit seinen flammenden Augen ansieht, werden sie keine Chance haben, einen Gegenangriff zu starten. Im ultimativen Beispiel für Schock und Angst wird weder ein Abzug gedrückt noch ein Schuss abgefeuert. Stattdessen werden seine Feinde sofort vernichtet. Sie werden gnadenlos zertreten, wie Trauben in der Weinpresse.[10]

Das Gemetzel wird so schrecklich sein, dass das Blut dieser Armeen an manchen Stellen entlang einer 320 Kilometer langen

Schlachtlinie bis zu 1,35 Meter hoch fliessen wird![11] In Vers 15 heisst es, dass Christus «die Weinkelter des Grimmes und des Zornes Gottes, des Allmächtigen» treten wird. Das Ergebnis wird brutal, blutig und unfassbar sein (Offb 14,14-20).

Zu diesem Zeitpunkt wird die Mehrheit der noch Lebenden sich weigern, Busse zu tun. Sie werden die Botschaft des Evangeliums durch die zwei Zeugen, die 144 000 Auserwählten aus Israel, die Heiligen der Trübsalszeit und die Engel, die in der Mitte des Himmels fliegen, abgelehnt haben. Keine Botschaft aus Gottes Wort wird sie zur Busse bewegen können. Deshalb muss Jesus persönlich zurückkehren und sie *mit* seinem Wort vernichten.

Dies wird das grösste Massensterben sein seit der Sintflut. Jesus wird kein Aktivist für soziale Gerechtigkeit oder ein Hipster sein. Er wird kein lächelnder Erlöser sein. Er wird zurückkehren, um die Erde von Satan und seinen Dämonen zu säubern.

Sein Titel (Offb 19,16)

Auf Jesu blutbeflecktem Gewand und über seinem Oberschenkel steht «König der Könige und Herr der Herren». Das Gewand ist möglicherweise ein Banner, das über seine Brust und seinen Oberschenkel drapiert ist. Der Sohn Gottes ist in der Geschichte konkurrenzlos. Er wird im Kampf unbesiegt und bei seinem Jüngsten Gericht unversöhnlich sein.

Der auferstandene Christus ist der Held der Zeitalter, ein Eroberer für alle Zeiten. Die Welt weiss praktisch nichts über diesen Jesus, der in der Offenbarung beschrieben wird. Und noch trauriger ist, dass selbst die Gemeinde wenig über seine Eigenschaften weiss.

Bis heute heisst Jesus Christus reuige Sünder immer noch willkommen. Aber in Armageddon wird er sie verurteilen und töten. Dies ist eine ernüchternde Erinnerung daran, dass es Gott ist, der Leben schafft, Leben gibt und Leben nimmt, gemäss seinem souveränen Willen und seinen Plänen (1Mo 6,1-8; Hi 14,5; Ps 90,12; 139,16).

Wo Christus auch immer ist, Leben werden verändert und umgestaltet. Betrachten Sie die «geografische Karte von Jesus».

Wenn wir nach *Golgatha* gehen, sehen wir, wo die Schuld der Sünde bezahlt wurde.

Wenn wir zum *Gartengrab* reisen, sehen wir, wo der Stachel des Todes entfernt wurde.

Aber alle, die bei *Armageddon* erscheinen, erwartet eine brutale, rachsüchtige Hinrichtung. Und der gesamte Planet wird Zeuge des Blutbads (Offb 1,7).

Nach dieser Schlacht wird ein «Engel in der Sonne stehen» und alle Vögel des Himmels zu einem grossen Festmahl zusammenrufen. Es wird das «Mahl des grossen Gottes» genannt (Offb 19,17-18). Diese Vögel werden Könige, Befehlshaber und andere mächtige Menschen verspeisen und sich am Fleisch der globalen Eliten satt essen. Diejenigen, deren Karrieren einst nicht zu bremsen waren und deren Egos ins unermessliche wuchsen, werden vor dem jüdischen Zimmermann aus Galiläa erniedrigt und gedemütigt.

Der Antichrist und der falsche Prophet werden ergriffen und lebendig in den Feuersee geworfen (Offb 19,20-21). Diese beiden Männer, die einst an der Spitze der Welt standen und über Milliarden Menschen herrschten, werden gedemütigt und die Ersten sein, die im ewigen Feuersee landen.

Und die Geschichte der Menschheit wird damit offiziell enden.

Warum Christus zurückkehrt

Wenn Jesus Christus, der König aller Könige, zurückkehrt, wird er viele heilige Ziele erreichen. Er wird wiederkommen,

- um sein Versprechen einzulösen, auf die Erde zurückzukommen (Sach 14,4; Mt 25,31; Apg 1,9-11).
- um seine Feinde zu besiegen (Offb 19,19-21).
- um Israel zu erlösen und wiederherzustellen (Jes 11,11; 43,5-6; Jer 30,10; 33,6-9; Hes 36,24-38; 37,1-28; Röm 11,25-27).
- um die Heiden im Schaf- und Böckegericht zu richten (Mt 25,31-46).
- um die Heiligen des Alten Testaments und die Märtyrer der Trübsalszeit aufzuerwecken, damit sie in ihren verherrlichten Körpern in das Tausendjährige Friedensreich eintreten können (Offb 20,4-6; s. auch Dan 12,1-4).
- um Satan für Tausend Jahre zu binden (Offb 20,1-3).
- um seine tausendjährige Herrschaft als König zu beginnen (Jes 9,6; Dan 2,44; Mt 19,28; Lk 1,32-33; Offb 19,6).

Aber die Verheissung der Wiederkunft Jesu soll auch in uns etwas auslösen und bewegen. Das heisst:

- Wir erfahren Gottes Absicht und Plan – dass der Krieg von Armageddon ein gerechtes und rechtschaffenes Urteil über seine Feinde bringen wird. Wie es von denen beschrieben wurde, die unter der dritten Zornschale litten, «denn sie verdienen es!» (Offb 16,6). Diese Wahrheit sollte unsere Ansicht über Gottes Wesen und die Zukunft ändern.

- Wir sehen die Realität und die Menschheit wie Gott (Röm 1,18-32; 3,10-18.23; 6,23; Offb 9,20-21; 16,9-11.21). Diese Wahrheit macht uns bewusst, wie dunkel die Welt ist und wie dringend die Menschen unserer Generation Erlösung brauchen.
- Wir sitzen «in der ersten Reihe» und erleben den grössten Moment der Menschheitsgeschichte. Wir werden Jesus bei diesem glorreichen Ereignis begleiten und aus seiner heiligen und gerechten Perspektive alles sehen, was auf der Erde geschieht. Und wir werden an seinem Sieg teilhaben und ihn feiern.

Die Wiederkunft Jesu wird ein sichtbares, gewalttätiges, entscheidendes, heroisches und majestätisches Ereignis sein! (Offb 1,7; 19,16). Kein Wunder, dass Johannes sich am Ende der Offenbarung nicht zurückhalten kann und verkündet: «Ja, komm, Herr Jesus!» (Offb 22,20). Der Herr ist treu!

KAPITEL 10

JESU GEBET ... ERHÖRT!

Der Gott, der *regiert*

— OFFENBARUNG 20,1-10 —

Kürzlich war ich in unserer Küche und plötzlich hörte ich eine Stimme, obwohl niemand in der Nähe war. Bevor Sie sich jetzt fragen, ob ich an einer Art Geisteskrankheit leide, kann ich es Ihnen verraten: Es war die Stimme von Alexa, Amazons virtueller Sprachassistentin. Was mich am meisten verblüffte, war nicht die Stimme selbst, sondern das, was Alexa sagte. Sie verkündete ganz ruhig: «Das Tausendjährige Friedensreich ist angekommen.»

Das liess mich wie angewurzelt stehen.

«Alexa», fragte ich, «*was* hast du gerade gesagt?» Und ohne eine Pause wiederholte sie: «Das Tausendjährige Friedensreich ist angekommen.»

Ich muss gestehen, mein erster Gedanke war: Warum sollte sich ein virtueller Sprachassistent für biblische Prophetie interessieren? Und der zweite Gedanke, vielleicht etwas humorvoll, war: Warum ist Alexa eine Amillennialistin?

Ich war wirklich einen Moment lang verwirrt. Aber dann hatte ich des Rätsels Lösung: Alexa kündigt oft an, wenn Pakete ausgeliefert werden. Und da fiel es mir ein. Ich hatte ein Buch von Dr. John Walvoord bestellt, das – Sie ahnen es – den Titel *«Das Tausendjährige Friedensreich»* trägt.

Das Geheimnis war gelüftet.

Das Millennium verstehen

Wenn es um das Thema des Tausendjährigen Reichs (Millennium) geht, gibt es viele Fragen:

- Was ist das Tausendjährige Reich?
- Wird es buchstäblich ein Tausendjähriges Reich, für wirklich Tausend Jahre, auf der Erde geben?
- Wenn ja, wann wird es bestehen?
- Ist es möglich, dass es bereits geschehen ist?
- Oder könnte es gerade jetzt geschehen?

Das sind gute Fragen.

In den Evangelien spricht Jesus oft vom kommenden Königreich. Das Königreich Gottes wird auch im Alten Testament erwähnt (Ps 10,16; 93,1-2; 96,10).

Was den Zeitpunkt betrifft, wollen wir die folgenden Verse beachten: «Tut Busse, denn das Reich der Himmel ist nahe herbeigekommen!» (Mt 3,2; 4,17) und «Denn siehe, das Reich Gottes ist mitten unter euch» (Lk 17,21).

Heisst das also jetzt, später oder in mir? Was ist es?

Die Heilige Schrift unterscheidet zwischen der allgemeinen Souveränität Gottes und der Tatsache, dass er immer über das Universum herrscht, gegenüber dem Tausendjährigen Reich von Jesus, dessen Natur und Zeitpunkt diskutiert werden. Dieses Kapitel ist dem Thema des zukünftigen Königreichs Jesu gewidmet, wie es in Offenbarung 20 beschrieben wird.

Beginnen wir mit den Grundlagen. Das lateinische Wort *Millennium* bedeutet «Tausend Jahre». Das Wort selbst ist, wie viele andere Lehrbegriffe, nicht in der Bibel zu finden, weil das Neue Testament nicht auf Latein, sondern auf Griechisch geschrieben wurde. In den Originalmanuskripten finden sich also weder lateinische noch deutsche Wörter. Wörter wie *Dreieinigkeit, Irrtumslosigkeit, Weihnachten, Ostern* oder sogar *Bibel* kommen in der Heiligen Schrift nicht vor. Und trotzdem sehen wir, dass die Wahrheit des Millenniums klar gelehrt wird.

Drei Ansichten zum Tausendjährigen Reich

In Offenbarung 20,1-7 wird die Zahl Tausend sechsmal in sieben Versen wiederholt. Diese Wiederholung unterstreicht die Bedeutung des Themas. Aber was bedeutet die Zahl Tausend hier? Es gibt drei Ansichten darüber.

Jede von ihnen hat mit der Beziehung zwischen Jesu zweitem Kommen und seiner Herrschaft über die ganze Erde zu tun.

Amillennialismus

Das Präfix (Vorsilbe) «a» bedeutet «nicht». Der Amillennialismus besagt daher, dass es keine tatsächliche, zukünftige, irdische tausendjährige Herrschaft Jesu gibt. Stattdessen existiert sein Königreich geistlich in unseren Herzen. Die Zahl Tausend ist symbolisch und bezieht sich lediglich auf einen längeren

Zeitraum. Der Amillennialismus lehrt, dass Satan seit Jesu erstem Kommen gefesselt ist. Ein Blick auf unsere Welt widerlegt diese Ansicht jedoch. Es ist eindeutig, dass er nicht gefesselt ist.

Amillennialisten glauben zwar, dass Jesus eines Tages zurückkehren wird, um über die Menschheit zu richten, aber nicht nach der siebenjährigen Trübsalszeit, die in Offenbarung 6 bis 19 beschrieben wird. Aber wenn Jesus in den Herzen der Gläubigen regiert, wie die Amillennialisten behaupten, dann scheint er seine Aufgabe schlecht zu erfüllen. Denn deren Ansicht vergeistlicht die Heilige Schrift und interpretiert fast alle prophetischen Aussagen und Zahlen in der Offenbarung als *symbolisch*. Diese Herangehensweise an die Prophetie wurde von Augustinus initiiert. Sie war die vorherrschende Ansicht der römisch-katholischen sowie der griechisch-orthodoxen Kirche und vieler protestantischer Konfessionen, einschliesslich der Presbyterianer. Martin Luther und Johannes Calvin vertraten übrigens die gleiche Ansicht.

Postmillennialismus

Gemäss dieser Lehre wird Jesus Christus nach einer unbestimmten Zeit auf die Erde zurückkehren. Dank des globalen Einflusses von Christen und dem Evangelium wird die Welt geprägt sein von einem goldenen Zeitalter der Gottesfurcht. Postmillennialisten gehen davon aus, dass das Christentum auf der Erde so weit verbreitet sein wird, dass Jesus schliesslich wieder willkommen geheissen wird, um das Millennium zu beenden und die Ewigkeit einzuläuten. Nach dieser Ansicht wirkt das Königreich bereits jetzt und führt schlussendlich zur endgültigen Rückkehr Jesu bei seinem zweiten Kommen.

Wenn es jedoch wahr ist, dass die Christen durch ihren weltweiten Einfluss Gottes Königreich auf die Erde bringen werden, dann können wir erstens mit Sicherheit schlussfolgern: Wir scheitern kläglich, weil das Böse eindeutig die Oberhand gewinnt. Die menschliche Gesellschaft wird schlechter, nicht besser. Und zweitens haben wir noch einen langen Weg vor uns, bevor die Welt christlicher wird, weil etwa vier Milliarden Menschen den Namen Jesus Christus noch nicht gehört haben.

Prämillennialismus

Die prämillennialistische Position besagt, dass Jesus bei seinem zweiten Kommen auf die Erde zurückkehren wird, *bevor* er buchstäblich eine tausendjährige Herrschaft über die Erde errichtet. Diese Lehre geht davon aus, dass Christi tausendjährige Herrschaft in einer *zukünftigen* Epoche stattfindet, und besagt, dass Satan während dieses tausendjährigen Zeitraums gebunden sein wird, gemäss Offenbarung 20,1-9.

Der Prämillennialismus war die vorherrschende Ansicht unter den frühen Kirchenvätern: Ignatius, Polykarp, Tertullian, Clemens von Rom, Barnabas und Justin der Märtyrer. Prämillennialisten glauben, wie auch Leute, die andere eschatologische Ansichten vertreten, dass Gott souverän ist und zu allen Zeiten über alle Dinge herrscht, so auch jetzt (Ps 115,3). Der Unterschied besteht jedoch darin, dass der Prämillennialismus eine klare Unterscheidung zwischen der Art und dem Ausmass der Herrschaft Jesu in diesem Zeitalter und seiner Herrschaft im zukünftigen Tausendjährigen Reich sieht. Die Herrschaft Christi wird an jenem Tag weltumspannend, gerecht und deutlich sichtbar sein.

Warum also Prämillennialismus?

Es gibt mehrere Gründe, die aufgrund der Heiligen Schrift für diese Sichtweise sprechen. Bedenken Sie, dass Ihr Verständnis und Ihre Interpretation der Tausend Jahre in Offenbarung 20 davon abhängt, wie Sie den Rest der Offenbarung verstehen und interpretieren. So, wie Sie auf einer Strasse gehen, die zu einem bestimmten Ziel führt, wird Ihre Hermeneutik (Interpretationsmethode) Sie zu einem bestimmten allgemeinen Verständnis der Bibel führen. Mit anderen Worten: Wie Sie beginnen, bestimmt, wo beziehungsweise wie Sie enden.

Ich halte die wortwörtliche, grammatische, historische, kulturelle und kontextuelle Methode für die effektivste und genaueste Interpretationsmethode. So sollte die Bibel interpretiert und verstanden werden. Und so legen diejenigen, die an den beiden anderen Ansichten festhalten, die Prophezeiungen über das erste Kommen Jesu aus. Mit dieser Methode kann jeder fleissige Gläubige die Bedeutung der Heiligen Schrift von 1. Mose bis zur Offenbarung erfassen – und dazu gehört auch, was sie über das Tausendjährige Reich lehrt.

Vor diesem Hintergrund nenne ich sieben Gründe, warum ich glaube, dass das zweite Kommen Jesu dem Tausendjährigen Reich vorausgehen wird.

Grund Nr. 1 – Der Prämillennialismus passt zu den Verheissungen, die Gott Abraham und David gab.

Gott schloss mit diesen beiden Männern je einen Bund und gab konkrete Verheissungen:

Abraham wurde versprochen, dass er der Vater einer grossen Nation sein würde (1Mo 12,2). Diese Verheissung wurde *tatsächlich* erfüllt, denn es führte zur jüdischen Nation.

Gott versprach Abraham, dass er ihn segnen würde und dass durch ihn alle Nationen gesegnet würden (1Mo 12,3). Diese Verheissung wurde auch durch Jesus und seinen Opfertod am Kreuz erfüllt.

Abraham und seinen Nachkommen wurde ein ganz bestimmtes Stück Land gegeben (1Mo 12,1; 15,18-21). König Salomo kam der Erfüllung dieser Prophezeiung nahe, dennoch herrschte er nie über das gesamte Land, das Gott Abraham versprochen hatte.[1] In Wirklichkeit hat Israel diese versprochenen Landesgrenzen noch nicht erreicht. Diese Prophezeiung muss also noch erfüllt werden. Und dies wird während des Millenniums geschehen.

Gott sagte David, dass sein «Nachkomme» für immer auf seinem Thron herrschen werde (2Sam 7,12-16). In diesen Versen steht dreimal «für immer», um die Realität der Verheissung zu betonen. Und diese Prophezeiung über Christus, zu lesen in Matthäus 19,28, Lukas 1,31-33 und Apostelgeschichte 1,6-7, hat sich auch noch nicht erfüllt. Jesus regiert aktuell nicht vom Thron Davids aus (Hebr 12,2).[2] Bei seiner Wiederkunft wird er jedoch seinen rechtmässigen Platz auf diesem Thron einnehmen (Apg 15,15-18).

Grund Nr. 2 – Der Prämillennialismus steht im Einklang mit der Auferstehung in Offenbarung 20,1-6 («... sie wurden lebendig und regierten die 1000 Jahre mit Christus»).

Das mit «Auferstehung» übersetzte Wort (gr. *anastasis*) wird im Neuen Testament 41-mal verwendet und bezieht sich immer auf eine wortwörliche körperliche Auferstehung. Es ergibt keinen Sinn, dass Heilige aus der Trübsalszeit auferstehen und mit

Jesus in einer Art symbolischem, geistlichem Königreich von unbestimmter Dauer herrschen würden. Und warum sollten die Ungläubigen, die während der Trübsalszeit starben, nach einer sinnbildlichen tausendjährigen Zeitspanne körperlich auferstehen, um gerichtet zu werden? Wenn die Auferstehung und die Gerichte buchstäblich sind, dann folgt daraus, dass dies auch für das Millennium gelten wird.

Grund Nr. 3 – Der Prämillennialismus war die vorherrschende Ansicht der frühen Gemeinde und blieb dies auch während der ersten 300 Jahre der Kirchengeschichte.

Einige der frühen Kirchenväter, die diese Ansicht vertraten, waren:

- *Papias* (ca. 60–130 n. Chr.) – Bischof von Hieropolis, ein Gefährte von Polykarp und Schüler des Apostels Johannes – behauptete, dass auch die Apostel Andreas, Petrus, Philippus, Thomas, Jakobus und Matthäus die prämillennialistische Position vertraten.[3]
- *Ignatius* (gest. 108 n. Chr.) – Bischof von Antiochia im ersten Jahrhundert
- *Polykarp* (69–155 n. Chr.) – ein Schüler des Apostels Johannes
- *Justinus der Märtyrer* (ca. 100–165 n. Chr.) – schrieb in seinem Dialog mit Trypho über die tausendjährige Herrschaft Christi.
- *Irenäus* (ca. 130–202 n. Chr.) – Bischof von Lyon, war ein Schüler von Polykarp.

Erst als Augustinus (4. bis 5. Jh. n. Chr.) das Königreich vergeistlichte, gewann die Sichtweise des Amillennialismus an Bedeutung. Bis zu diesem Zeitpunkt war dieser Glaube mit ketzerischen, nicht wortwörtlichen Ansätzen bei der Auslegung der Bibel verbunden.[4]

Grund Nr. 4 – Das erste Kommen Jesu Christi auf die Erde war weder symbolisch noch geistlich, sondern Tatsache.

Da sich die Prophezeiungen über Christi erstes Kommen wortwörtlich erfüllt haben, gibt es keinen zwingenden Grund, zu glauben, dass sich die Prophezeiungen über seine Wiederkunft und seine tausendjährige Herrschaft nicht auch buchstäblich erfüllen werden. Denn die Heilige Schrift scheint dies eindeutig festzuhalten (Jes 2,3; Dan 7,14; Sach 14,4.9; Offb 19,11-21; 20,2.4).

Grund Nr. 5 – Der Prämillennialismus wird durch die einfachste und natürlichste Lesart der Prophezeiungen der Offenbarung gestützt.

Wir haben deshalb zwei Möglichkeiten: Entweder sind Jesu Wiederkehr, seine zukünftige Herrschaft auf Erden, das Gericht vor dem grossen weissen Thron und die Ewigkeit buchstäblich und real, oder sie sind symbolisch, sinnbildlich oder finden in einer unsichtbaren geistlichen Welt statt. Es ist jedoch problematisch, die Prophetie der Offenbarung als abstrakte geistliche Wahrheit zu interpretieren. Laut Johannes in Offenbarung 1,7 wird ihn bei der Wiederkunft «jedes Auge sehen». Physische Augen werden eine physische Wiederkehr sehen. Und – eine tatsächliche Wiederkehr führt logisch und natürlich zu einem physischen, wortwörtlichen Millennium. Ausserdem heisst es in Offenbarung 5,10, dass die Heiligen im Himmel «*herrschen* auf Erden» werden – wortwörtlich.

Grund Nr. 6 – Prämillennialismus passt zur Fesselung Satans

In Offenbarung 20,1-3 liefert uns Johannes genaue Details zur Fesselung Satans. Wäre sie bloss metaphorisch gemeint, würde dies den ganzen Sinn der Sprache zunichtemachen. Daher muss es hier eine tatsächliche Fesselung sein. Johannes, der beim Schreiben der Heiligen Schrift vom Heiligen Geist inspiriert wurde, wählte seine Worte sorgfältig. Er beschreibt spezifische Objekte, Handlungen und Orte und liefert sogar eine detaillierte Zeitleiste: «Engel», «Schlüssel», «Abgrund», «Kette», «Hand», «ergriff», «band», «Tausend Jahre», «warf», «schloss ein», «versiegelte».

Zu glauben, der Teufel sei aktuell in der sogenannten geistlichen tausendjährigen Herrschaft Jesu gebunden, ist unhaltbar. Schauen Sie sich in der Welt um. Satan ist auf unserem Planeten immer noch sehr lebendig und wohlauf. Er ist immer noch «der Gott dieser Weltzeit», der «die Sinne verblendet hat» (2Kor 4,4), und er ist für die Ungläubigen immer noch der «Fürst, der in der Luft herrscht» (Eph 2,2). Er ist immer noch derjenige, «der den ganzen Erdkreis verführt» (Offb 12,9) und als unser grösster «Widersacher» erscheint (1Petr 5,8). Eines ist er jedoch definitiv nicht: «gefesselt» beziehungsweise «gebunden».

Grund Nr. 7 – Der Prämillennialismus verwendet den einfachen, wörtlichen, grammatischen Ansatz zur Interpretation der Offenbarung.

Es stimmt, dass Johannes in der Offenbarung Ausdrücke verwendet, die sich auf allgemeinere, undefinierte Zeiträume beziehen, wie «noch eine kleine Zeit» (Offb 6,11), «nur wenig Zeit» (Offb 12,12) und «für kurze Zeit» (Offb 20,3). In diesen Fällen ist Gott nicht konkret.

Aber wenn die Zahl von Tausend Jahren, die sechsmal in sieben Versen wiederholt wird (Offb 20,1-7), nicht wörtlich interpretiert werden soll, warum wiederholt Gott sie dann immer und immer wieder? Warum sagt er nicht einfach «eine lange Zeit»? Warum wiederholt der Herr immer wieder eine bestimmte Zahl, wenn er andere Ausdrücke hätte verwenden können, um eine unbestimmte Zeitspanne anzugeben? Die Zahl Tausend wortwörtlich zu nehmen, ist logisch, wenn wir andere Zahlen bedenken, die Johannes genau nennt: «144 000» (Offb 7,4; 14,1), «zwei Zeugen» (Offb 11,3), «200 Millionen» (Offb 9,16), «1260 Tage» (Offb 11,3; 12,6), «7000 Menschen» (Offb 11,13), «sieben Köpfe» und «zehn Hörner» (Offb 13,1), «ein dritter Engel» (Offb 14,9). Warum werden bestimmte Zahlen verwendet, um vage und symbolische Konzepte zu vermitteln? Warum hat Gott nicht einfach gesagt, was er meint?[5] Und warum sollten wir ihm nicht glauben? Diese Zahlen symbolisch zu interpretieren, führt nur zu Spekulationen und Verwirrung.

Für mich sind das sieben überzeugende Gründe, warum die Sichtweise Prämillennialismus am besten zur Lehre der Bibel passt.

Damit möchte ich diejenigen, die andere Ansichten vertreten, nicht herabwürdigen. Es sollten einfach alle Ansichten mit der Heiligen Schrift verglichen und bewertet werden. Denn das hilft, ein Durcheinander zu beseitigen, informiert zu bleiben, und gibt uns Vertrauen in das, was wir glauben.

Sowohl das Alte als auch das Neue Testament sprechen von einem zukünftigen buchstäblichen Königreich (Ps 2,9; Jes 9,6;

Sach 14,9). Allerdings erfahren wir erst im Buch der Offenbarung, dass es Tausend Jahre dauern wird.

Einzelheiten zum Tausendjährigen Friedensreich

Was sagt die Bibel im Einzelnen zu dieser tausendjährigen Herrschaft auf Erden?

Warum ein Königreich?

- Um Jesus zu geben, was ihm rechtmässig zusteht (Ps 2,7-8; Kol 1,15-16; Hebr 1,1-2; Offb 5,1-7).
- Um Gottes Verheissung an Abraham bezüglich Segen und Land zu erfüllen (1Mo 12,2-3; 13,14-15; 15,18-21; 17,7-8; Hes 20,42-44; 36,28-35).
- Um Gottes Verheissung zu erfüllen, dass der Messias für immer auf Davids Thron regieren werde (2Sam 7,10-16; 1Chr 17,11-14; Jes 9,6-7; 11,1).
- Um die Nation Israel geistlich wiederherzustellen (Jer 31,31-34).
- Um Jesu Weigerung zu bestätigen, Satans Angebot der Königreiche der Welt voreilig anzunehmen, als er in der Wüste versucht wurde (Mt 4,8-10; Lk 4,5-8).

Wer wird dort leben?

Das Königreich wird Menschen aus allen Völkern, Stämmen, Sprachen und Nationen umfassen (Offb 5,9-10; 7,9) sowie alle Heiligen aller Zeiten, darunter:

- Heilige des Alten Testaments (Jes 26,19; Dan 12,2)
- Heilige, die während der Trübsalszeit als Märtyrer sterben (Offb 6,9-11; 20,4)

- Heilige, die die Trübsalszeit überleben (Sach 12,10; Mt 25,31-46) – sie werden einen sterblichen Körper haben, während des Königreichs heiraten und Kinder gebären (Jer 30,20; Hes 47,21-23; Sach 10,8; Mt 22,30) und ein langes und erfülltes Leben geniessen (Hes 34,25-28; Sach 14,10-11)
- die Braut Christi (Offb 19,8.14)

Wie wird das Leben im neuen Königreich sein?

- Jesus, der König, wird gerecht über die ganze Erde herrschen (Jes 9,6-7).
- Sein Thron wird in Jerusalem stehen (Ps 2,6-9; Jes 2,2-4; Hes 48,30-35; Dan 7,14; Mi 4,1.6-8; Sach 8,1-3).
- Seine Herrschaft wird ewig währen (Jes 9,6; Dan 7,14.27).
- Jeder wird den Herrn kennen (Jes 11,9; Jer 31,33-34).
- Jeder Heilige wird im Glauben wachsen (Röm 8,29-30; 1Kor 2,16; 13,12).
- Wir werden unseren Herrn in Jerusalem anbeten (Jes 45,23; 52,10; Hes 40-48; Zef 3,9).
- Wir werden weltweiten Frieden (Jes 2,4; 9,4-7), Freude (Jes 9,3-4), Trost (Jes 12,1-2), Gerechtigkeit (Jes 9,6) erleben und befreit sein vom Fluch der Sünde (Jes 11,6-9; 35,9; 65,25).

Wie wird sich die Erde verändern?

Die Landschaft/Topografie der Erde wird während der Trübsalszeit radikal verändert werden durch:

- Weltkrieg (Offb 6,3-4)
- Milliarden von Toten (Offb 6,8; 9,15)
- gewaltige Erdbeben (Offb 6,12-14; 8,5; 16,18-19)

- Verschmutzung von Meeren und Flüssen (Offb 8,8; 16,4)
- Zerstörung durch Meteore und Asteroiden (Offb 6,13; 8,10)
- ein Drittel der Bäume und alles Gras werden verbrannt (Offb 8,7)
- Verschmutzung durch Krieg, möglicherweise durch einen Atomkrieg (Offb 6,4.8)
- Vulkanausbrüche (Offb 6,12)

All dies wird die Erde zu einem unbewohnbaren Ort machen. Der «Klimawandel» wird kommen, jedoch als Folge von Jesus Christus und seinem Zorn. Was also wird Gott tun? Wie wird er alles in Ordnung bringen? Im Wesentlichen wird er die Topografie neu gestalten und die Atmosphäre erneuern. Im Buch Daniel lesen wir von einem 75-tägigen Zeitraum zwischen der Wiederkunft Christi und dem Beginn des Tausendjährigen Reichs. Wie Sie sich erinnern, wird die zweite Hälfte der Trübsal 1260 Tage dauern, aber in Daniel 12,11 heisst es, dass ab der Mitte der Trübsal oder dem Gräuel der Verwüstung 1290 Tage vergehen werden, also zusätzliche 30 Tage, vermutlich um den Tempel für das Tausendjährige Reich wiederherzustellen. Dann werden nochmals zusätzlich 45 Tage vergehen, bevor das Reich «offiziell» beginnt (Dan 12,12). Dies ist wahrscheinlich der Zeitpunkt, an dem das Gericht an den Heidennationen stattfindet (Mt 25,31-46).

- Auch die jüdischen Überlebenden werden gerichtet (Mt 25,1-30).
- Die Regierung des Königreichs wird möglicherweise während dieser 45 Tage eingesetzt.
- Die Erde wird ökologisch und theologisch vorbereitet.

Gottes radikale Umgestaltung der Erde wird Folgendes bewirken:

- Die Wüsten werden blühen (Jes 35,1-2).
- Zerstörte Berge werden vermutlich wiederhergestellt und Jerusalem wird sich wie ein Juwel über der Ebene erheben (Mi 4,1; Sach 14,9-10; Offb 16,20).
- Jerusalem wird die neue Welthauptstadt sein (Ps 2,6; Jes 2,3).
- Es wird keinen Krieg und damit keine Verwüstungen mehr geben (Jes 2,4).
- Die Schöpfung, die der Vergänglichkeit unterworfen war, wird endlich befreit sein (Röm 8,20-22).

Wird es Tiere geben?

- Ja, aber soweit ich verstehe, nicht unsere früheren Haustiere.
- Der Fluch, der wegen der Sünde auf das Tierreich gelegt wurde (1Mo 3,14), wird aufgehoben. Es wird keine bösartigen Tiere und somit auch keine Bissverletzungen und keinen Tod mehr geben (Jes 11,6-8; 35,9; 65,25).
- Wir werden Freude an den Tieren haben und über sie herrschen, wie Adam es im Paradies tat (1Mo 1,26-28; Ps 8,3-8; s. auch Jes 11,6-8).
- Vielleicht behalten wir sogar unser «fliegendes weisses Pferd» von unserer Rückkehr auf die Erde. Wir wissen, dass Pferde das Königreich bevölkern werden (Sach 14,20).

Welche Rollen werden wir einnehmen?

Wir werden mit Christus herrschen (Dan 7,18.22.27; 2Tim 2,12; Offb 20,4-6). Die Bibel beschreibt, wie diese gemeinsame Herrschaft aussehen wird – wir werden über Engel richten und regieren (1Kor 6,1-3) sowie über Städte (Lk 19,11-26) und Nationen (Offb 2,26-28) herrschen. Die Grössenordnung der Verantwortung ist proportional zu unserer Treue zu Jesus, zu unserem Gehorsam und unserer Standhaftigkeit in Drangsal. Wir werden Teil der neuen Erde sein und das Leben im Reich Gottes geniessen.

Wird es Sünde geben im Königreich?

Leider ja. Die Heiligen auf Erden, welche die Trübsalszeit überlebten, werden in ihrem sterblichen Körper in das Königreich eintreten. Das bedeutet auch, dass sie Kinder bekommen können. Diese Heiligen und ihre Nachkommen werden im Gegensatz zu uns immer noch ihre sündige Natur besitzen. Das heisst, es ist ihnen freigestellt, an Jesus und seine Herrschaft zu glauben oder sie abzulehnen. Nur so lässt sich die Rebellion erklären, die am Ende des Jahrtausends stattfinden wird (Offb 20,7-9). Bedenken Sie jedoch Folgendes:

- Im Königreich wird das Verhalten durch göttlichen Gruppenzwang in Schach gehalten.
- Sündiges Verhalten wird durch die Gegenwart Christi stark eingedämmt.
- Sünde und Ungehorsam werden sofort angegangen.

Warum wird Gott Satan aus dem Abgrund befreien?

Am Ende des Millenniums wird Satan «aus seinem Gefängnis losgelassen werden» (Offb 20,7). Wie beschreibt die Bibel den Ort, wo er gewesen ist? Und was wird er tun nach seinem Gefängnisaufenthalt? Er wird sofort eine Täuschungskampagne gegen die noch lebenden gottlosen Menschen beginnen (V. 8).

Betrachten wir als Erstes sein Gefängnis, genannt der «Abgrund» (Offb 20,3). Dieser Ort ist für die schlimmsten Dämonen vorgesehen (Jud 6; Offb 9,1-2.11). Zweitens wird Satans Zorn immer heftiger, wenn er bestraft oder besiegt wird (Offb 12,7-9.12-13). Drittens werden die Kinder, die während des Millenniums geboren werden, eine sündige Natur haben. Offensichtlich werden viele von ihnen am Ende des Tausendjährigen Reichs zu den «Nationen» gehören, die rebellieren (Jes 65,20; Offb 20,8). Aus Offenbarung 20,7-9 erfahren wir folgende Einzelheiten über den Aufstand:

- Satan wird es schaffen, die Massen weiterhin zu täuschen. An seinem verdorbenen, bösen Charakter wird sich nichts geändert haben.
- Er wird eine riesige Armee aufstellen.
- Der Krieg wird jedoch nicht lange dauern, denn Feuer wird vom Himmel herabkommen und alle vernichten.

Dann werden diese Feinde in den Feuersee geworfen – für immer und ewig (Offb 20,9-10).

Die quälende Frage bleibt dennoch: Warum wird Gott Satan freilassen? Was ist der Sinn? Die Heilige Schrift gibt keine konkrete Antwort. Mögliche Gründe könnten sein:

- Um zu beweisen, dass der Teufel nicht erlöst werden kann – er kann sich schlichtweg nicht ändern, nicht einmal nach Tausend Jahren Einzelhaft.
- Um das (von Natur aus) böse menschliche Herz aufzuzeigen (Jes 53,6; 64,6; Jer 17,9; Röm 3,10-12; 7,18).
- Um zu zeigen, wie mächtig Satans Täuschungskraft ist – diese Macht ist in unserer heutigen Welt wirksam.

- Damit Gott der Sünde ein für alle Mal ein Ende setzt (Offb 21,8).

Sehnsucht nach dem Tausendjährigen Friedensreich

Sehnen Sie sich auch nach dem Tag, an dem Jesus alles in Ordnung bringt? Keine Sünde, keine Versuchung, keine Gewalt, kein Mord, keine Unmoral, nichts Böses und keine Ungerechtigkeit mehr? Das ist das Königreich, das Jesus Christus errichten wird – ein Königreich, das Sie geniessen werden, wenn Sie an seiner Seite herrschen.

Vielleicht sprechen Sie schon bald das folgende Gebet mit einer neuen tiefen Sehnsucht aus. Warum tun Sie es nicht jetzt gleich?

«Unser Vater, der du bist im Himmel!
Geheiligt werde dein Name.
Dein Reich komme. Dein Wille geschehe,
wie im Himmel, so auch auf Erden.
Gib uns heute unser tägliches Brot.
Und vergib uns unsere Schulden, wie
auch wir vergeben unseren Schuldnern.
Und führe uns nicht in Versuchung,
sondern errette uns von dem Bösen.
Denn dein ist das Reich und die Kraft
und die Herrlichkeit in Ewigkeit! Amen.»

(Matthäus 6,9-13)

KAPITEL 11

DAS GERICHT OHNE BERUFUNG

Der Gott, der *belohnt*

— OFFENBARUNG 20,11-15 —

Nach dem Tausendjährigen Reich wird Gott noch eine wichtige Aufgabe erledigen. Um die Szene zu beschreiben: Satan befindet sich im Feuersee. Er ist für immer verbannt und wird die Menschen nie mehr in Versuchung führen. Er wird dem Antichristen und dem falschen Propheten in diese feurige Hölle nachfolgen – diese beiden sowie alle gefallenen Engel werden bereits seit Tausend Jahren dort sein (Offb 19,20). Was als Nächstes geschieht, ist vielleicht die schrecklichste Szene in der Heiligen Schrift. Wir lesen in Offenbarung 20,11-15:

> «Und ich sah einen grossen weissen Thron und den, der darauf sass; vor seinem Angesicht flohen die Erde und der Himmel, und es wurde kein Platz für sie gefunden. Und

ich sah die Toten, Kleine und Grosse, vor Gott stehen, und es wurden Bücher geöffnet, und ein anderes Buch wurde geöffnet, das ist das Buch des Lebens; und die Toten wurden gerichtet gemäss ihren Werken, entsprechend dem, was in den Büchern geschrieben stand. Und das Meer gab die Toten heraus, die in ihm waren, und der Tod und das Totenreich gaben die Toten heraus, die in ihnen waren; und sie wurden gerichtet, ein jeder nach seinen Werken. Und der Tod und das Totenreich wurden in den Feuersee geworfen. Das ist der zweite Tod. Und wenn jemand nicht im Buch des Lebens eingeschrieben gefunden wurde, so wurde er in den Feuersee geworfen.»

Der Königshof

Johannes betrachtet nochmals ehrfürchtig Gottes Thron. Dieser wird als «gross» und «weiss» beschrieben. Zweifellos ist dieser Thron gross, aber diese Beschreibung schliesst auch die absolute Souveränität Gottes über das Universum (Ps 9,7-8) ein. Dieselbe Szene wird in Daniel 7,9-10 beschrieben. Aus Offenbarung 7,10 wissen wir, dass die Erlösung von dem kommt, «der auf dem Thron sitzt». Aus Offenbarung 3,21 erfahren wir auch, dass Jesus auf diesem Thron sitzt, und aus Johannes 5,22.26-27 wissen wir, dass ihm das gesamte Gericht übertragen wurde. Petrus wiederholt diese Wahrheit in Apostelgeschichte 10,42, indem er Christus als den «Richter der Lebendigen und der Toten» bezeichnet. Diese Wahrheit wird auch an anderen Stellen in der Bibel wiederholt (Apg 17,31; Röm 2,16; Phil 2,10-11; 2Tim 4,1). Und es ist auch derselbe Thron, den wir im neuen Himmel und auf der neuen Erde sehen (Offb 22,1.3).

Wer auf diesem Thron sitzt, ist so einschüchternd, dass «die Erde und der Himmel» fliehen werden (Offb 20,11). Sogar die Schöpfung wird seine gerechte Gegenwart spüren. Viele Bibellehrer denken, dies könnte ein Hinweis auf Gottes Zerstörung von Himmel und Erde sein (2Petr 3,10-13). Da er die Welt und das Universum erschaffen hat, ist es nur logisch, dass er sie auch *zerstören* kann. Im nächsten Kapitel werden wir uns im Detail ansehen, wie dieser neue Himmel und diese neue Erde aussehen werden.

Die Szene hier in Offenbarung 20 zeigt uns einen weiteren, vermutlich letzten Aspekt von Gottes Zorn. Obwohl alle Eigenschaften Gottes in perfekter Harmonie zueinander stehen, kommen nicht immer alle gleichzeitig zum Ausdruck. Wir sehen überall in der Heiligen Schrift Gottes Wesenszüge – seine schöpferische Kraft (1Mo 1,1), seine Weisheit und sein Wissen (Jer 17,10; Röm 8,26) und seine Barmherzigkeit (Ps 51,3; Jes 49,13; 54,10; Mk 1,40-41). Und im Buch der Offenbarung können wir Gottes apokalyptischen Zorn sehen. Aber das hier ist anders. Und was seinen Zorn hier beispiellos macht, ist dessen Endgültigkeit.

Zu spät für Reue

Dies ist wohl der meistgefürchtete Moment aller Zeiten. Die Schwere dieser Szene kann nicht hoch genug bewertet werden. Johannes ist unser Reiseführer, der beschreibt, was er sieht, und es ist nichts Gutes. Er sieht «die Toten, Kleine und Grosse, vor Gott stehen» (Offb 20,12). Diese Menschenmenge wird alle Ungläubigen umfassen, die jemals gelebt haben – seit Adam bis zu den Tagen Noahs. Von den Bewohnern von Sodom und Gomorrha bis zu all jenen, die in den alten Königreichen Babylon, Assyrien, Medo-Persien, Griechenland und Rom lebten. Von all jenen Volksgruppen, die Zeitgenossen der frühen Israeliten waren – die Jebusiter, Kanaaniter, Edomiter und Philister. In dieser riesigen Menschenmenge wird auch jeder Einzelne stehen, der in den letzten zweitausend Jahren Gottes Gnadenangebot abgelehnt hat.

Mit zitternden Knien werden alle heidnischen Philosophen, arroganten und gottlosen Lehrer, unbiblisch-religiösen Mitläufer und egoistischen Könige und Politiker vor dem Thron stehen. Alle, die sich trotzig gegen Gott und seine Wahrheit stellten, werden dort sein – jede getäuschte und verdorbene Seele, die die Lügen der Welt angenommen und Gottes gerechte Massstäbe abgelehnt hat. Ausnahmslos alle werden von blankem Entsetzen ergriffen sein, wenn sie auf diesen grossen weissen Thron blicken und den, der darauf sitzt.

Viele Stars, VIPs und Eliten dieser Welt werden dort sein – all jene, die Ruhm, Reichtum und Macht bevorzugten, statt ihr Leben dem Schöpfer zu übergeben. Vor dem Thron werden sie namenlos und durchschnittlich sein. Ihr Ruhm, ihr Reichtum und ihre Macht werden nichts mehr bedeuten. In dieser Menge werden moralisch aufrechte Menschen, wohltätige Kirchenmitglieder und religiöse Menschen aus aller Welt stehen, die das Heil nicht in Christus gesucht haben. Juden, Muslime, Hindus, Buddhisten, Atheisten, Agnostiker, Theisten und Anhänger jeder religiösen und philosophischen Überzeugung werden Teil dieser riesigen, verlorenen Menschenmenge sein.

Es werden Reiche und Arme dort sein. Die Hochschulabsolventen werden Schulter an Schulter mit den einfachen Handwerkern stehen. Der Hedgefonds-Broker von der Wall Street neben dem Kohlebergarbeiter aus West Virginia. Debütanten neben Obdachlosen. Teenager zusammen mit Alten. Und jeder, der Satans Lüge glaubte und freiwillig das Malzeichen des Tieres annahm, wird zweifellos mit grösstem Selbsthass dastehen. Aber es wird zu spät sein. In dem Moment, wo die Menschen das Malzeichen des Tieres annehmen und zu willigen Anbetern des Antichristen werden, ist ihr Schicksal für immer besiegelt (Offb 14,9-11). Milliarden und Abermilliarden Menschen werden aus ihrer Gefangenschaft in der Hölle auferstehen, um vor diesem Thron zu stehen (Joh 5,29; Apg 24,15).

Diese unzähligen, auf ewig Verdammten werden kurzzeitig von ihrer Höllenqual befreit sein und in Gottes Gerichtssaal vor seinem grossen weissen Thron erscheinen. Je nachdem, wann jeder von ihnen aus diesem Leben ins nächste übergegangen ist, werden sie unvorstellbare Qualen erlitten haben. Dies für nur ein paar Tage (seit sie bei der Rebellion am Ende des Tausendjährigen Reichs vom Feuer des Himmels verzehrt wurden) bis hin zu Tausenden von Jahren (die verstorbenen Menschen seit der Zeit von Adam).

Die Erlösten und die Auserwählten sind hier nicht anzutreffen. Gläubige werden in dieser Szene nicht erwähnt. Und sie müssen auch nicht dort sein, denn ihr Gericht hat bereits am Kreuz stattgefunden, Jesus Christus hat es für sie getragen (Röm 8,1; 2Kor 5,21). Sie werden bereits Gott und alles, was der Himmel zu bieten hat, geniessen.

Ihr vergangenes Leben

Viele fragen sich, ob die Menschen in der Hölle voneinander getrennt sein werden oder nicht. Die Bibel gibt keine klare Antwort. Aber zwei Tatsachen geben uns Hinweise darauf, dass die Menschen voneinander getrennt sein könnten: (1) Die Hölle wird als ein Ort der «äussersten Finsternis» dargestellt (Mt 25,30). Wenn dies eine wortwörtliche Beschreibung ist, dann bedeutet dies, dass die Verlorenen eine Einsamkeit der Seele erfahren werden, die mit keiner irdischen Erfahrung vergleichbar ist. Gott ist Licht (1Joh 1,5) und die fehlende Beziehung zu Gott bringt immer grosse Dunkelheit in die Seele, wenn nicht sogar tatsächliche Dunkelheit. Möglicherweise sind sich diese Menschen der unzähligen Milliarden anderer bewusst, die sich an demselben höllischen Ort befinden. Aber selbst dann wäre dies für sie belanglos und kein Trost, weil (2) die unerträglichen körperlichen Schmerzen, der emotionale Schrecken und die seelische Qual so überwältigend sind, dass es unwahrscheinlich ist, dass andere Stimmen über die endlosen, markerschütternden Schreie aus ihren eigenen Mündern hinweg verstanden werden (Lk 16,23-24; 2Thess 1,9; Offb 14,10-11; 20,10). Und selbst wenn sie gehört werden, würde der Widerhall der Jammerschreie der anderen nur ihre eigenen ergänzen.

Was diese unendlich grosse Schar von Menschen gemeinsam hat, sind die Verachtung für Gott und die Selbstliebe, solange sie auf Erden waren. Jeder Einzelne von ihnen starb freiwillig ohne Jesus. Und während sie vor dem grossen weissen Thron stehen und zweifellos vor Angst zittern, wird ihre Aufmerksamkeit plötzlich auf einen Stapel Bücher gelenkt.

Diese himmlischen Bücher, die jahrhundertelang verborgen waren und speziell für diesen Tag hervorgeholt wurden, enthalten die Anklageschrift vor dem König des Universums (Offb 20,12). Sie sind im Wesentlichen das Beweisstück A für die Anklage (Pred 12,14; Jer 17,10; Mt 12,36-37; Röm 2,9.16). Es wird keine Vermittler geben im grossen Gerichtssaal. Keine vom Gericht eingesetzten Verteidiger. Und es wird keine Selbstverteidigung geben. Die Chance auf Vermittlung und das Recht, vor dem Richter der ganzen Erde vertreten zu werden, haben sie verwirkt, als sie die Erde verliessen. Weil sie ohne den gelebt hatten, der auf dem Thron sitzt (Mt 16,27; 1Tim 2,5). Jesus sagt, es werde «viele» geben, die verzweifelt um Hilfe bitten (Mt 7,21-23). Sie glaubten, dass Prophezeiungen im Namen Christi, das angebliche Austreiben von Dämonen und das Vollbringen von «Wundern» ein sicheres Zeichen der Erlösung und der Gunst Gottes für ihr Leben und ihren Dienst wären. Aber sie werden feststellen, dass nichts davon biblisch war. Sie glaubten an die Lügen des Wohlstandsevangeliums. Oder an die Irrlehre, dass Christen eine Art göttliche Macht hätten, wenn sie den Wunsch einfach aussprechen oder das Gebet «im Namen Jesu» beenden.

Das war alles Täuschung, die auf falscher Interpretation der Heiligen Schrift beruhte. Und die Antwort Jesu auf diese Wohlstandsprediger, Heiler und Pseudo-Christen, die diese abweichende Lehre eifrig geschluckt haben? Er wird sich von ihnen distanzieren und bezeugen, dass er sie nie gekannt hat.

Ein zweites Buch wird geöffnet, Beweisstück B, welches «Buch des Lebens» genannt wird (Offb 20,12). Es enthält die Namen der Auserwählten Gottes, die er «in ihm auserwählt hat vor Grundlegung der Welt» (Eph 1,4). Diese Namen sind unauslöschlich mit ewiger Tinte geschrieben. Sie können niemals ausgelöscht werden (Offb 3,5). Sie sind durch göttlichen Beschluss und seine souveräne Wahl aufgeschrieben – eine Wahrheit, die letztlich nur Gott erklären kann. Die Bibel sagt es nicht explizit, aber es ist möglich, dass jeder Mensch sein eigenes «Buch» hat – eine detaillierte Aufstellung aller Taten, die er begangen hat. Da jede menschliche Handlung ein Spiegelbild des Herzens, der Motive und des Verstandes ist, werden diese Aufzeichnungen das individuelle Leben genau reflektieren. Und somit sind sie zulässige Beweise vor dem obersten Gericht des Himmels. Stellen Sie sich nun vor, wie viel Zeit es dauern würde, Milliarden von Fällen vor dem grossen weissen Thron zu verhandeln. Bedenken Sie aber auch gleichzeitig, dass die Komponente Zeit in der Ewigkeit irrelevant (oder vielleicht sogar inexistent) ist. Es wird keine Uhren im Gerichtssaal geben. Kein Zeitgefühl. Keinen Tag, keine Nacht. Keine Messung von Minuten, Stunden, Tagen, Monaten oder Jahren. Nur der Moment selbst. Es ist das ewige «Jetzt». Vergessen Sie nicht, dass Gottes übernatürliches Wissen und seine Souveränität diese Milliarden von Urteilen problemlos gleichzeitig verhandeln können – analog der Tatsache, dass er die Gebete von Millionen Menschen auf der ganzen Welt gleichzeitig hören und beantworten kann. Der Ausdruck «ein jeder» in Offenbarung 20,13 bezieht sich sicherlich auf den Umfang dieses Urteils und ist ein glaubwürdiger Hinweis, dass jeder Mensch einzeln vor Christus und seinem Thron erscheinen wird. Das Gericht wird eine Begegnung von Angesicht zu Angesicht mit dem erhabenen Zimmermann aus Nazareth sein.

Aber egal, wie lange diese Gerichtsverhandlung dauert, Johannes schreibt: «und die Toten wurden gerichtet gemäss ihren Werken, entsprechend dem, was in den Büchern geschrieben stand» (Offb 20,12). Dieser Satz zeigt, dass es im Jenseits verschiedene Abstufungen der Verurteilung und Bestrafung geben wird (s. auch Mt 11,21-22; Röm 2,6; Hebr 2,2). Wir wissen, dass es im Himmel ebenso verschiedene Belohnungsstufen geben wird (Mt 16,27; 19,28-29; 20,1-5; 25,14-30; 1Kor 3,11-15). Es ist verständlich, dass ein gerechter Gott einen moralisch aufrechten, religiösen Menschen nicht mit demselben Zorn bestrafen würde wie einen rituellen Vergewaltiger. Adolf Hitler verdient für den

Holocaust an sechs Millionen Juden sicherlich eine viel grössere Strafe als ein Fahrraddieb.

Es stimmt sehr wohl, dass wir als Sünder geboren wurden und die Verdammnis geerbt haben (Joh 3,18.36). In diesem Sinne sind alle Menschen gleichermassen sündig. Aber das gilt nicht, wenn Menschen «nach ihren Werken» gerichtet werden. Das bedeutet nicht, dass die Hölle für diejenigen, deren Taten nicht so abscheulich waren, weniger furchtbar und schrecklich sein wird. Im Gegenteil – ausnahmslos alle, die vor dem grossen weissen Thron gerichtet werden, werden für alle Ewigkeit unfassbare Schmerzen erleiden.

Johannes beschreibt, wie umfassend dieses Gericht ist: «Und das Meer gab die Toten heraus, die in ihm waren, und der Tod und das Totenreich gaben die Toten heraus, die in ihnen waren; und sie wurden gerichtet, ein jeder nach seinen Werken» (Offb 20,13). Es wird keine Rolle spielen, wie lange die Menschen schon tot waren oder wie sie starben. Ob im Krieg in die Luft gesprengt, im Meer ertränkt, von Tieren gefressen oder im Grab verwest, Gott weiss, wo sich die Moleküle eines jeden Menschen befinden. Der menschliche Körper wird neu erschaffen, während sein Geist gleichzeitig aus der Unterwelt geholt wird, wo er seit dem Tod gelitten hat. Körper und Seele werden wieder vereint, um vor den Richter Jesus zu treten.

Ewige Qual und Pein

Heute gehen die Menschen für ihre «Rechte» und «Gerechtigkeit» auf die Strasse und fordern sie ein. Wenn sie dann jedoch vor Gott stehen, werden die einzigen Rechte, die existieren, Gott zustehen. Und Gerechtigkeit wird *das Letzte* sein, woran dann irgendjemand denkt. Da diese verlorenen Menschen bereits Zeit in der Hölle verbracht und für ihre Sünden gelitten haben, werden sie sich ihrer Schuld und ihrer verdienten Strafe vor dem heiligen Gott bewusst sein. Und vor dem Richter des Universums zu stehen und sein endgültiges Urteil zu empfangen, ist das Letzte, was sie sich wünschen werden. Sie werden der göttlichen Aufforderung nicht entgehen können. Die Situation wird unvermeidlich sein. Obwohl die Heilige Schrift nicht explizit davon spricht, können wir davon ausgehen, dass in den Herzen und Köpfen dieser verlorenen Seelen ein Sturm unterschiedlichster Emotionen tobt.

- *Furcht* – weil sie vor dem Thron eines heiligen und gerechten Gottes stehen.
- *Angst* – weil sie wissen, welches Urteil sie erwartet. Sie wissen, was in diesen Büchern über sie und ihre Werke steht.
- *Bedauern* – denn wie kann jemand vor einem majestätischen und heiligen Gott in seiner strahlenden Herrlichkeit und Schönheit stehen und nicht erkennen, dass er nicht nur sein Leben vergeudet, sondern auch eine erfüllende Beziehung zu ihm verpasst hat?
- *Hass* – auf sich selbst und noch mehr auf Gott, denn «überaus trügerisch ist das Herz und bösartig» (Jer 17,9). Mit jedem Tag, den sie in der Hölle verbringen, werden ihr Geist und ihre Seele noch verdorbener. Und sie entwickeln einen unbändigen Zorn auf Gott. Wie während der Trübsalszeit werden sie Gott umso mehr hassen und lästern, je stärker sein Zorn über sie hereinbricht (Offb 9,20-21; 16,8-11.14).

In Offenbarung 20,14 wird das faktische Ende des physischen Todes und des Totenreichs (Hades) beschrieben. Beide werden in den Feuersee geworfen. Der Bibelkommentator Robert Thomas schreibt dazu, dass der Tod und der Hades «unzertrennliche Gefährten sind, zwei gefrässige Ungeheuer, die alle menschlichen Generationen verschlungen haben und nun dasselbe Schicksal erleiden wie die Beute, die sie verschlungen haben.»[1]

Der Feuersee wird hier «der zweite Tod» genannt (der physische Tod ist der erste). Dieser zweite Tod hat «keine Macht» über die Gläubigen, die zu Beginn des Tausendjährigen Reichs auferstehen werden (Offb 20,4.6).

Die Anhörung und der Prozess sind nun abgeschlossen. Es ist Zeit für die Urteilsverkündung.

Nach sorgfältiger Prüfung wird jeder, dessen Name «nicht im Buch des Lebens eingeschrieben gefunden wurde, so wurde er in den Feuersee geworfen» (Offb 20,15). Alle im Gerichtssaal Versammelten werden in die Flammen geworfen. Und weil sie ihren früheren physischen Körper wiederhaben, wird ihr ewiger Schmerz laut Jesus nicht nur geistlicher, sondern auch körperlicher Natur sein (Mt 10,28). Der ganze Mensch wird in den schrecklichen Feuersee geworfen.

Die Qual dieser Menschen wird für immer und ewig andauern (Mt 25,41.46; Offb 14,11). Und der Rauch dieses Feuers wird vor «den heiligen Engeln und vor dem Lamm» aufsteigen (Offb 14,10). Das sagt uns mehrere Dinge:

Erstens, entgegen gängigen Filmen und Geschichten sind weder der Teufel noch seine Dämonen für die Hölle verantwortlich und quälen die Menschen. Sondern Gott selbst wird über die Hölle herrschen und die Strafen verhängen. Der Feuersee wird mit Gottes Zorn gefüllt sein und nicht mit Satans Zorn.

Zweitens bedeutet der Feuersee ewige Verdammnis und lässt keinen Raum für andere Lehren wie Seelenschlaf, Fegefeuer, Zwischenzustand des Seins, Universalismus (wo jeder gerettet wird), Vernichtung der Bösen (wo diejenigen, die in die Hölle kommen, aufhören zu existieren) oder irgendeine Art von zweiter Chance auf Erlösung. Nein, dies ist eine bewusste ewige Qual. Jeder wird bei vollem Bewusstsein Gottes grimmigen, wütenden Zorn erleben. Und die Qual wird niemals aufhören. Sie wird niemals nachlassen oder in ihrer Intensität abnehmen. Es wird keine einzige Sekunde der Erleichterung für diese Christus ablehnenden Menschen geben – nur einen ewig anhaltenden Schmerz, den niemand je im ganzen schrecklichen Ausmass beschreiben könnte.

Diese furchtbare Qual und der aufsteigende Rauch werden die Erlösten im Himmel ewig daran erinnern, wie heilig, rechtschaffen, gerecht und zornig unser Gott ist. In der Ewigkeit werden wir ihn nicht nur für seine Liebe und Gnade preisen, sondern auch für seinen gerechten Zorn und seine Vergeltung gegenüber seinen Feinden (Offb 6,9-11; 19,2). Im neuen Himmel werden wir ihn für *alle* seine Eigenschaften preisen.

Dieses Gericht vor dem grossen weissen Thron offenbart uns das Schicksal der Verdammten. Sie werden in den Feuersee geworfen, einen Ort der Dunkelheit (Mt 8,12; 22,13; 25,30; Jud 13), der Qualen (Offb 14,11) und des Heulens und Zähneknirschens (Mt 13,41-42).

Sie sind die «Sünder in den Händen eines zornigen Gottes».

Zusammengefasst sieht die Chronologie dieses Gerichts wie folgt aus:

1. Das Meer und das Totenreich werden ihre toten Körper freigeben (Offb 20,13).
2. Alle Gottlosen werden vor dem Thron erscheinen müssen (Offb 20,13).
3. Die alte Erde und der alte Himmel werden fliehen und zerfallen durch die Gegenwart dessen, der auf dem Thron sitzt (Offb 20,11; s. auch 2Petr 3,10-13).
4. Die Bücher, die die Werke der Menschen dokumentieren, werden geöffnet (Offb 20,12).
5. Das Buch des Lebens wird geöffnet (Offb 20,12).
6. Jeder Mensch wird von Jesus gerichtet (Offb 20,12-13).
7. Der Tod und das Totenreich werden in den Feuersee geworfen (Offb 20,14).
8. Alle Verurteilten werden in den Feuersee geworfen (Offb 20,15).

Symbolisch und geistlich oder physisch und wortwörtlich?

Die ernüchternde Realität, dass diejenigen, die Gott ablehnen, ewig im Feuersee sein werden, wirft einige Fragen auf:

1. Ist das Feuer im Feuersee symbolisch oder wortwörtlich zu verstehen?

Dieser Feuersee existiert wahrscheinlich bereits, da er zuvor für den Teufel und seine Engel vorbereitet wurde (Mt 25,41). Er ist derzeit jedoch leer. Das griechische Wort *Gehenna* steht im Neuen Testament für die endgültige Hölle. Damit ist ein Ort südwestlich von Jerusalem gemeint, der als Tal Ben-Hinnom bekannt ist. Zur Zeit des Alten Testaments opferten ungläubige Israeliten dort ihre Kinder dämonischen Göttern (3Mo 20,2; 2Kö

23,10; Jer 19,2-6; 32,35). Jeremia nannte es sogar das «Tal der Schlachtung» (Jer 7,32).

Während Jesu Zeit auf Erden diente dasselbe Tal als Müllhalde für Jerusalem. Dort brannte es ständig und der Gestank war schrecklich. Der Ort war auch von Maden und Würmern befallen. Jesus verwendete bewusst den Ausdruck Ben-Hinnom, um die Hölle zu beschreiben (Mt 5,22.29-30; 10,28; 18,9; 23,15.33; Mk 9,43.45.47; Lk 12,5). Im Neuen Testament wird das Wort *Feuer* immer verwendet, um diejenigen zu beschreiben, die Qualen erleiden.[2]

Aber ist es ein tatsächliches Feuer oder ein symbolisches Feuer oder etwas ganz anderes? Natürlich sind die physischen Elemente des Feuers, wie wir es kennen, auch von Gott geschaffen. Demzufolge hat er die Macht und die Möglichkeit, echtes Feuer zu nutzen. Das würde bedeuten, dass die auferstandenen Körper der Verdammten so beschaffen sind, dass das physische Feuer sie verbrennt, aber nicht verzehrt (Jes 66,24; Mk 9,48-49). Es gibt einige, die diese Idee ablehnen und stattdessen glauben, dass der Begriff *Feuer* einfach eine Metapher ist, die «das Grab» bedeutet. Andere, liberalere Denker und Theologen sehen die *Hölle* als Hinweis auf die gegenwärtigen Leiden auf Erden und nicht als einen ewigen Ort der zornigen Strafe und Vergeltung Gottes. Diese Sicht wird in der Heiligen Schrift jedoch nicht unterstützt.

Wenn sich das Wort *Feuer* jedoch nicht auf die Art von Feuer bezieht, wie wir es kennen, dann ist es ein Symbol für etwas viel Schlimmeres. Ein Symbol weist per Definition auf etwas hin, das noch genauer ist als es selbst. Wenn der «Feuersee» also nur sinnbildlich ist, dann stellt er einen grauenhaften physischen Ort dar, der eine weitaus grössere und schlimmere Qual birgt, als echtes Feuer sie verursachen könnte.

2. Was für ein Gott würde Menschen in den Feuersee werfen?

Das ist eine berechtigte Frage. Man könnte entgegnen, «Gott schickt niemanden in die Hölle. Der Mensch schickt sich selbst dorthin.» Und die Bibel sagt tatsächlich, dass es die eigenen «Werke» der Menschen sind, die ihre Verurteilung besiegeln (Offb 20,12-13). Die Bibel macht auch deutlich, dass Menschen nicht freiwillig in diesen Feuersee gehen oder springen, sondern vielmehr hinein «geworfen» werden (Offb 20,15). Dieses Wort «geworfen» ist dasselbe wie bei Petrus und Andreas, die ihr Fischernetz ins Wasser «werfen» (Mt 4,18). Das Wort wird auch verwendet, wenn jemand ins Gefängnis «geworfen» wird (Mt 5,25) und um zu beschreiben, wie physische Körper in die Hölle (Höllenfeuer) «geworfen» werden (Mt 5,29). In jedem dieser Fälle wirkt eine äussere Kraft. Man kann davon ausgehen, dass Engel Jesus helfen werden, die Verlorenen physisch in den Feuersee zu werfen.

«Das ist nicht fair!»

Aber zurück zur ursprünglichen Frage: Was für ein Gott würde so etwas tun? Ein Gott, der

- gerecht ist und Sünde in seiner Gegenwart nicht dulden kann (Hab 1,13; Röm 6,23).
- die Menschheit liebt und ab der allerersten Sünde den Weg zu unserer Erlösung in Gang gesetzt hat (1Mo 3,15.21).

- barmherzig und gnädig ist und jeden willkommen heisst, der den Namen seines Sohnes anruft und zu ihm kommt (Ps 145,8-9; Joh 6,37; Röm 10,13).
- seinen Sohn als Opfer für unsere Sünden gab (Joh 3,16; Röm 5,8).
- geduldig und langsam zum Zorn ist und nicht will, dass jemand verloren geht, sondern dass alle zur Busse kommen (Ps 103,8; 2Petr 3,9).
- jeden von uns geschaffen hat, uns erlaubt, in seiner Welt zu leben, seine Luft zu atmen und die gute Botschaft des Evangeliums zu hören.
- ein gerechter Richter ist, jedoch erfüllt von grimmigem Zorn gegenüber Sünde und Sündern, bis sie bereuen und an den Herrn Jesus Christus glauben (Ps 7,11; Röm 5,1; 8,1; Offb 14,10-11; 15,7).
- alle Gottlosen bittet, heute im Glauben zu ihm zu kommen, solange sie seine Stimme noch hören können (Jes 1,18; 45,22; 2Kor 6,2).

Bedenken Sie, wir wollen nicht wirklich, dass Gott uns gegenüber *gerecht* ist. Und wir wollen ganz sicher nicht, dass er uns gibt, was wir verdienen. Was wir wirklich wollen, ist, dass er barmherzig und gnädig ist und unser demütiges Sündenbekenntnis und unseren Glauben an seinen Sohn annimmt. Doch alle, die dieses Gnadenangebot ablehnen, werden sich vor dem grossen weissen Thron wiederfinden. Sie werden erkennen, dass sie für ewig dem alles verzehrenden Zorn des allmächtigen Gottes ausgesetzt sind.

KAPITEL 12

EINE NEUE WELT WIRD KOMMEN

Der Gott, der *wiederherstellt*

— OFFENBARUNG 21,1-22,5 —

Im Englischen gibt es das alte Sprichwort «du bist eine Wohltat für meine Augen». Dieses Sprichwort wurde erstmals 1738 urkundlich erwähnt. Es drückt Freude oder Erleichterung aus, endlich jemanden zu sehen. Es wird auch verwendet, um Dankbarkeit auszudrücken, jemanden wiederzusehen, nachdem man eine schwere Zeit durchgemacht hat. Die Person wird in den Augen des Betrachters zu einem willkommenen Anblick. Der Ausdruck wird jedoch nicht mehr so oft verwendet. Aber in Anbetracht der Welt, in der wir leben, könnten wir jetzt definitiv einen «willkommenen Anblick» gebrauchen.

Bis wir zu den Kapiteln 21 bis 22 der Offenbarung kommen, hat der Apostel Johannes einige dunkle und verstörende Dinge gesehen. Es begann mit dem Schock und Trauma, den verherrlichten Christus in Kapitel 1 zu sehen. Dann wurde Johannes in den Himmel katapultiert, wo er auf den Thron des allmächtigen Gottes blickte und Zeuge der himmlischen Anbetung wurde. In Offenbarung 5 füllten sich seine Augen mit Tränen, als niemand für würdig befunden wurde, die Schriftrolle mit den sieben Siegeln zu öffnen.

Von dort aus wurde Johannes Zeuge der apokalyptischen Gerichte aus Offenbarung 6 bis 18: Weltkrieg, Hungersnot, Milliarden von Toten, Umweltkatastrophen, Unruhen im Himmel, quälende dämonische Kreaturen, Aufstieg und Herrschaft des Antichristen, Entweihung des jüdischen Tempels, Malzeichen des Tieres sowie Gotteslästerung sowohl durch den Antichristen als auch durch die Menschheit.

Und als Johannes nach Luft schnappte, kam der Sohn Gottes in glorreichem Sieg vom Himmel auf die Erde herab und metzelte mit einem Schwert aus seinem Mund Millionen Menschen nieder. Danach wurde der Apostel Zeuge weiterer Endzeitgerichte. Und nach diesen durfte er sehen, wie sein Herr eine tausendjährige Herrschaft auf Erden errichtete. Das Böse erhob dann jedoch erneut sein hässliches Haupt, als Satan aus seiner tausendjährigen Gefangenschaft entlassen wurde. Dieser täuschte erneut Millionen von Menschen und zettelte eine Rebellion an. Nachdem Johannes gesehen hatte, dass die Aufständischen verbrannt waren, wollte er bestimmt seine müden Augen schliessen und sich eine Weile von der Gotteslästerung und dem Blutvergiessen ausruhen.

Aber es sollte nicht sein.

Nachdem dieser gewaltige Aufstand niedergeschlagen war, wurde Johannes Zuschauer beim Gericht vor dem grossen weissen Thron. Er sah, wie Milliarden von Seelen einzeln vor

Gericht gestellt, verurteilt und in den See geschickt wurden, der mit Feuer und Schwefel brennt.

Wenn je ein Mann Urlaub brauchte, dann war es Johannes. Er wappnete sich sicherlich für das, was als Nächstes kommen würde. Doch ein unerwarteter Anblick ergab sich. Etwas, das er vielleicht nie erwartet hätte. In Offenbarung 21,1 heisst es: «Und ich sah einen neuen Himmel und eine neue Erde; denn der erste Himmel und die erste Erde waren vergangen, und das Meer gibt es nicht mehr.»

Das war wirklich eine «Wohltat für seine Augen».

Alte Dinge sind vergangen

Seit Adams Sündenfall im Garten Eden vor etwa siebentausend Jahren sehnt sich die gesamte Schöpfung nach Erlösung (Röm 8,22). Aber um das Universum vollständig von der Sünde und ihren Folgen zu reinigen, muss Gott alles erneuern. Und damit das geschieht, wird die alte Erde, einschliesslich des Himmels, das benötigen, was der Bibellehrer John MacArthur «eine umfassende kosmische Umgestaltung» nennt.[1]

Diese vollständige Zerstörung wird durch enorme Hitze geschehen. Petrus beschreibt dies wie folgt:

> «Die jetzigen Himmel aber und die Erde werden durch dasselbe Wort aufgespart und für das Feuer bewahrt bis zum Tag des Gerichts und des Verderbens der gottlosen Menschen. ... Es wird aber der Tag des Herrn kommen wie ein Dieb in der Nacht; dann werden die Himmel mit Krachen vergehen, die Elemente aber vor Hitze sich auflösen und die Erde und die Werke darauf verbrennen» (2Petr 3,7.10).

Gottes Zerstörung aller physikalischen Elemente im Universum wird mit enormer Energie geschehen. Eine Atomexplosion erscheint im Vergleich dazu wie ein Feuerwerkskörper. Diese kosmische Zerstörung wurde vor langer Zeit geplant, wie Jesaja 700 Jahre vor Christus prophezeite:

> «Denn siehe, ich schaffe einen neuen Himmel und eine neue Erde, sodass man an die früheren nicht mehr gedenkt und sie nicht mehr in den Sinn kommen werden; sondern ihr sollt euch allezeit freuen und frohlocken über das, was ich erschaffe; denn siehe, ich erschaffe Jerusalem zum Jubel und sein Volk zur Freude. Und ich selbst werde frohlocken über Jerusalem und mich freuen über mein Volk, und es soll kein Klagelaut und kein Wehgeschrei mehr darin vernommen werden» (Jes 65,17-19).

Alle Atome, Neutronen, Protonen und Elektronen werden zu nichts verdampfen. Alles Bestehende wird einfach aufhören zu existieren. An ihrer Stelle werden augenblicklich «ein neuer Himmel und eine neue Erde» entstehen, erschaffen durch göttlichen Befehl. Noch einmal wird allein Gottes Sprachbefehl eine physische Welt ins Leben rufen.

Gott hat die heutige Weltordnung vor Tausenden von Jahren aus dem Nichts erschaffen (1Mo 1,1; Joh 1,1-3; Kol 1,16). Und es war immer seine übernatürliche, unsichtbare Kraft, die das Universum und seine Atome zusammengehalten hat (Kol 1,17). Sobald Gott sie nicht mehr zusammenhält, hört das Universum auf zu existieren (Hi 34,14-15). Wenn Gott also das gegenwärtige Universum zerstört, wird die gesamte Energie der Schöpfung (zum Zeitpunkt ihrer Erschaffung) wieder freigesetzt.

Jesus sowie der Verfasser des Hebräerbriefs bestätigten die Existenz dieser zukünftigen Realität (Mt 5,18; Lk 21,33; Hebr 1,10-12). Das heisst, wenn sich der Staub gelegt hat, bleiben nur die Dinge übrig, die ewig währen – Gott, sein Wort und die geistlichen Wesen, die er erschaffen hat.

Was Gott dann erschaffen wird, ist ein «Raum», der frei von Sünde und allen ihren Nachwirkungen ist – das heisst ein völlig neuer Himmel und eine neue Erde. Alles, was Sie und ich jemals in dieser Welt gekannt haben, war von Verfall und Tod befleckt. Aber eine bessere Welt kommt. Und stellen Sie sich vor, wie viel herrlicher sie sein wird!

Siehe, ich mache alles neu!

Wie beschreibt die Offenbarung diese kommende neue Welt? Johannes sieht ein neues Jerusalem, «von Gott aus dem Himmel herabsteigen» (Offb 21,2). Die Stadt wird als «eine Braut» dargestellt, die «für ihren Mann» zubereitet und geschmückt ist.

Als Nächstes hört Johannes eine laute Stimme von Gottes Thron: «Siehe, das Zelt Gottes bei den Menschen! Und er wird bei ihnen wohnen; und sie werden seine Völker sein, und Gott selbst wird bei ihnen sein, ihr Gott» (Offb 21,3). Die Stiftshütte bezeichnet, wie wir bereits gelernt haben, das Allerheiligste oder den Ort, an dem Gott selbst ist. Nichts wird die Heiligen von ihrem Gott trennen. Er wird «bei ihnen sein». Dies ist vielleicht die beste Definition des Himmels. Neben dieser erfüllenden und tiefen Beziehung zu Gott wird auch aufgeführt, was *nicht* im Himmel sein wird. Es sind hauptsächlich die Dinge, die das Leben auf der Erde schwierig und herausfordernd machen.

Er beginnt in Vers 1 mit der Feststellung, dass es auf der neuen Erde «kein Meer» geben wird. Obwohl einige Ausleger dies als Symbol für die ungläubige Menschheit sehen, ist es am besten, diese Aussage in ihrem einfachen Sinn zu verstehen. Topografie und Geografie der neuen Welt werden radikal anders und für die Heiligen einfach nur ein Gewinn sein. Aktuell ist alles Leben auf dem Planeten auf Wasser angewiesen. Aber im neuen Himmel und auf der neuen Erde werden unsere Körper kein Wasser mehr benötigen, weil sie unvergänglich und unsterblich gemacht worden sind – sie werden verherrlicht sein (Röm 8,30; 1Kor 15,53-54). Kein Meer bedeutet auch, dass es keinen Wasserkreislauf und daher keinen Regen mehr geben wird. Trotzdem wird es reichlich Wasser geben, da im neuen Jerusalem ein «Strom vom Wasser des Lebens» fliessen wird, den wir geniessen können (Offb 22,1-2).

Die folgenden negativen Aspekte unserer irdischen Existenz werden in der neuen Welt nicht vorhanden sein:

Keine Tränen (Offb 21,4) – In unserem neuen Leben wird es nichts geben, was uns Tränen in die Augen treiben könnte.

Kein Tod (Offb 21,4) – Unser grösster Feind, der Tod, wurde durch den auferstandenen Christus für immer besiegt und existiert nicht mehr (1Kor 15,54-57). Wie wir im Kapitel 11 gesehen haben, wird der Tod in den Feuersee geworfen und dort für alle Ewigkeit bleiben.

Keine Trauer (Offb 21,4) – Dies ist die logische Folge, weil es keinen Tod geben wird. Das bedeutet, es wird keine Traurigkeit geben – nicht einmal ein Stirnrunzeln wird zu sehen sein! Es wird keinen Kummer und keine Abschiede geben, die durch die Trennung von geliebten Menschen entstehen. Nichts in der neuen Welt kann jemals auch nur den kleinsten Kummer verursachen.

Kein Weinen (Offb 21,4) – Wir haben bereits gesehen, dass Tränen der Vergangenheit angehören werden. Es wird auch kein Geschrei geben. Dies steht in krassem Gegensatz zur Situation im Feuersee, wo ewiges «Heulen und Zähneknirschen» ist (Lk 13,27-28).

Kein Schmerz (Offb 21,4) – Das altbekannte Trainingsmantra «ohne Fleiss kein Preis» gilt im neuen Jerusalem nicht. Dort werden wir ohne Schmerz gewinnen! Unser aktuelles Leben kann von körperlichen Schmerzen und Beschwerden geprägt sein. Aber unser neuer Körper wird so gestaltet sein, dass wir nicht nur keinen Schmerz spüren, sondern auch völlig immun dagegen sind. Unser Körper wird unvergänglich und schmerzunempfindlich sein (1Kor 15,50.53-54). Der Stachel des Todes wird entfernt sein und mit ihm der Stachel des Schmerzes.

In Römer 6,9 heisst es über Jesus: «dass Christus, aus den Toten auferweckt, nicht mehr stirbt; der Tod herrscht nicht mehr über ihn». Dies ist ein Argument vom Grösseren zum Kleineren. Wenn Christus – und wir, die wir ihm ähnlich sind – nicht sterben können, können wir auch keinen Schmerz empfinden. Es gibt absolut kein Szenario in unserer zukünftigen Existenz, dass uns jemals Schmerz, Verletzung oder Leiden irgendeiner Art bedrohen könnten (1Joh 3,2). Der Grund dafür: «Siehe, ich mache alles neu!» (Offb 21,5).

Kein Durst (Offb 21,6) – Wir werden im neuen Jerusalem eine ganz besondere Art von Durst erleben. Doch dieser Durst entsteht nicht, weil wir einen trockenen Hals oder einen leeren Magen haben. Vielmehr handelt es sich um ein neues Verlangen, das nicht aus Mangel oder Bedürfnis entsteht. Es entspringt vielmehr dem positiven Wunsch, das «Wasser des Lebens» zu geniessen, das direkt vom Thron Gottes fliesst

(Offb 22,1). Für dieses Konzept gibt es in unserem jetzigen Leben keine wirkliche Entsprechung oder Vergleichsmöglichkeit. Vielleicht kommt es dem Gefühl am nächsten, das wir empfinden, wenn wir den ersten Schluck eines köstlichen, erfrischenden Getränks nehmen. Im neuen Jerusalem werden wir aus dieser freien Quelle trinken – als würden wir das ewige Leben selbst unmittelbar von Gott empfangen. Stellen Sie sich vor, wie vollkommen befriedigend dieses Wasser sein wird!

Jeder der oben aufgeführten positiven Aspekte wird standardmässig in unserem «Umzugspaket» enthalten sein. Als Teil des ewigen Erbes, das wir von unserem wunderbaren, gnädigen Gott erhalten (Offb 21,7).

Aber Achtung – da ist noch mehr!

Keine Sünder (Offb 21,8) – Im neuen Jerusalem wird es eine unüberwindbare Kluft zwischen uns und den Gottlosen geben. Sie werden uns nichts mehr anhaben können. Keinerlei Schaden oder Versuchung droht uns mehr. Stattdessen werden wir von Heiligen umgeben sein, die Gott genauso lieben wie wir.

Kein Tempel (Offb 21,22) – Es wird keine physische Repräsentation Gottes mehr nötig sein, wie es im Alten Testament war und während des Tausendjährigen Reichs der Fall sein wird. Gott der Vater und das Lamm werden unser Tempel sein. Wir müssen nicht an einen bestimmten Ort reisen, um Gott anzubeten, denn er wird allgegenwärtig sein (Offb 21,3).

Keine Sonne, kein Mond und keine andere Lichtquelle (Offb 21,23-25; 22,5) – Es ist kaum möglich, sich eine andere Lichtquelle als die Sonne vorzustellen. Schliesslich kennen wir nur die Sonne. Aber der Gott, der «alles neu macht», wird unsere Welt mit seiner eigenen Herrlichkeit erleuchten. Es wird eine andere Art von Licht sein. Ein Licht, das kein Mensch je zuvor gesehen hat oder sich hätte vorstellen können. Dieses Licht wird vollkommen sein und es wird keine Dunkelheit mehr geben (1Joh 1,5).

Keine verschlossenen Tore (Offb 21,25) – Das neue Jerusalem wird wohl Tore haben, aber sie werden immer offen bleiben, da keine Gefahr von aussen droht. Wir werden uneingeschränkten Zugang haben. Wir werden kommen und gehen können, wie es uns gefällt. Vielleicht werden wir uns ab und zu an den Toren versammeln, um uns mit einem der zwölf dort stationierten Engel auszutauschen. Oder wir werden uns dort einfach treffen und Gemeinschaft miteinander pflegen.

Zusammenfassend lässt sich sagen, dass alles Sündige, das auf dieser Erde und in diesem Leben existiert, in der nächsten Welt fehlen wird.

Der grosse Würfel

Als Nächstes richtet Johannes seine Aufmerksamkeit auf die Heilige Stadt, das Haus des Vaters, das Jesus für uns vorbereitet hat. Zweimal wird das neue Jerusalem die Braut des Lammes genannt (Offb 21,2.9). Das ist nicht zu verwechseln mit der Gemeinde, die ebenfalls die Braut genannt wird (Offb 19,7) und im Neuen Testament so dargestellt wird (Joh 14,1-3; 2Kor 11,2; Eph 5,25-26). Was hier – im Kontext der Offenbarung – eher gemeint sein könnte, ist der Kontrast zwischen der grossen Hure Babylon, der Stadt Satans, und der reinen und heiligen Braut Gottes, der Stadt Jerusalem.

Dass diese Stadt ein real existierender Ort ist, geht aus den ausführlichen Beschreibungen in der Bibel hervor. Auch ehrwürdige jüdische Gelehrte sprachen wiederholt von einem «vorhandenen himmlischen Gegenstück zum irdischen Jerusalem, einer Stadt, die Gott bereits im Himmel gegründet und gebaut hat».[2]

Dass Johannes die Stadt «von Gott aus dem Himmel herabsteigen» sieht (Offb 21,2), weist darauf hin, dass sie schon vorher existierte. Darüber hinaus gibt es weder im Kontext noch sonst wo in der Bibel Hinweise darauf, dass diese Stadt vor ihrem Erscheinen hier plötzlich erschaffen worden wäre. Tatsächlich ist das Gegenteil der Fall. In der Nacht vor seiner Kreuzigung sagte Jesus zu seinen Jüngern: «Im Haus meines Vaters sind viele Wohnungen.» Dann versprach er: «Ich gehe hin, um euch eine Stätte zu bereiten» (Joh 14,2-3). Jesus hat diese Wohnstätte in den letzten zwanzig Jahrhunderten für uns vorbereitet.

Die Besonderheiten des neuen Jerusalem

Als Nächstes wird Johannes im Geist auf einen grossen und hohen Berg getragen (Offb 21,10). Es ist ein einzigartiger Aussichtspunkt. Diesen braucht es auch, um die gigantische Grösse des neuen Jerusalem zu erfassen.

Die Stadt wird beschrieben als «welche die Herrlichkeit Gottes hat» (Offb 21,11) und einem Edelstein gleicht. Und einer der ungewöhnlicheren Aspekte des neuen Jerusalem ist die Form. Die Stadt wird ein massiver Würfel sein, der etwa 2400 Kilometer lang, 2400 Kilometer breit und 2400 Kilometer hoch ist (Offb 21,15-17). Alles in allem wird die Stadt etwa 5 760 000 Quadratkilometer gross sein. Würde man diese Stadt auf die Vereinigten Staaten legen, würde sie ein Gebiet von der Grenze Kanadas bis zum Golf von Mexiko und von Colorado bis zum Atlantischen Ozean abdecken.[3] Um die Grösse dieser Stadt wirklich zu erfassen, müssten wir im Weltall sein.

Das neue Jerusalem wird eine würfelförmige Stadt sein. Das Allerheiligste in Salomos Tempel hatte ebenfalls die Form eines Würfels (1Kö 6,20). Die Form des neuen Jerusalem deutet an, dass sie als Gottes ewige Wohnstätte dient.

Die Mauern werden 165 m dick sein (Offb 21,17.18) und aus durchsichtigem Jaspis bestehen.

Die Stadt wird zwölf Tore haben – drei auf jeder Seite – und an jedem Tor wird ein Engel postiert sein. Die Anwesenheit der Engel symbolisiert zweifellos den Schutz der Stadt, obwohl keiner nötig sein wird. Auf den Toren werden die «Namen angeschrieben, nämlich die der zwölf Stämme der Söhne Israels» (Offb 21,12). Es wird auch zwölf Grundsteine geben, auf denen die Namen der «zwölf Apostel des Lammes» eingraviert sind (Offb 21,14). Das symbolisiert, dass das Haus des Vaters sowohl Juden als auch Heiden ein Zuhause bieten wird.

Die Grundsteine der Stadtmauern werden «mit allerlei Edelsteinen geschmückt» sein (Offb 21,19). Und die Tore werden je aus «einer Perle» sein (Offb 21,21). Die Strassen werden «aus reinem Gold, wie durchsichtiges Glas» sein (Offb 21,21). Diese Art Gold kennen wir auf «unserer» Erde nicht. In Gottes Stadt wird einfach alles wunderbar neu sein. Die durchsichtigen Elemente der Stadt werden das Licht von Gottes Herrlichkeit durchlassen.

Nur wessen Name «im Buch des Lebens des Lammes» geschrieben steht, darf die Stadt betreten (Offb 21,27). Dieses exklusive Vorrecht hat nichts mit menschlichen Werken oder Verhalten zu tun. Vielmehr wurden die Eintrittskarten ins Paradies am Kreuz gestanzt, als Jesus Christus für die Menschen starb. Es ist allein sein Verdienst, dass jeder Gläubige Zugang zu dieser übernatürlichen Stadt hat.

Das kristallklare Wasser des Lebens wird direkt «vom Thron Gottes und des Lammes» fliessen (Offb 22,1). Und auf beiden Seiten dieses Flusses wird der Baum des Lebens stehen (Offb 22,2) wie im Garten Eden. Dieser Baum wird zwölfmal Früchte tragen und seine Blätter «dienen zur Heilung der Völker» (Offb 22,2). Aber warum sollten wir Blätter zur Heilung brauchen? Werden wir nicht frei von Schmerz und Krankheit sein? Die Antwort ist Ja.

Wir werden keinerlei Heilung brauchen, weil es im neuen Jerusalem keine Krankheiten oder Leiden geben wird (Offb 21,4). Das mit «Heilung» übersetzte Wort ist *therapeia,* von dem sich das Fremdwort «Therapie» ableitet. Viele Bibelforscher glauben, dass die Frucht des Baums einfach zu unserer Freude da ist. Und seine Blätter könnten unsere Begeisterung für die Stadt steigern. Das heisst, das Wort Heilung suggeriert hier nicht Schmerz oder Verletzung, sondern bezieht sich eher auf eine Art «zusätzlichen Segen», der durch die Anwendung dieser Blätter entsteht.

Die Vollkommenheit im neuen Jerusalem

Wir werden im neuen Jerusalem absolute Vollkommenheit geniessen:

1. Vollkommener *Segen*, da es keinen Fluch der Sünde, keine sündige Natur mehr geben wird (Offb 22,3).
2. Vollkommene *Regierung*, denn «der Thron Gottes und des Lammes wird in ihr sein» (Offb 22,3). Gott wird uneingeschränkt herrschen und unsere Herzen werden rein sein. Stellen Sie sich das vor!
3. Vollkommene *Werke*, denn «seine Knechte werden ihm dienen» (Offb 22,3). Oft denken wir bei Dienst an eine

unterwürfige Tätigkeit, wie zum Beispiel an Tischen zu bedienen oder das Haus zu putzen. Aber der Dienst für den König im neuen Jerusalem wird bedeuten, Gott bei verschiedenen erfüllenden Aufgaben, Pflichten und Ereignissen zu unterstützen. Wir können uns die freudigen, herrlichen und wunderbaren Dinge, die wir für unseren Herrn tun werden, gar nicht vorstellen! Es sprengt unsere Vorstellungskraft.

4. Vollkommene *Gemeinschaft*, da wir «sein Angesicht sehen, und sein Name wird auf ihren Stirnen sein» (Offb 22,4). Was heute in unserem sterblichen Körper und unserem vergötterten Zustand unmöglich ist, wird an jenem zukünftigen Tag Wirklichkeit werden. Jetzt können wir Gott nicht sehen, aber dann werden wir ihn sehen. Der Grad unserer Gotteserkenntnis wird unermesslich sein. Und die Tiefe unserer Liebe für ihn und die Erfahrung mit ihm werden immens sein.
5. Vollkommene *Belohnung*, denn wir werden für immer mit ihm herrschen (Offb 22,5; s. auch 2Tim 2,12; Offb 3,21; 20,4). Der Garten Eden und unsere Mitherrschaft werden im neuen Jerusalem endlich wiederhergestellt. Er wird uns die Vollmacht für verschiedene Aufgaben in seinem ewigen Königreich verleihen. Wie wird es sein, mit dem Schöpfer und König des Universums zu regieren? Wir werden es herausfinden!

Eine neue Welt wird kommen!

Auf der neuen Erde werden wir Gott sehen, Gott kennen, Gott dienen, Gott lieben, Gott geniessen und mit Gott herrschen. Dieses neue Jerusalem wird eine wunderschöne Stadt in einer wunderschönen Welt sein, die von einem wunderschönen Erlöser für uns neu erschaffen wurde. Umgeben von Gold und allem, was gut ist, werden wir gemeinsam unvorstellbare Höhen der Gottesanbetung erreichen und wundervolle tiefe Freundschaften untereinander erleben.

Was in Eden verloren ging, wird im neuen Himmel und auf der neuen Erde wiederhergestellt. Dann wird sich der Kreis der Menschheitsgeschichte schliessen. Der Höhepunkt wird an einem Ort erreicht, den nur Gott erschaffen konnte.

Wenn wir darüber nachdenken, dass dies unsere ewige Bestimmung ist, erkennen wir, dass «die Leiden der jetzigen Zeit nicht ins Gewicht fallen gegenüber der Herrlichkeit, die an uns geoffenbart werden soll» (Röm 8,18).

Warum sollten wir uns also mit weniger zufriedengeben als mit dem Besten? Und warum warten, um die Segnungen und Vorteile dieses kommenden Paradieses zu ernten? Die zukünftigen Realitäten des Himmels können uns helfen, mit den Schwierigkeiten von heute fertig zu werden. Sich auf die Zukunft zu konzentrieren, hilft, die Gegenwart in die richtige Perspektive zu rücken.

Denken Sie so oft wie möglich an Ihr ewiges Zuhause! Warum? Weil es real ist. Es ist garantiert. Und es *gehört Ihnen*!

Eine neue Welt kommt wirklich!

KAPITEL 13

EIN UNSCHLAGBARES ANGEBOT

Der Gott, der *ruft*

— OFFENBARUNG 22,17 —

Es wäre untertrieben, zu sagen, dass sich Johannes während der gesamten Vision auf einer emotionalen Achterbahnfahrt befindet. Seit Beginn des ersten Kapitels erlebt er eine ständige Reizüberflutung. Nun geht die Vision zu Ende und Jesus hat noch einige letzte Worte für seinen geliebten Apostel.

Es mag überraschen, dass der Schluss dieses Buchs – es ist voller Gericht, Zorn, Sünde und Qual – dennoch voller Trost und Hoffnung ist. Aber auch das gehört zum Wesen unseres Gottes. Der Engel, von dem wir erstmals in Offenbarung 1,1 lasen, beginnt seine letzte Botschaft mit den Worten «gewiss und wahrhaftig» (Offb 22,6). Und warum? Weil es von *dem* kommt, der treu und wahrhaftig ist (Offb 3,14; 19,11). Das bedeutet, dass man den Worten der Offenbarung vertrauen kann. Wir können uns darauf verlassen, dass sie die vollkommene göttliche Wahrheit über Jesus, den Himmel, die Gemeinde, die kommenden Gerichte, den Antichristen, das Tausendjährige Friedensreich und den neuen Himmel und die neue Erde sind. Das Buch der Offenbarung ist nicht symbolischer oder sinnbildhafter als die Kreuzigung und Auferstehung Jesu. Wie die Prophezeiungen über Christi erstes Kommen enthält dieses Buch Wahrheiten, die sich auch buchstäblich erfüllen werden. Dann macht Jesus eine Aussage, die in unseren Köpfen nachhallen soll: «Siehe, ich komme bald!» (Offb 22,7). Diese Verheissung ist so wichtig, dass der Herr sie in diesem Kapitel noch zweimal wiederholt, um sie in unserem Bewusstsein zu verankern (Offb 22,12.20).

Beim ersten Mal wiederholt Jesus die Verheissung eines Segens, der jedem zuteilwird, der «die Worte der Weissagung dieses Buches bewahrt!» (Offb 22,7). Es ist der gleiche Segen, der in Offenbarung 1,3 verheissen wird. Und er dient als ernüchternde Erinnerung, dass die Offenbarung nicht nur unsere Neugier auf die Zukunft befriedigen, sondern unser Herz verändern und uns in eine tiefere Beziehung zum Schöpfer bringen soll. An diesem Punkt der Offenbarung haben die sieben Gemeinden das Buch bereits gelesen oder davon gehört. Aber jetzt kommt der schwierige Teil für sie und auch für uns: die offenbarten Wahrheiten zu verinnerlichen und auf die Zurechtweisung Christi in den Kapiteln 2 und 3 zu reagieren.

Johannes ist es wichtig, dass die Leser wissen, dass er all diese Dinge persönlich *gehört* und *gesehen* hat (Offb 22,8). Er war Augenzeuge des verherrlichten Christus, dessen Beurteilung der Gemeinden und der prophezeiten apokalyptischen Gerichte. Der Apostel möchte, dass wir wirklich auch *glauben*, dass der neue Himmel und die neue Erde genau so sein werden, wie er sie beschrieben hat.

Als der verbannte Jünger spürt, dass die Vision zu Ende geht, ist er erneut überwältigt vom Ausmass der Wahrheit. Er ist sprachlos und kann für einen Moment nicht mehr klar denken. Er fällt nieder, um den Engel anzubeten (Offb 22,8). Dieser weist Johannes jedoch sofort zurecht und erinnert ihn daran, dass er genauso wie Johannes, die Propheten oder diejenigen, «welche die Worte dieses Buches bewahren», ein Mitknecht sei (V. 9). Und dieser Dienst lebt heute weiter, wann immer jemand mit dem Buch der Offenbarung in Berührung kommt.

Dann wird Johannes gesagt: «Versiegle die Worte der Weissagung dieses Buches nicht» (V. 10). Dies steht im Gegensatz zu dem, was dem Propheten Daniel über dessen Endzeitvisionen gesagt wurde (Dan 8,26; 12,4-10). Daniels Prophezeiungen sollten bewahrt werden, damit zukünftige Generationen (insbesondere diejenige, die die Endzeit miterleben würde Mt 24,34) sie studieren könnten. Das klarste Verständnis seiner Prophezeiungen wird man erlangen «bis zur Zeit des Endes! Viele werden darin forschen, und die Erkenntnis wird zunehmen» (Dan 12,4).

Der Bibelexperte Thomas Ice stellt fest, dass der Ausdruck «zur Zeit des Endes» im Alten Testament fünfmal vorkommt – und alle fünf sind im Buch Daniel zu finden (Kap. 8,17; 11,35.40; 12,4.9).[1]

Der hebräische Ausdruck für «hin und her gehen» bezieht sich nicht auf modernes Reisen. Im Buch Daniel bedeutet es vielmehr sorgfältig und beharrlich suchen. Im Alten Testament wird es auch oft verwendet, um eine Bewegung darzustellen (2Chr 16,9; Jer 5,1; 49,3; Am 8,12; Sach 4,10).

Ich verstehe den ganzen Abschnitt so, dass das Buch Daniel in den letzten Tagen wiederaufleben wird. Dass diejenigen, die während der Trübsalszeit am Leben sind, das Buch studieren werden (vielleicht hauptsächlich Juden), um die Ereignisse ihrer Zeit zu verstehen und spezifische Erkenntnis zu erlangen. Heute verstehen wir das Buch Daniel besser, als der Prophet es konnte. Aber diejenigen, die die Trübsalszeit durchleben, werden diese Prophezeiungen nochmals besser verstehen als wir. Denn sie werden ihre Erfüllung miterleben!

In Offenbarung 22,10 wird Johannes angewiesen, die Weissagung nicht zu versiegeln. Der Grund dafür: «denn die Zeit ist nahe!». Umgangssprachlich würden wir sagen: Die Erfüllung steht vor der Tür und ist in Gottes Kalender nahe.

Die Ereignisse der Offenbarung stehen bevor, lieber Leser.

Sehr nahe sogar.

Gottes Aufforderung an uns

All diese Informationen führen den Leser und Hörer der Offenbarung zu einem wichtigen Entscheidungspunkt. Eine Antwort wird nicht einfach erbeten, sondern von Gott *verlangt*. In Offenbarung 22,11 sagt er im übertragenen Sinn: «Jetzt ist es an der Zeit, sich für eine Seite zu entscheiden. Wähle deinen Weg. Lege die Marschrichtung fest. Eine Entscheidung muss getroffen werden.»

Jesus wiederholt nun seine vorherige Ankündigung: «Und siehe, ich komme bald!» Und fügt dann hinzu: «und mein Lohn mit mir, um einem jeden so zu vergelten, wie sein Werk sein wird» (V. 12). Die erste dieser Ankündigungen verspricht einen Segen, aber hier verspricht Jesus, eine *Belohnung* zu bringen. Er bezieht sich nicht auf das Gericht, das in Offenbarung 19 beschrieben ist, sondern vielmehr auf den Richterstuhl Christi unmittelbar nach der Entrückung (1Kor 3,10-15; 4,1-5; 2Kor 5,10).

Indem er uns an seine souveräne Identität als «das A und das O, der Anfang und das Ende, der Erste und der Letzte» (Offb 22,13) erinnert, betont Jesus erneut die höchsten Segnungen, die mit seiner Vergebung der Sünden verbunden sind. Dazu gehören auch das Anrecht auf den Baum des Lebens und der Eintritt in das neue Jerusalem.

Der Fluch für diejenigen, die ihn ablehnen, liegt da, wo «die Hunde und Zauberer und die Unzüchtigen und die Mörder und die Götzendiener und jeder, der die Lüge liebt und tut» sind (V. 15). «Hunde» war ein jüdischer Begriff für die Ungläubigen und falschen Lehrer (Phil 3,2). An dieser Stelle spricht der Herr gleichzeitig eine Einladung *und* eine letzte Warnung aus. Er hebt die Unterschiede hervor zwischen dem Leben im Himmel mit ihm und der ewigen Qual in der Hölle getrennt von ihm.

Schliesslich identifiziert sich Christus als «die Wurzel und der Spross Davids, der leuchtende Morgenstern» (Offb 22,16). Die «Wurzel» kennzeichnet ihn einerseits als Quelle der Nachkommen Davids (Israel), was ihn als Gott auszeichnet. Andererseits beschreibt der Begriff «Spross», dass er auch Mensch war – der einzigartige und ewige Gottmensch. Weil er beide Rollen erfüllt, ist er der perfekte Mittler zwischen Gott und Mensch und hat sich das Recht verdient, auf dem himmlischen Thron zu sitzen (2Tim 2,8; Hebr 12,2). Als rechtmässiger Erbe von Davids Thron kann er den Juden und Heiden das Gnadenangebot der Erlösung unterbreiten.

Unmittelbar nach dieser gnädigen Einladung schliessen sich der Geist und die Braut an, appellieren an jeden einzelnen Menschen und sagen: «Komm!» (Offb 22,17). Jeder, der dies hört und glaubt, kann die Einladung ebenfalls aussprechen. Und jeder, der nach Jesus und dem Himmel dürstet, kann ebenfalls kommen (Joh 4,13-14; 7,38-39). Wer diese Einladung annimmt, wird einen tiefen Frieden und Erfüllung erleben – etwas, das diese Welt nicht bieten kann. Er löscht den Durst der ausgetrockneten Seele und nimmt die Last vom beladenen Herzen (Mt 11,28-30). Und das Wasser, das er uns gibt, durchtränkt unser Innerstes mit göttlicher und ewiger Erfrischung. Und das Beste daran: Es ist umsonst (Offb 22,17).

Wir müssen nur kommen.

Es braucht nur unsere Entscheidung – das ist alles.

Gott verlangt von niemandem, dass er «sein Leben in den Griff bekommt», bevor er sich an ihn wendet. Denn was er *tatsächlich verlangt,* sind Gerechtigkeit und Vollkommenheit. Als gefallene, sündige Menschen sind wir jedoch unfähig, uns auf Gottes Niveau von Charakter und Sündenlosigkeit zu erheben. Auch wenn manche in der Christenheit unseren inneren «Wert» hervorheben, beschreibt die Bibel jeden von uns als äusserst unwürdig. Laut der Heiligen Schrift sind wir vor Gott:

- ungerecht (Röm 3,10)
- unfähig, Gott zu suchen (Röm 3,11)
- nutzlos (Röm 3,12)
- ohne Ehrfurcht (Röm 3,18)
- unfähig, jemals gut genug zu sein (Röm 3,20)
- sündhaft, Gottes gerechten Massstäben nicht gerecht (Röm 3,23)
- verurteilt und verdienen Gottes Strafe (Joh 3,18.36; Röm 6,23)
- unfähig anzunehmen, «was vom Geist Gottes ist» (1Kor 2,14)

- tot in Sünde (Eph 2,1)
- von der Welt kontrolliert (Eph 2,2)
- ein Sklave unseres Fleisches (Eph 2,3)
- ein Kind des Zorns (Eph 2,3)
- hoffnungslos (Eph 2,12)
- beherrscht durch Satans Herrschaft (Kol 1,13)
- hilflos, um aus eigener Kraft zu Jesus zu kommen (Joh 6,44.65)

Und doch befiehlt er uns zu kommen – nicht aus eigenem Willen, sondern weil Gott, der Vater, uns aktiv zu seinem Sohn zieht (Joh 1,12-13; 3,5; Eph 2,4-7). Angesichts unseres Zustands – sündig und zum ewigen Zorn bestimmt – ist die Einladung «komm» ein Ausdruck unermesslicher Gnade und Barmherzigkeit.

Der Prophet Jesaja drückt es so aus:

> «Kommt doch, wir wollen miteinander rechten!, spricht der HERR. Wenn eure Sünden wie Scharlach sind, sollen sie weiss werden wie der Schnee; wenn sie rot sind wie Karmesin, sollen sie (weiss) wie Wolle werden» (Jes 1,18).

Jesus bietet uns einen Ausweg an, den wir selbst nicht haben: uns alle unsere Sünden zu vergeben, uns reinzuwaschen und uns in seinen Augen als vollkommen und gerecht zu erklären (2Kor 5,21). Es gibt keine anderen Voraussetzungen als «Glaube an den Herrn Jesus Christus, so wirst du gerettet werden, du und dein Haus!» (Apg 16,31). Das bedeutet «zu Christus kommen». Das biblische Wort «glauben» bedeutet, so überzeugt zu sein, dass man sich auf etwas oder jemanden verlässt. Es ist mehr als nur das intellektuelle Anerkennen einer Tatsache oder das Zustimmen zu einer Wahrheit. Es geht vielmehr darum, sich zu entscheiden, Vertrauen in einen Gegenstand oder in eine Person zu setzen. Es ist wie das «verzweifelte» Vertrauen, das man in einen Fallschirm setzt, der sich hoffentlich öffnet. Oder wie man vertraut, dass ein Flugzeug und der Pilot einen sicher ans Ziel bringen. Man vertraut dem Flugzeug und der Crew nicht «halbherzig» und versucht zu helfen, indem man zusätzlich mit den Armen «schlägt und flattert» wie ein Vogel. Das wäre absurd. Stattdessen setzen Sie Ihr ganzes Vertrauen in das Flugzeug.

Dasselbe gilt für Ihre Erlösung. Es geht um alles oder nichts. Es ist so wichtig, denn Ihre ewige Bestimmung hängt von Ihrer Entscheidung ab.

Wie Gott Menschen zum Glauben an seinen Sohn bringt

Ich denke, die meisten Leser dieses Buchs sind bereits bekehrt. Sie denken also vielleicht an ein Familienmitglied, an einen Freund oder an einen Kollegen, die Jesus und sein Gnadengeschenk noch nicht angenommen haben. Was braucht es also, um jemanden von seinem Bedürfnis nach Erlösung zu überzeugen?

Der barmherzige Gott nutzt viele Mittel, um Menschen zum Glauben zu bringen:

- schwierige oder tragische Umstände
- Aufklärung über den Glauben
- Kennenlernen der Heiligen Schrift
- biblische Prophetie
- emotionale Kämpfe
- Krankheit
- Tod einer nahestehenden Person

Aber in all diesen Dingen ist es der Heilige Geist, der die sündigen Menschen überführt (Joh 16,7-11). Aus Liebe ist es unsere Aufgabe, ihnen die Wahrheit aufzuzeigen. Und es ist ihre Verantwortung vor Gott, zu glauben (Joh 3,16; Apg 17,30).

Heute ist der Tag

Je länger die Trübsalszeit fortschreitet, desto schwieriger wird es für Ungläubige sein, Busse zu tun und sich Gott zuzuwenden (2Thess 2,10-12). Deshalb schreibt Paulus in 2. Korinther 6,1-2: «Aber als Mitarbeiter ermahnen wir euch auch, die Gnade Gottes nicht vergeblich zu empfangen. Denn es heisst: ‹Zur angenehmen Zeit habe ich dich erhört und am Tag des Heils dir geholfen.› Siehe, jetzt ist die angenehme Zeit; siehe, jetzt ist der Tag des Heils!» (s. auch Jes 49,8).

Mit anderen Worten: Es ist viel besser, Gottes Gnadenangebot anzunehmen, solange die Türe der Arche noch offen ist. Und die gute Nachricht ist, dass sie noch immer offen ist.

Die Einladung zur Erlösung und zum Himmel ist eine einfache und dennoch tiefgründige Frage an jeden Menschen – und jeder Mensch gibt darauf seine persönliche Antwort.

Zugegeben, einige der Prophezeiungen im Buch der Offenbarung überfordern den menschlichen Verstand, sodass sie manchmal fast unglaublich erscheinen. Der Leser wird jedoch mit der unbestreitbaren Realität konfrontiert, dass der Autor des letzten Bibelbuchs derselbe ist, der von den Toten auferstanden ist. Und seine Auferstehung beglaubigt damit auch die Wahrheit der Heiligen Schrift.

Eine letzte Warnung

Weil Jesus das Herz und den Verstand von Sündern nur zu gut kennt, fügt er eine letzte Warnung hinzu. Auf der einen Seite gibt es den Skeptiker, der nicht glauben will, dass diese apokalyptischen Visionen mehr sein könnten als das Geschwätz eines geistesgestörten und verblendeten alten religiösen Fanatikers. Und auf der anderen Seite gibt es diejenigen, die so erpicht darauf sind, dass jede Vision schnell wahr werde, dass sie scheinbar in jeder Schlagzeile eine prophetische Erfüllung erkennen.

Es gibt jedoch noch eine dritte Kategorie – diejenigen, die von den 22 Kapiteln der Offenbarung ablenken oder sie ergänzen. Ihnen erteilt der Herr eine strenge Warnung:

> «Fürwahr, ich bezeuge jedem, der die Worte der Weissagung dieses Buches hört: Wenn jemand etwas zu diesen Dingen hinzufügt, so wird Gott ihm die Plagen zufügen, von denen in diesem Buch geschrieben steht; und wenn jemand etwas wegnimmt von den Worten des Buches dieser Weissagung, so wird Gott wegnehmen seinen Teil vom Buch des Lebens und von der heiligen Stadt, und von den Dingen, die in diesem Buch geschrieben stehen» (Offb 22,18-19).

Das Buch der Offenbarung stellt die Vollendung des Kanons der Heiligen Schrift dar. Das heisst, dass Gott ab Offenbarung 22,21 «seine Feder niederlegte» und nichts weiter hinzufügte. Nicht ein einziges zusätzliches Wort. Deshalb ist die Bibel vollständig. Und seiner niedergeschriebenen Offenbarung kann nichts hinzugefügt werden.

In der jüngeren Geschichte haben leider zahlreiche Autoren Bücher veröffentlicht, als hätte Gott ihnen den Inhalt diktiert. Und selbsternannte Propheten haben die Verheissungen der Offenbarung mit eigenen «geschmückt». Ob es nun darum geht, die Erfüllung einer Prophezeiung in der Gegenwart zu verkünden, die Identität des Antichristen für die Zukunft vorherzusagen oder die Lehren des Buchs selbst abzutun, Gott erklärt sinngemäss: «Ändere nicht, was ich geschrieben habe, sonst wird es schwerwiegende Konsequenzen für dich haben!»

Es ist glasklar: Der Herr meint, was er sagt!

Da wir zweifelsfrei wissen, dass Jesus die Siegel-, Posaunen- und Zornschalengerichte auslösen wird, ist es klar, dass er auch diese Aussage wahr machen wird. Er wird die Integrität seines Wortes schützen und alle bestrafen, die sich in seine heilige Botschaft einmischen.

Und es ist nicht das erste Mal, dass Gott diese Warnung ausspricht (5Mo 4,2; 13,1; Spr 30,6; Jer 26,2). Gott wacht eifersüchtig über sein Wort, denn es ist Ausdruck seines Wesens. Seine Wahrheit anzugreifen oder zu schmälern, bedeutet daher, den Heiligen Geist zu beleidigen, der jedes Wort der Heiligen Schrift inspiriert hat (2Tim 3,16-17; 2Petr 1,21). Deshalb sollten wir den heiligen Text niemals verfälschen, indem wir etwas hinzufügen oder wegnehmen.

Mit anderen Worten: Wir können niemals mit Vollmacht etwas predigen oder sagen, was nicht in der Heiligen Schrift steht.

Und wenn wir zu den Teilen in der Bibel kommen, die schwierig zu interpretieren, unklar oder für uns mysteriös sind, müssen wir demütig unsere Grenzen bekennen und Gott seine

Geheimnisse überlassen. Wir müssen uns die nötige Zeit geben, um in der Erkenntnis zu wachsen.

Ja, komm, Herr Jesus!

Jesu Ruf zur Umkehr und seine eigene Verheissung «Ja, ich komme bald!» sind heute noch so aktuell wie damals, als Johannes sie zum ersten Mal hörte. Und ohne weitere Offenbarung des Engels ist der Apostel so sehr von der Erwartung der Wiederkehr Christi erfüllt, dass er nur antworten kann: «Ja, komm, Herr Jesus!» (Offb 22,20).

Dieses letzte Buch der Heiligen Schrift ist Gottes letztes Wort. Sein grosses Finale.

Deshalb sollten wir als wiedergeborene Christen sein Gnadenangebot und seine Einladung, zu ihm zu kommen, auch an andere weitergeben. Und wenn sie sich dann bekehren, werden auch sie ihn lieben und sich nach seiner Wiederkunft sehnen.

Die Schlussworte von Johannes sind wahrlich ein Segen für diejenigen, die dieses Buch studieren. Und er schliesst mit dem folgenden Zuspruch: «Die Gnade unseres Herrn Jesus Christus sei mit euch allen! Amen» (Offb 22,21).

Danach gibt es für ihn nichts mehr anzufügen.

Dieses letzte Buch der Bibel ist viel mehr als eine Sammlung von Prophezeiungen und Wundern der Endzeit. Was Gott uns wirklich zeigen will: sich selbst. Er möchte, dass wir wissen, dass er ein Gott ist, der

- die Zukunft offenbart.
- herrlich ist.
- seine Gemeinde zurechtweist.
- das Universum beherrscht.
- würdig ist, angebetet zu werden.

- voller Zorn und gerechtem Urteil ist.
- Sündern gnädig ist.
- seine Verheissungen erfüllt.
- über sein Königreich herrscht.
- die Schuldbewussten belohnt.
- Himmel und Erde neu erschaffen wird.
- der Welt Erlösung bietet.

Sein göttliches Wesen und seine herrlichen Eigenschaften sind der starke rote Faden, der sich durch die Offenbarung zieht. Mögen diese Wahrheiten Sie bis zu dem Tag kleiden, an dem Sie durch Ihren Tod in den Himmel einziehen oder in die Herrlichkeit entrückt werden!

ANMERKUNGEN

Gottes Handeln in den letzten Tagen

1. A.W. Tozer, *Knowledge of the Holy* (San Francisco: Harper Collins, 1961).

Kapitel 2 – Der unbekannte Jesus

1. Nachdem Gott die Juden auf wundersame Weise von der Tyrannei des Pharao in Ägypten befreit hatte, errichteten sie ihr Basislager am Berg Sinai. Mose, ihr Anführer, verbrachte 40 Tage und Nächte auf dem Berg, wo er Gottes Gesetz empfangen sollte. Die Israeliten gaben sich jedoch nicht damit zufrieden, auf diese Offenbarung zu warten, sondern wurden ungeduldig und schufen ihre eigene Version dieses Gottes, der sie aus der Knechtschaft geführt hatte (2Mo 32,4). Vor dem goldenen Kalb (einer heidnischen Darstellung von Jahwe) beteten, opferten, feierten und nahmen sie an schrecklichen sexuellen Gelagen teil (2Mo 32,5-6.25). Für diese sündige götzendienerische Verdorbenheit wollte Gott sie auslöschen und durch Mose eine ganz neue Nation erschaffen (2Mo 32,9-10).
   Mose bat um Gnade für das Volk und Gott erhörte ihn (2Mo 32,14). Trotzdem erlitt die Generation, die «Gott liebte, aber kein Interesse an seinen Wegen hatte», eine schreckliche Strafe. Zuerst verbrannte (schmolz) Mose das goldene Kalb, zermalmte es zu Pulver, streute dieses auf das Wasser und liess die Menschen davon trinken (2Mo 32,20). Wie von Mose angewiesen, erschlugen die Söhne Levis an diesem Tag etwa 3000 Männer (2Mo 32,28). Das mag wie eine übermässig harte Strafe für die Herstellung einer Statue klingen.
   Manche könnten argumentieren, dass die Anbetung der Juden aufrichtig war, da sie schliesslich Gottes Gesetz noch nicht erhalten hatten. Zudem war Mose so lange auf dem Berg (gewesen). Aber was auch immer die guten Absichten der Menschen gewesen sein mögen, sie wurden kurzerhand von Gott abgewiesen.

Aufrichtig? Das ist zweifelhaft. Aufrichtig falsch? Auf jeden Fall.
Selbst wenn die Menschen aufrichtig waren, rechtfertigt Aufrichtigkeit niemals die Anbetung einer Person. Nur die Wahrheit über Gott rechtfertigt dies (Joh 4,4-24; 17,3).
Höchstwahrscheinlich hatten diese alten, eigensinnigen Israeliten religiöse Rituale aus ihrer ägyptischen Sklaverei übernommen. Die heidnische Kultur hatte wohl ihren Geist beeinflusst und ihre Vorstellungen von göttlichen Wesen durchdrungen. Damit sie verstanden, wie sehr ihre Vorstellungen von ihm abwichen, begann der Herr seine Zehn Gebote mit den folgenden Worten: «Ich bin der HERR, dein Gott, der ich dich aus dem Land Ägypten, aus dem Haus der Knechtschaft, herausgeführt habe. Du sollst keine anderen Götter neben mir haben! Du sollst dir kein Bildnis noch irgendein Gleichnis machen, weder von dem, was oben im Himmel, noch von dem, was unten auf Erden, noch von dem, was in den Wassern, unter der Erde ist. Bete sie nicht an und diene ihnen nicht! Denn ich, der HERR, dein Gott, bin ein eifersüchtiger Gott, der die Schuld der Väter heimsucht an den Kindern bis in das dritte und vierte Glied derer, die mich hassen, der aber Gnade erweist an vielen Tausenden, die mich lieben und meine Gebote halten (2Mo 20,2-6).
Sich eine falsche Darstellung Gottes zu erschaffen (sei es materiell oder in unseren Gedanken), zeugt also nicht von echter Liebe zu Gott. Ebenso wenig können wir uns Versionen von Jesus ausdenken, die zu unserem eigenen Verständnis oder unserer Interpretation von ihm passen. Es wird gesagt, dass niemand über seine Vorstellung von Gott hinauswachsen kann. Mit anderen Worten: Der Grad unserer Anbetung und unserer Liebe zu Gott ist direkt proportional zu unserem Verständnis, wer er ist.

2. Die Dreieinigkeit Gottes ist ein Konzept, das Theologen und Gläubige seit Jahrhunderten verwirrt. Dennoch ist es wichtig, zu versuchen, diese grundlegende Wahrheit zu erkennen und zu begreifen. Denn sie beschreibt das wahre Wesen unseres Gottes. Augustinus soll gesagt haben: «Wenn Sie die Trinität leugnen, verlieren Sie Ihre Seele. Wenn Sie versuchen, sie zu erklären, verlieren Sie Ihren Verstand.»
Zugegeben, unsere begrenzten geistigen Fähigkeiten können das Konzept der Dreieinigkeit nicht vollständig begreifen. Es ist vergleichbar mit am Ufer des Ozeans zu stehen: Wir können ihn wertschätzen und glauben, dass er existiert, ohne seine Tiefe oder Breite vollständig begreifen zu können.
Tatsächlich kommt das Wort *Trinität* in der Bibel nicht vor. Ähnlich wie *Menschwerdung, Missionsbefehl* oder *Entrückung* ist *Dreieinigkeit* lediglich ein Begriff, der uns helfen soll, eine Wahrheit besser zu verstehen, die in der

Bibel zitiert und gelehrt wird. Tertullian (geb. ca. 155 n. Chr.) gilt als der erste Gelehrte, der der Gemeinde half, dieses Konzept zu konkretisieren. Einfach ausgedrückt stellt die Dreieinigkeit Gott als drei getrennte und gleichberechtigte Personen dar, die jedoch untrennbar zusammen existieren.

Drei Personen. Vollkommen Gott. Eine Einheit.

Es gibt keine irdischen Illustrationen, die diese einzigartige und göttliche Realität angemessen vermitteln. Leider versuchen manche Menschen immer noch, passende Bilder und Darstellungen zu finden, die den Code irgendwie knacken und das Geheimnis lösen sollen. Ein Ei besteht beispielsweise aus drei Teilen – Schale, Eiweiss und Eigelb – und dennoch ist es im Wesentlichen ein Ei. Wasser hat eine kombinierte chemische Zusammensetzung und existiert dennoch in drei Formen: Wasser, Eis und Dampf.

Diese und alle anderen Illustrationen reichen jedoch bei weitem nicht aus, um das Wesen dieses einen wahren Gottes genau darzustellen. Erinnern Sie sich, als der Herr sich Mose offenbarte und der barfüssige Hirte fragte: «‹Was ist sein Name? – was soll ich ihnen sagen?›, da antwortete Gott: ‹Ich bin, der ich bin!› ... So sollst du zu den Kindern Israels sagen: ‹Ich bin›, der hat mich zu euch gesandt» (2Mo 3,13-14).

Das hebräische Wort für «Ich bin» ist *Jahwe* und bezeichnet Gott als höchstes, selbstexistierendes und ewiges Wesen. Mit anderen Worten, er ist einfach und war schon immer. Er hatte keinen Anfang und er wird kein Ende haben. Das verbannt auch die Frage «wer hat Gott erschaffen?» in die Kategorie Unsinn. Denn wenn Gott per Definition ewig und selbstexistierend ist, dann kann eine solche Frage logischerweise nicht gestellt werden. Mit anderen Worten, ein ewiger Gott kann keinen Anfang haben, eben weil er ewig ist. Man kann auch nicht fragen: «Wer hat das ungeschaffene Wesen entwickelt und erzeugt?» Die Frage ist widersprüchlich und unlogisch.

Das Konzept der Dreieinigkeit ist kein Denksport. Es ist ein Denk*brecher*. Und die einzig angemessene Reaktion ist Glaube, Demut und Anbetung. Statt zu versuchen, eine Antwort zu finden, sollten wir die Knie beugen und in Ehrfurcht anbeten.

3. Zu denjenigen, die in der Heiligen Schrift von den Toten auferweckt wurden, gehören:
   - der Sohn der Witwe von Zarpat, durch Elia (1Kö 17,17-24).
   - der Sohn der Frau aus Schunem, durch Elisa (2Kö 4,18-37).
   - der Mann, der lebendig wurde, nachdem sein toter Körper Elisas Gebeine berührt hatte (2Kö 13,20-21).

- der Jüngling von Nain, durch Jesus (Lk 7,11-15) – dies war das erste Wunder dieser Art.
- die Tochter des Jairus, durch Jesus (Lk 8,40-56).
- Lazarus, der Bruder von Maria und Martha, durch Jesus (Joh 11), der sich selbst als «die Auferstehung und das Leben» bezeichnet (Joh 11,25).
- mehrere Heilige in Jerusalem, als Jesus selbst auferstand (Mt 27,50-53).
- Eutychus, ein junger Mann, der während einer Predigt von Paulus eingenickt war und in den Tod stürzte – der Apostel warf sich auf ihn und holte ihn von den Toten zurück (Apg 20,7-12).

4. Einmal wird Johannes gesagt, er solle *nicht* aufschreiben (Offb 10,4).
5. Das Angesicht Mose strahlte, nachdem er in der Gegenwart Gottes gewesen war – weil er mit Gott gesprochen hatte (2Mo 34,29-35).

Kapitel 3 – Die Sendschreiben (Teil 1)

1. Für weitere Studien empfehle ich das Buch *Warten wir vergeblich auf die Entrückung?* von Ed Hindson und Mark Hitchcock (Dübendorf: Verlag Mitternachtsruf, 2019).
2. Die lateinische Aussage *damnatio memoriae* ist neueren Ursprungs, beschreibt aber treffend die Gefühle der alten Römer gegenüber unbeliebten Führern.
3. Aaron Earls, «Small Churches Continue Growing – but in Number, Not Size», Lifeway Research, 20. Oktober 2021, https://research.lifeway.com/2021/10/20/small-churches-continue-growing-but-in-number-not-size/.
4. *Voice of the Martyrs*, https://www.persecution.com/whoweserve/.
5. Die Krone des Lebens ist eine von fünf besonderen Belohnungen, die Gläubige des Neuen Testaments erhalten können. Es sind die folgenden fünf Kronen:
    1. Die unvergängliche Krone (1Kor 9,24-25), die denen verliehen wird, die ihren Lauf treu vollenden.
    2. Die Krone der Freude (1Thess 2,19), die all jenen verliehen wird, die für die biblische Wahrheit Kummer, Tod und Schmerz erlitten haben (Jes 25,8; 51,11; Offb 7,17; 21,4). Bis zu einem gewissen Grad werden alle Gläubigen diese Krone geniessen.
    3. Die Krone der Gerechtigkeit (2Tim 4,7-8), die denen verliehen wird, die «den guten Kampf gekämpft ... den Glauben bewahrt» und «allen, die seine Erscheinung lieb gewonnen haben» (ein Hinweis auf die Entrückung).
    4. Die Krone der Herrlichkeit (1Petr 5,4), die speziell Pastoren verliehen wird, die die Herde Gottes freiwillig und nicht für finanziellen Gewinn

hüten, nicht fordernd oder übermässig autoritär sind, sondern als Vorbild für die Herde leben.

5. Die Krone des Lebens (Offb 2,10), die allen Gläubigen verliehen wird, denn alle Gläubigen kommen in den Himmel. Diejenigen jedoch, die für Jesus leiden und ihn trotz ihrer Leiden lieben, dürfen mit dieser Krone noch mehr Ehre von Christus geniessen.

Kapitel 4 – Die Sendschreiben (Teil 2)

1. Dieses Zitat ist online zu finden, aber seine ursprüngliche Quelle kann nicht ermittelt werden.
2. Einige berufen sich auf 2. Mose 32,33, wo der Herr zu Mose sagt: «Ich will den aus meinem Buch tilgen, der gegen mich sündigt!» Aber das hier erwähnte Buch war ein Register der tatsächlich physisch Lebenden und nicht das Buch des Lebens. Denn das Buch des Lebens führt diejenigen auf, die vor der Erschaffung der Welt auserwählt wurden (Offb 13,8). Charles Ryrie sagte über den Verweis auf Mose, dass «ausgetilgt zu werden bedeute, einen vorzeitigen Tod zu erleiden». 2. Mose 32,33 würde sich also auf den Tod beziehen, nicht auf ewige Verdammnis (Ps 69,28).
3. Das griechische Wort *philadelphia* erscheint sechsmal im Neuen Testament (Röm 12,10; 1Thess 4,9; Hebr 13,1; 1Petr 1,22; 2Petr 1,7; Offb 3,7).

Kapitel 5 – Eine Reise in den Thronsaal

1. John MacArthur, *Revelation 1 11 (Chicago, IL; Moody, 1999)*, S. 147.

Kapitel 6 – Der Löwe, das Lamm und das versiegelte Buch

1. In Hesekiel 2,9-10 sehen wir eine ähnliche Schriftrolle voller Klagen, Seufzer und Leid.
2. Jeffrey M. Jones, «U.S. Church Membership Falls Below Majority for First Time», Gallup, 29. März 2021, https://news.gallup.com/poll/341963/church-membership-falls-below-majority-first-time.aspx.
3. Jo Yurcaba, «Percentage of LGBTQ adults in U.S. has doubled over past decade, Gallup finds», *NBC News*, S. 17. Februar 2022, https://www.nbcnews.com/nbc-out/out-news/ percentage-lgbtq-adults-us-doubled-decade-gallup-finds-rcna16556.
4. Oft denken wir, dass Engel bei der Geburt Christi sangen, aber die Bibel sagt unmissverständlich, dass sie sprachen und nicht sangen (Lk 2,13-14).
5. Diese Worte werden häufig Oswald Chambers zugeschrieben. Die ursprüngliche Quelle ist aber unbekannt.

Kapitel 7 – Planet Erde in Gefahr

1. Die Heilige Schrift beschreibt mindestens fünf Ausdrucksformen von Gottes Zorn gegenüber der Menschheit. Diese sind:
    1. *Ewiger Zorn oder Hölle* – ein realer Ort ständiger, bewusster Qual (Offb 14,9-11). Alle Ungläubigen sind diesem drohenden Zorn ausgesetzt (Joh 3,16.36; Röm 9,22; 1Kor 16,22; Eph 2,3; 5,6).
    2. *Endzeitlicher Zorn* – die Ausgiessung von Gottes Urteil über die Erde und ihre Bewohner während der kommenden Trübsalszeit (Offb 6–19). Gott verspricht, die Braut Jesu ist nicht zum Zorngericht bestimmt und befreit davon (1Thess 1,10; 5,9).
    3. Entsetzlicher Zorn – dazu gehören folgenschwere Urteile über eine Nation oder ein Volk; wie beispielsweise die Sintflut (1Mo 6–9) oder die Plagen über Ägypten (2Mo 7–11).
    4. *«Ernte»-Zorn* – Zorn, den Gott als natürliche Konsequenz der Sünde in einer bestimmten Zeit angeordnet hat. Was ein Mensch, ein Volk oder eine Nation sät, wird sie auch ernten (Gal 6,7-10; s. auch Hi 4,7-9; Spr 1,31-33; 5,21-23; 22,8; Hos 8,1-14; 10,12-15). Gott sagt, wenn der Mensch Sünde in seinem Leben sät, wird dies eine «Ernte» des Gerichts hervorbringen. Diese Konsequenzen können natürlich oder als direktes Urteil Gottes eintreten. Obwohl sie nicht immer sofort erfolgen, treten sie, in der Regel, doch irgendwann ein. Das Prinzip von Säen und Ernten gilt übrigens auch für gute Taten.
    5. *Zorn der Verlassenheit* – dieses göttliche Gericht tritt ein, wenn Gott einen Menschen oder eine Nation der Sünde überlässt, ohne dass der Himmel eingreift oder hilft (Röm 1,18-32). Im Alten Testament entbrannte Gottes Zorn oft gegen Israel und führte zur Disziplinierung des Volkes. Aber dieser Zorn gegenüber Israel war jeweils zeitlich begrenzt (Ps 81,12; Apg 7,38-42). Als seine Kinder hat Gott versprochen, uns niemals im Stich zu lassen (Mt 28,18-20; Joh 6,37-39; 10,27-29; Röm 8,33-39; 2Tim 2,13; Hebr 13,5). Den gottlosen Nationen hat er diese Verheissung jedoch nicht gegeben. «Gerichtsprediger» schreiben Naturkatastrophen Gott zu, aber bei göttlicher Verlassenheit geht es nicht um Hurrikane, Erdbeben und Naturkatastrophen. Zu seinem Zorn gehört viel mehr.
2. Römer 8,3; 2. Korinther 5,21; 1. Johannes 2,2.
3. Matthäus 27,46.
4. Römer 6,23.
5. 1. Mose 6,5-6.11-13; s. auch Matthäus 24,37.
6. Vergleichen Sie mit Matthäus 24,7.

7. Dieses Wort wird auch verwendet, um die Farbe des Grases und der Vegetation zur Zeit des ersten Posaunengerichts in Offenbarung 8,7 und 9,4 zu beschreiben; s. auch 2. Mose 9,18-26.
8. Es gibt mehrere Ansichten über diese wilden Tiere. Eine besagt, dass sie infolge Nahrungsmangel wild und tödlich werden. Eine andere Ansicht sieht sie als Vertreter des Antichristen und seiner willigen Gehilfen, die das menschliche Leben zerstören werden.
9. Matthäus 24,7-8; Lukas 21,11.
10. Matthäus 24,9-10.
11. Die Märtyrer aus Offenbarung 6 erhalten ihren verherrlichten Körper erst am Ende der Trübsalszeit (Offb 20,4). Hier scheinen sie jedoch eine Art temporären himmlischen Körper zu besitzen, da sie Gewänder tragen.
12. Siehe Sacharja 14,6-7 und Apostelgeschichte 2,19-20.
13. Jesaja 26,4.
14. Siehe Römer 1,18-21; 2,14-16.
15. Wie erklärt es sich, dass beim ersten Posaunengericht alles grüne Gras verbrannt wird, aber man später in Offenbarung 9,4 von grünem Gras liest? Dies lässt sich ganz einfach erklären:
    1. Zwischen dem ersten und dem fünften Posaunengericht vergeht eine gewisse Zeit (Offb 9,4). Dadurch hat das Gras Zeit, wieder nachzuwachsen.
    2. In den meisten Regionen der Erde ist das Gras nicht während des ganzen Jahres grün. Das bedeutet also, dass *zum Zeitpunkt dieses besonderen Gerichts* alles grüne Gras verbrannt wird. Das verbleibende Gras bliebe dadurch unberührt. Fazit: Alles, was zu dieser Zeit grün ist, wird zerstört.
16. Im Alten Testament wird das Wort mit Bitterkeit, Gift und Tod in Verbindung gebracht (5Mo 29,17; Spr 5,4; Jer 9,14; 23,15; Klgl 3,15.19; Am 5,7; 6,12).
17. Jesaja, Hesekiel, Joel, Amos sowie Jesus selbst sagten dieses Phänomen voraus.
18. In diesem Gefängnis werden einige Dämonen von Gott gefangen gehalten (Lk 8,30-31; Offb 11,7; 17,8). Satan wird später in diesen Abgrund geworfen (Offb 20,1-3).
19. Das Wort «Qual» (gr. *basanizo*) wird auch an anderen Stellen in der Offenbarung verwendet (Kap. 11,10; 14,11; 18,7.10.15).
20. 1. Mose 6,1-2; Judas 6-7.
21. Im Neuen Testament verlieren die von Dämonen Gequälten die Kontrolle über sich selbst und leiden unter deren Herrschaft (Mk 9,22). Die Ähnlichkeit besteht darin, dass Menschen, die das Zeichen des Antichristen tragen, nicht den Tod wählen können, denn er wird ihnen verwehrt bleiben.

22. Die Bibel berichtet nirgends, dass gerechte Engel jemals gebunden sind, so wie diese vier sind.
23. Offenbarung 9,15.
24. Verknüpfen Sie Offenbarung 6,8 mit 9,15.
25. Siehe 1. Mose 19,24.28, wo Feuer und Schwefel im Gericht verwendet werden.
26. In Vers 20 werden sie alle als Plagen bezeichnet. Weitere Plagen, die im Buch der Offenbarung erwähnt werden, sind in den Kapiteln 11,6; 15,1.6.8; 16,9.21; 18,4.8; 21,9; 22,18 zu finden.
27. Jeremia 17,9; 2. Thessalonicher 2,10-12.
28. 5. Mose 32,17; Psalm 106,36-37; 1. Korinther 10,20-21.
29. Johannes 3,19-21.
30. Robert Thomas, *Revelation 8-22: An Exegetical Commentary* (Chicago, IL: Moody, 1995), S. 54.
31. Siehe auch Galater 5,20; Offenbarung 18,23; 21,8; 22,15.
32. 1. Mose 6,1-2; 19,1ff. Weitere Informationen zu den Parallelen zwischen Noahs Welt und unserer eigenen finden Sie bei Jeff Kinley, *Wie in den Tagen Noahs* (Dübendorf: Verlag Mitternachtsruf, 2023).
33. Margo Kaplan, «Pedophilia: A Disorder, Not a Crime», *New York Times*, 5. Oktober 2014, www.nytimes.com/2014/10/06/opinion/pedophilia-a-disorder-not-a-crime.html?_r=0. Siehe auch John Rossomando, «Conference Aims to Normalize Pedophilia,» *Daily Caller*, 15. August 2011, http://dailycaller.com/2011/08/15/conference-aims-to-normalize-pedophilia/.
34. Vergleichen Sie mit Römer 1,18-32.
35. Offenbarung 16,10-11.
36. Hebräer 10,26-27.
37. Die beiden «letzten Posaunen» unterscheiden sich folgendermassen:
    - Die eine ertönt bei der Entrückung, die andere in der Mitte der Trübsalszeit.
    - Die eine hat für die Gemeinde Bedeutung, die andere ist für die Gemeinde bedeutungslos.
    - Die eine ertönt in einem Augenblick, die andere erstreckt sich über einen längeren Zeitraum (während der zweiten Hälfte der Trübsalszeit).
    - Die eine bedeutet Rettung, die andere Zorn.
    - Die eine beendet das Gemeindezeitalter, die andere beendet die Trübsalsgerichte.
    - Keine Bibelstelle stellt die beiden «letzten Posaunen» als ein und dieselbe dar.
    - In 1. Korinther 15,52 wird die Posaune «letzte» genannt, weil sie am Ende des Gemeindezeitalters auftritt und nicht in Bezug auf vorherige Posaunen.

38. Es ist das gleiche griechische Wort, das auch in der Septuaginta (eine gr. Übersetzung des Alten Testaments) verwendet wird, um die Plage der Geschwüre in 2. Mose 9,9-11 sowie Hiobs Geschwüre in Hiob 2,7 zu beschreiben. Und es wird auch in Lukas 16,21 verwendet, um den Zustand des Bettlers Lazarus zu beschreiben.
39. Es gibt einige Hinweise darauf, dass Gläubige vor diesem Gericht geschützt sind (Offb 7,16).
40. Siehe Daniel 11,40-45, wo der Antichrist beunruhigende «Gerüchte aus Osten und Norden» (V. 44) erhalten wird. Dies ist wahrscheinlich ein Hinweis auf die Könige des Ostens, die den Euphrat überqueren und nach Israel ziehen.

Kapitel 8 – Die letzte grosse Erweckung

1. National Humanities Center, «Benjamin Franklin on Rev. George Whitefield 1739», PDF download, http://nationalhumanitiescenter.org/pds/becomingamer/ideas/text2/franklin whitefield.pdf.
2. Steve Pettit, «The Welsh Revival», *BJU Today*, 16. Februar 2018, https://today.bju.edu/ president/the-welsh-revival/.
3. Dwight Pentecost, *Things to Come* (Grand Rapids, MI: Zondervan, 1958), S. 262–263.
4. In Hesekiel 9,1-11 überbringt Gottes Prophet den Menschen in Jerusalem eine Gerichtsbotschaft. Nur diejenigen, die über die Gräuel stöhnen, werden von den «Aufsehern über die Stadt» verschont bleiben (V. 1). Ein Cherub-Engel sollte ein Zeichen auf die Stirn der Männer setzen, «die seufzen und jammern über all die Gräuel, die in ihrer Mitte verübt werden!» (V. 4). Gottes Zeichen zu tragen, bedeutete, vor seinem Gericht verschont zu bleiben. Interessanterweise ist das mit «Zeichen» übersetzte Wort *tav* der letzte Buchstabe des hebräischen Alphabets. In der alten hebräischen Schrift wurde *tav* wie ein x oder ein Kreuz + geschrieben.
5. 5. Mose 17,6; 19,15; Matthäus 18,16; Johannes 8,17; 2. Korinther 13,1; 1. Timotheus 5,19; Hebräer 10,28.
6. Je nachdem, wie man Offenbarung 13 und die Auferstehung des Antichristen interpretiert, könnte dies die einzige wirkliche Auferstehung zwischen der Entrückung und Offenbarung 20 sein.
7. Harriet Sherwood, «Israel earthquake could kill 7,000, disaster forecasts claim», *The Guardian*, 25. Oktober 2013, https://www.theguardian.com/world/2013/oct/25/ israel-earthquake-kill-7000-disaster-forecasts-erd.
8. In Offenbarung 17,5 ist Babylon die grosse Hure («das mysteriöse Babylon», womit die abtrünnige Weltreligion gemeint ist, die zu Beginn der Trübsalszeit die Erde überziehen wird, um die Anbetung des Tieres vorzubereiten.

9. Julia H. Johnston, «Grace Greater Than Our Sin», https://hymnary.org/text/marvelous grace_of_our_loving_lord.

Kapitel 9 – Der König kommt zurück

1. «At doom's doorstep: It is 100 seconds to midnight», *Bulletin of the Atomic Scientists*, 20. Januar 2022, https://thebulletin.org/doomsday-clock/#nav_menu.
2. Eric Cline, *The Battles of Armageddon* (Ann Arbor, MI: University of Michigan Press, 2002), S. 142.
3. Einige sehen in dieser Abfolge auch den Fall Babylons (Jes 13,19; Jer 50,9.13-14.23-25.40.43; 51,31-32).
   Israelische Seismologen haben die Erdkruste in dieser Region untersucht und warnen nun, dass jederzeit mit einem grösseren Erdbeben zu rechnen sei. «The Christ Quake-2», *Evidence for God from Science*, 10. November 2013, https://discussions.godandscience.org/viewtopic.php?t=38866.
   Ausserdem wurde während der Bauzeit des Seven Arches Hotel auf dem Gipfel des Ölbergs eine Verwerfungslinie unter dem Hotel entdeckt. «Diese Verwerfungslinie verhinderte den Bau des Intercontinental Hotel (das heute Seven Arches Hotel heisst) auf dem Hügel des Ölbergs mit Blick auf Jerusalem, wie ursprünglich geplant. Es wurde nach Süden verlegt und auf stabilerem Boden gebaut, wo es heute steht.» Jason Keyser, «Jerusalem's Old City at risk in earthquake», NBC News, 16. Januar 2004, https://www.nbcnews.com/id/wbna3980139.
4. Ron Rhodes, *The End Times in Chronological Order* (Eugene, OR: Harvest House, 2012), S. 173.
5. Das Jordantal/Tote Meer ist Teil einer tektonischen Plattengrenze zwischen der arabischen und der afrikanischen Platte. Über diese Transformation verlaufen geologische Falten, die durch die Kollision der beiden Platten entstanden sind. Experten erwarten bald ein schweres Erdbeben. Die Redaktion der *Times of Israel* schrieb: «Nach den Erdstössen warnen Experten, dass ein grosses Beben die grösste Bedrohung für Israel darstellt», *The Times of Israel*,14. Juli 2018, https://www.timesofisrael.com/after-tremors-experts-warn-a-huge-quake-is-the-greatest-threat-facing-israel/.
6. Hebräer 4,12.
7. 1. Timotheus 4,6; Hebräer 5,11-14; 1. Petrusbrief 2,2.
8. Matthäus 7,24-29; 16,15-18; Epheser 5,25-26; 2. Timotheus 3,16-17.
9. 2. Petrusbrief 1,3-4.
10. Vergleichen Sie Offenbarung 19,15 mit Kapitel 14,18-20 und Jesaja 63,2-3.
11. Offenbarung 14,20. Ob dies wortwörtlich zu verstehen ist oder nicht – es beschreibt das gewaltige Blutbad, das Jesus Christus unter den unzähligen

Millionen Menschen anrichten wird, die sich versammelt haben, um ihn in Armageddon zu bekämpfen.

Kapitel 10 – Jesu Gebet … erhört!

1. 1. Könige 5,1.
2. Jesus sitzt zur Rechten des Thrones Gottes im Himmel. Aber er regiert noch nicht auf dem davidischen Thron des Tausendjährigen Reichs.
3. Dwight Pentecost, *Things to Come* (Grand Rapids, MI: Zondervan, 1958), S. 374.
4. John F. Walvoord, «Amillennialism from Augustine to Modern Times,» Bible. org, https:// bible.org/seriespage/4-amillenniallism-augustine-modern-times.
5. In Offenbarung 5,11 verwendet Johannes eine andere Zahl: «Myriaden», was auf Griechisch die Zahl 10 000 ist. Aber statt einer bestimmten Zahl drückt Johannes in diesem Kontext eine Zahl aus, die jenseits von Berechnung und Verständnis liegt. Deshalb multipliziert er die Zahl mit ihr selbst. Er ist ausdrücklich vage, indem er den Plural dieser Zahl verwendet. Er möchte damit ausdrücken, dass die Zahl der Engel und der Erlösten unzählbar ist. Tatsächlich wird in Lukas 12,1 und Hebräer 12,22 dasselbe Wort verwendet, um dieses zahlenmässig vage Konzept auszudrücken.

Kapitel 11 – Das Gericht ohne Berufung

1. Robert L. Thomas, *Revelation 8–22, An Exegetical Commentary* (Chicago, IL: Moody, 1995), S. 434.
2. Offenbarung 14,10; 19,20; 20,10.15; 21,8; Matthäus 3,10-12; 5,22; 7,19; 13,40.42.50; 18,8-9; 25,41; Markus 9,44; Lukas 3,9.16-17; Johannes 15,6; Hebräer 10,27; Judas 7.

Kapitel 12 – Eine neue Welt wird kommen

1. Ed Hindson, Mark Hitchcock, and Tim LaHaye, *The Harvest Handbook of Bible Prophecy,* (Eugene, OR: Harvest House, 2020), S. 148.
2. Buist M. Fanning, *Exegetical Commentary on the New Testament* (Grand Rapids, MI: Zondervan, 2020), S. 531.
3. John MacArthur, *Revelation 12–22* (Chicago, IL: Moody, 2000), S. 282.

Kapitel 13 – Ein unschlagbares Angebot

1. Thomas D. Ice, «Running To and Fro», *Scholars Crossing*, Liberty University, Mai 2009, PDF download, https://digitalcommons.liberty.edu/cgi/viewcontent.cgi?article=1030&context=pretrib_arch.